成惕軒先生逝世十週年紀念集

陳立夫時年九十八

成惕軒先生遺像

孔德成敬題

成惕軒先生逝世十週年紀念集 目次

第一部分 遺像及生平集影

第二部分 遺著及翰墨

第四部分　紀念詩文

一、詩文及法書

二、紀念文

三、論　文

第五部分　家屬悼念文

第一部分　遺像及生平集影

一、遺像
二、褒揚令獎章
三、生活集影

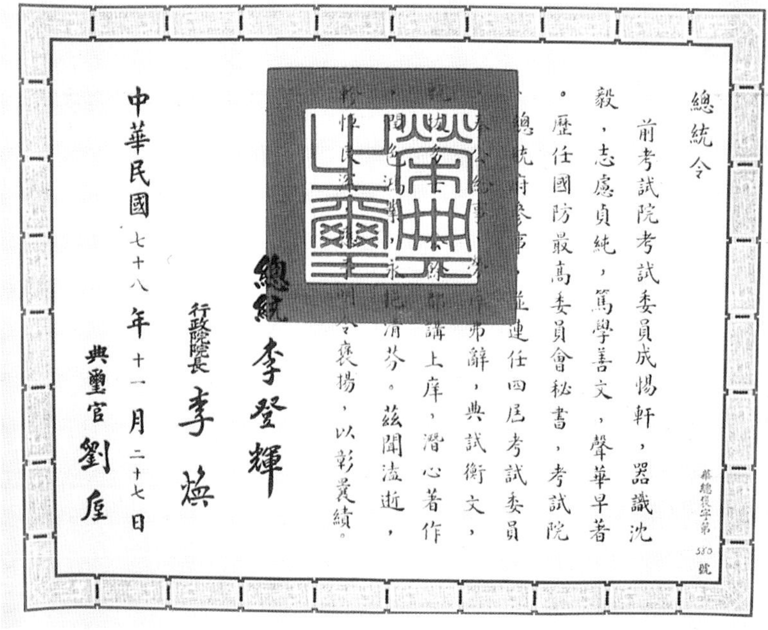

總統令

華總(一)義字第580號

前考試院考試委員成惕軒，器識沈毅，志慮貞純，篤學善文，聲華早著。歷任國防最高委員會秘書，考試院

總統府參事，並連任四屆考試委員，[illegible]弗辭，典試衡文，[illegible]講上庠，潛心著作，[illegible]紀涓芬。茲聞溘逝，[illegible]明令褒揚，以彰耆績。

總統 李登輝

行政院院長 李煥

典璽官 劉垕

中華民國七十八年十一月二十七日

總統府褒揚令

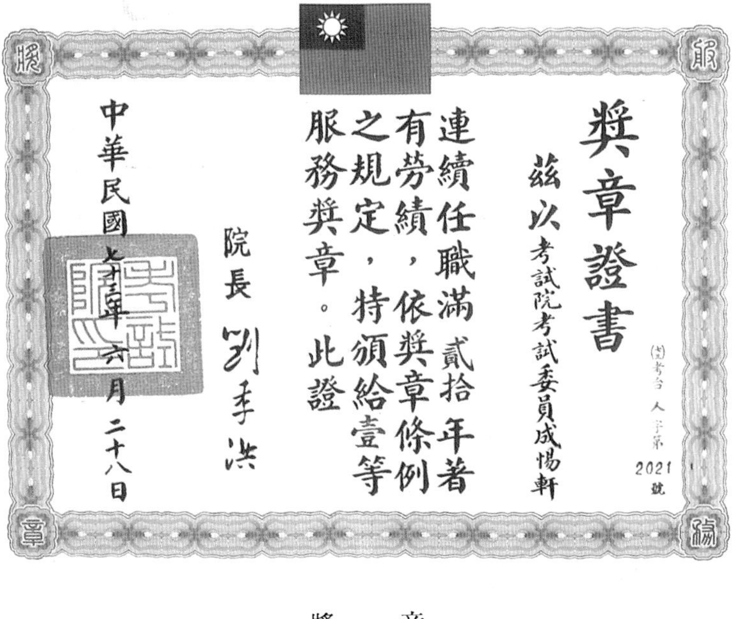

獎章證書

(七三)考台人字第2021號

茲以考試院考試委員成惕軒

連續任職滿貳拾年著有勞績，依獎章條例之規定，特頒給壹等服務獎章。此證

院長 劉季洪

中華民國七十三年六月二十八日

獎　章

三、生平集影

二十三歲

二十五歲

三十五歲

近五十歲時攝

演講認眞態度

六十歲

正襟危坐

爲學生講解文法

民國六十一年軍法特考閱卷

民國六十年郊遊留影

中平出國第一次回國和他夫婿穆締福兒子穆華

孫女美夏生日

中傑在小金門受畢軍訓返家
時在庭院中合照

帶領諸孫出門散步

中英出國多年第一次回國

與夫人、長子中英、幼女
中平、長孫光夏

自宅庭院攝

幼孫啓夏七十六年自
美返臺在庭院中留影

七十五年攝於客廳

長孫女美夏生日

長孫光夏生日

小孫光言在臺唸書生日時攝

小孫女光欣在台唸書生日時攝

中平與夫婿返臺省親

七十歲生日時攝

長孫光夏大學畢業後出國深造前留影

七十七歲生日長孫光夏回國探望爺爺

次子中豪（已故）次媳婦蕭金梅

三子中傑全家

中英及中平及小外孫穆華侍側

青年公園與女兒女婿合影

中傑中平侍立左右

含飴弄孫（孫女美夏）之一

孫女怡夏侍立

在臺中與長孫光夏攝影

帶着小孫光言旅遊

含飴弄孫之二

兩老洋溢着歡笑

家中書齋「來鳳簃」

與夫人攝於郊外

基隆學生陳德潛在庭院中留影

古典文學會演講

與韋德懋先生合影

與劉先雲秘書長合照

與陳立夫資政合影

與監察委員劉延濤合影

與劉委員象山合影

顧次長守之洽公時留影

老友相聚

與華委員仲麐合影

與梁嘉彬先生合影

與王華中委員及名書法家王愷和先生合影

與陳桂華部長合影

與黃杰上將握手

六十一年國防特考合照

主持會議

與梁和鈞先生合影

與詩學研究所易大德所長合影

與考試委員李世勳合影

與伏嘉謨先生合影

六十九年和朋友合影

與沈兼士教授比鄰而坐

民國四十一年陽明山

與考試院附設永建小學
虞鼎年校長合影

陽明山受訓時攝

考試院巡視考場

考試蒞試場巡視

與學生曾霽虹先生共餐

與謝樹華先生父子合影

與學生林雲及詹炳發教授握手寒喧

與學生林雲先生攝於木柵家中

師大國四甲全體學生與老師合影

前排左起成師楚望、柳克述、蕭贊育、黎東方、鄧文儀、李士英
後排左起匡仲英、劉振平、王軼猛、曾霽虹、程兆熊、鄧元忠

爲女弟子面授

爲學生林盤石先生證婚

為朋友梁嘉彬先生公子證婚

為及門弟子吳志超長子福證

學術講演

周幫辦建勳向典試委員長報告試務

花蓮旅遊

屏東鵝鑾鼻留影

野柳郊遊

祝賀友人雙壽合影

與學生夫婦合影

第二部分　遺著及翰墨

一、遺　著

一　先總統教國人以孝

成惕軒

孝字在中國文化中的地位很高，鄭玄六藝論，認爲孝是六藝的總滙，他說孔子以六藝（易禮樂詩書春秋）指意殊別，恐道離散，後世莫知根原，「故作孝經以總會之」。這一段話簡直把中國文化全部包括在孝字中了。考孝字最早見於虞書堯典：「克諧以孝，烝烝乂，不格姦」。契之教孝，蓋在禹平洪水以後，虞夏同道，故夏尚忠，復尙孝。近人章太炎先生，即曾力主「孝經本夏法」之說。

周代宗法制度非常嚴密，宗法的成立本於孝，周禮地官司徒：「以鄉三物教萬民……二曰六行，孝友睦婣任恤」，孝即列爲六行之首。周魯宗廟，亦多沿夏法：「菲飲食而致孝乎鬼神」；視「愼終追遠」，爲「民德歸厚」的必要條件。漢以孝治天下，並特別設置「孝弟力田」一科，舉孝興廉，定爲常法。唐玄宗親爲孝經作注作序，明倫之教，亦以孝爲百行之原。歷代法典特嚴不孝之誅，所謂「五刑之屬三千，而罪莫大於不孝」。降至近世，我國固有道德，在新思潮的激盪下，頗受排斥，孝道也自然不像過去那樣的被重視了。

二

儒家闡述孝的含義，至爲精微廣博，而要以孝經一書總其成。我們依據先賢理論，可將孝的特性或要點，分舉如次：

㈠**孝的融貫性**：孝爲一切德目之原。儒家的中心思想是仁，但行仁的起點是孝，故有子曰：「君子務本，本立而道生。孝弟也者，其爲仁之本與」。孝經更直接了當的說：孝乃「天之經」，「地之義」，「德之本」。因爲孝是「德之本」，所以只要本立，一切美德善行都可以此爲擴充的基礎，而統攝於其中。故曰：「孝始於事親，中於事君，終於立身」；又曰：「以孝事君則忠」；又曰：「君子之事親孝，故忠可移於君」，這也就是後世所謂「移孝作忠」和「求忠臣必於孝子之門」的依據。反過來說：「居處不莊」，謂之「非孝」；「事君不忠」，謂之「非孝」；「蒞官不敬」，謂之「非孝」；「朋友不信」，謂之「非孝」；「戰陣無勇」，謂之「非孝」；「居上而驕，爲下而亂，在醜而爭」，謂之「不孝」，舉凡一個人的進德修業，立身行事，無不一一涉及孝的範圍；倘本根先撥，則百行俱非，故捨孝而言其他，一切都將無所附麗。

㈡孝的感應力：孟子言「性善」，人性既是皆善，則心同理同，斷無不相感應之理。而感應力之最切最大者，莫過於孝。譬如「孩提之童，無不知愛其親」，這是每個人的良知良能，其中沒有絲毫勉強。良知良能既爲人人之所同具，則推此愛親之心以及人之親，所謂「不獨親其親」，所謂「老吾老以及人之老」，彼此尊重，互相敬愛，整個社會都涵籠在安詳和煦的氣氛之下，一切紛爭困擾都將消弭於無形，故曰：「敬其父則子悅，敬其兄則弟悅，敬其君則臣悅，敬一人而千萬人悅，所敬者寡而悅者衆，此之謂要道也」。這個「要道」就是孝，「堯舜之道，孝弟而已矣」，他的著力處，即在「愛親者不敢惡於人，敬親者不敢慢於人」；在上者能夠本著這個觀念去實踐力行，自然會億兆感孚，化成俗美。「教民親愛，莫善於孝」，君子不出家而成教於國者以此，聖人感人心而天下和平者亦以此。

㈢孝的責任感：孝經上面有所謂「天子之孝」，「諸侯之孝」，「卿大夫之孝」，「士庶人之孝」，驟然看起，似乎孝也有層級性的區分；其實這是說明孝所賦予每個人的責任。換句話講，即人們所擔任的職位愈尊，所具有的權力愈高，那他對國家社會所應盡的責任也就愈廣愈大。所以天子要盡孝，必須是「德教加於百姓，刑於四海」；諸侯要盡孝，必須是「保其社稷，和其民人」；卿大夫要盡孝，必須是「言滿天下無口過，行滿天下無怨惡」；士庶人要盡孝，必須是「忠順不失以事其上」和「謹身節用以養父母」。自天子至於庶人，由最低限度的「養父母」，到最大範圍的「德教加於百姓」，只是責任一步步的加多和加重；我們由此可以看出孝的最大意義，在於每個人的善盡職分，廣利人群；同時，這也正是中國政治哲學中最偉大的精神之所在。

三

國父孫中山先生，建中立極，則古稱先，當倡導革命之時，即同時提倡孝道。他曾在民族主義第六講中說：

「講到孝字，我們中國尤爲特長，尤其比各國進步得多。孝經所講孝字，幾乎無所不包，無所不至。現在世界中最文明的國家，講到孝字，還沒有像中國講到這麼完全，所以孝字更是不能不要的。國民在民國之內，要能夠把忠孝二字講到極點，國家便自然可以強盛」。

總統蔣公薪傳道統，最篤孝思，平日於　賢母王太夫人之敬養與追慕，歷久彌殷，實非常人所可及。而數十年來，教忠教孝，有「慈庵」之記，有「哀思」之錄，有「報國與思親」之至性鴻文，均傳播萬方，昭垂霄壤。茲請摘錄一二如左：

總統在「五十生日感言」中說：「及中正矢志革命，吾母又嘗勉以大孝報國之義，謂追念吾家往昔岌岌不保之苦狀，即當推而廣之，俾人世無復有強凌衆暴之慘史。故口體之養，世俗之譽，非所以盡孝，男兒惟以身許國，乃爲無忝於所生。……中國立國之道，自來皆以孝爲本，惟孝莫大於尊親，其次曰不辱。所謂尊親，謂發揚光大吾祖先黃帝之遺緒；所謂不辱，謂當勿貽吾父母以隕越之羞」。

總統又在「先妣王太夫人百歲誕辰紀念文」中說：「緬懷童時，誦讀孝經，先妣輒爲解忠孝之義曰：孝者非晨昏定省、奉養無虧之節文而已；乃順意承志、委曲無違之篤行是也。又曰：以忠蒞事則孝，以敬事長則順，爲國獻身，移孝作忠，乃謂之大孝。故順爲孝之始，而忠爲孝之終，甚望爾能身體而力行之，則吾意得矣。中正一生即以先妣此教，自惕自勉，並以此教其子弟，勗我國人。……今大陸匪共，仇孝悖忠，背禮罔義，日深月甚，而歲歲加厲，此乃國家民族空前之慘變，而爲我文化歷史之浩刧。惟是天之所覆，地之所載，日月所照，霜露所墜，凡有血氣，莫不尊親。人性既不可久抑，正氣自沛然而莫之能禦，故此根於天性之忠孝，乃適爲我直指人心，驅除匪寇之張本。今日復國保民之道，莫先於此；而發憤雪恥、自強不息之志，亦莫不由來於此」。

我們讀了上列兩篇文告，深覺　總統不僅是一個實踐孝道的　領袖，同時還把中國的孝道，賦予了新的意義，新的精神，由家而國，由己及人，所謂「推而廣之，俾人世無復有強凌衆暴之慘史」，及「發揚光大吾祖先黃帝之遺緒」，這是何等眞摯的感情！這是何等弘遠的襟抱！即事取譬，現身說法，使每個國民都能奮發興起，以爲國家盡大忠，爲民族盡大孝，而無負於列祖列宗的在天之靈，這簡直將孝的精義與先哲「民胞物與」的偉大精神，凝結而爲一了。這是第一點。

復次，　總統認匪共仇孝爲文化上的浩刧，而如何消滅此浩刧，則殷殷寄望在吾人「根於天性之忠孝」。這確是一針見血之言，和顚撲不破的眞理。因爲倫理道德是我們的民族靈魂，而凝鑄此靈魂者，便賴忠孝二字。民族靈魂如果保持弗墜，一切艱危困厄，都將無法阻遏其綿綿不盡的生機。自來以孝爲修齊之方，　總統則直指心源，進而以孝爲撥亂致勝的精神武器，孝的功能，至此可謂已經發揮盡致了。這是第二點。

四

我們有崇尚孝道的固有文化，更有實踐孝道的　領袖，以身爲教。丁此神州陸沈、倫紀垂絕之會，我們當本　總統的昭示，對所謂「至德要道」的孝，身體而力行之，發揚而光大之，破除心賊，鞏固心防，用倫理的力量爲基礎，匯合全民族的智慧和才能，去消滅異端，重光舊物，進而建立安和康樂的大同社會。今歲十月三十一日，欣逢　總統八秩華誕，謹揭斯願，藉祝遐齡，並以之作爲一片「嵩呼」聲中的微薄獻禮。

詩品與鍾嶸

成惕軒

一、引言

幾千年來，我國文壇藝苑，開了無數的春華，結了無數的秋實，餘膏剩馥，沾溉無窮，只有文學評論這一部門，可能要算是一片較爲貧瘠的園地。由於我國的文學評論泰半是作家們零星片段的興到之作，既談不上專業精神，更缺乏精密體系，自然難有豐碩的收穫。鍾嶸的詩品，所以爲後世津津樂道，就是因爲它是第一部由純粹批評家所寫成的賞鑑式專書，與劉勰的文心雕龍同具開創風氣之功，而其見解的高超、文字的優美，又非後來同類作品所能及。儘管詩品內容不無若干小疵纇，但一直到現在，它卻仍然具有啓發作用和參考價値。對於這樣一部鉅著，自非短短三五千字所能剖析清楚，本文只打算給一般青年讀者作一輪廓式的介紹，至於有意深入鑽研，則請逕閱有關討論詩品之專家著作：如陳衍的詩品平議，傅庚生的詩品探索，古直的詩品箋，陳延傑的詩品注，許文雨的文論講疏，郭紹虞的中國文學批評史，羅根澤的魏晉六朝文學批評史，朱東潤的中國文學批評史大綱等等，當會使你獲得更具體的認識和更深切的了解。

二、鍾嶸身世及詩品產生的背景

鍾嶸在梁書、南史均有傳，惟不甚詳，連生卒之年都難以確定。嶸，字仲偉，潁川（在今河南省）長社人，齊永明中以國子生起家，官至梁西中郎晉安王記室，所以世稱「鍾記室」。那些官銜與他的成就並無直接關係，不妨從略。倒是傳中有幾段記載值得特別注意：一是嶸好學有思理，明周易；一是齊建武與梁天監年間，嶸曾針對時弊，逆意進言；一是嶸曾奉命作瑞室頌，辭甚典麗。這些充分表現了他過人的才識與勇氣，同時，也啓示了我們，一位卓越的批評家應該具備那些基本條件。

南朝是一個變亂紛乘、人命微賤的年代，也是純文學高度發展的黃金時代。當時文人爲了苟全性命，都爭先恐後地鑽進了文學的象牙之塔，其逃避現實的心理，與名士之沈湎清談，隱士之養志田園，如出一轍。按理，國家的內憂外患，同胞的悲啼血淚，都是文學創作的大好題材，而南朝文士對這些似乎都視若無睹，在他們筆下出現的，不是田園山水，就是玄理神仙，再不然就是醇酒美人，這種種祥和安樂的幻景背後，實際上隱藏著一幢幢萎縮的靈魂。有人說文學是苦悶的象徵，就南朝文學而言，這眞是最好不過的解釋了。在這種環境下，漢魏文學那種古樸雅正、文質並重的作風，無疑要日趨沒落，而藝術至上的唯美主義自然要日漸抬頭。太康的駢偶對仗，元嘉的雕琢隸事，以至齊梁的宮商聲病，一波波高潮，把藝術技巧推展到了巔峯，同時，也將文學帶入了衰微的厄運。對於文學評論家，這眞是千載難逢之機，因爲文壇上佳構如林，不啻爲他們提供了許多寶貴的材料，而雕藻淫豔的風氣，更激起了他們力挽狂瀾的責任感，正如劉勰寫文心雕龍一樣，鍾嶸的詩品就這樣應運而生了。

三、詩品的內容和體例

詩品成書於梁天監中，當時的文學批評猶未走上正軌，喧議紛起，準的無依。鍾嶸對詩品的寫作，可以說「藍篳啓疆」，是經過一番苦心營畫的。其體例，大約有下列數端：

㈠**止乎五言**：詩品顧名思義，是以論詩爲內容的。詩到了齊梁，四言早絕嗣響，七言猶未成熟，唯獨五言，從漢魏以來，詞人作者罔不愛好，成爲衆作之最有成就者。所以詩品序云：「嶸今所錄，止乎五言。」

㈡**不錄存者**：近人劉聲木萇楚齋隨筆曾說：陳石遺（衍）編輯近代詩鈔時，一般自命爲詩人者，頗多奔走其門。身操選政的人尚且具有如此威權，那末一個臧否優劣的批評家，自然更受一般人注意。爲了減少阻力，保持公正，最好是照鍾嶸作詩品的辦法：「其人既往，其文克定，今所寓言，不錄存者。」

㈢**三品升降**：鍾嶸師孟堅九品論人之意，將入選的一百二十二位詩人分爲三品（上品十一人，中品三十九人，下品七十二人），「盧前王後」，界限分明，的確易給讀者以明確的印象。只是詩人的身價，恆隨讀者嗜好、時代風尚而升降，嚴定等倫，不但當時會群目震駭，就是後世也要衆口喧騰。像置劉楨、陸機、潘岳、張協於上品，置曹丕、陶潛、鮑照、謝朓於中品，置曹操於下品，都成了聚訟千古的公案。王士禎漁洋詩話詆之爲「位置顚錯，黑白淆譌」，固然失之嚴苛；四庫全書總目提要勸後人「未可以掇拾殘文，定當日全集之優劣」，也不足以服人之心，看來這場筆墨官司是要一直打下去了。鍾嶸對於這點似乎曾有先見之明，故在詩品序中說道：「至斯三品升降，差非定制，方申變裁，請寄知者。」

㈣**追溯源流**：詩品每好以「源出」、「頗似」、「祖襲」、「憲章」之類的字眼推求詩家的淵源，而歸結爲國風、小雅、楚辭三派，隱然含有尙雅正、便模仿之意。其言鑿鑿，其意諄諄，怪不得章學誠要讚美他：「論詩論文而知溯流別，則可以探源經籍，而進窺天地之純，古人之大體矣！」誠然，一切文學家或多或少會受前人影響，但這種影響，極其複雜，如果只因某一項風格略與古人相類，就肯定他出於古人，實在難免附會之譏；而且任何一位偉大作家，莫不能入能出，各具自己面目，儻過分強調源流，豈不抹煞創作的精神，盡落古人的窠臼？所以葉夢得沈德潛對「陶潛源出應璩」云云，交口指摘；陳石遺也認爲「班姬出於李陵」之說，擬於不倫。第甲乙、溯流別，本是詩品最重要的兩項體例，而其未能盡慊人心者，也正在此。

㈤**品藻優劣**：鍾嶸對每一位詩人都有一段評語，或論斷、或稱述、或比較、或舉例，無不字斟句酌，思深義遠，使讀者得從最少的文字裏，對詩人風格及詩壇流變留下最深刻的印象。茲試摘舉一段，以見一斑。如品范雲、丘遲詩云：「范詩清便宛轉，如流風廻雪；丘詩點綴映媚，似落花依草；故當淺於江淹，而秀於任昉。」儘管所評未必盡如人意，但其文字之曼妙，意味之雋永，是不能不爲大家所公認的。

四、詩品幾點傑出的理論

上面已經提到南朝文學創作，專以綺麗爲尙，雕縟爲工，眞是到了「離本彌甚，將遂訛濫」的地步。鍾嶸對這種風氣極表不滿，所以其書並不以評騭賞鑑爲已足，他還在消極方面反抗當時的潮流，在積極方面給詩壇指出了一條坦道，如果我們要知道他評騭賞鑑的標準，也就非了解這些理論不可。

㈠**反雕琢**：重文輕質、繁密巧似是唯美主義必然的傾向，字句雕琢到了極點，則唯有求助於用典隸事，以期保持內容與形式之平衡，南朝文學就是這樣地往象牙塔越鑽越深，與讀者的距離越拉越遠。鍾嶸在詩品序中提倡「吟咏情性，亦何貴於用事？……觀古今勝語，多非補假，皆由直尋。」在卷中批評鮑照、謝朓微傷細密；批評顏延之、任昉動輒用事，這些對當時詩人們的指摘，都不啻是當頭棒喝。他的主張，比胡適八不主義所強調的不用典早了一千多年，而且是在唯美主義的高潮時期提出的，其高瞻遠矚，獨具隻眼，不由得不令人欽佩。當然，鍾嶸並非蔑絕典實、唾棄詞華；否則，他就不會把爛若舒錦的陸機和潘岳詩列於上品，也不會說出「經國文符，應資博古；撰德駁奏，宜窮往烈」這一類的話了，他只是反對過分雕琢字句以及動輒在詩中用典而已。

㈡**斥聲病**：魏晉以降，聲韻之學日漸昌明，永明年間，沈約、謝朓、王融等人以氣類相推轂，以聲病繩詩文，一時士流景慕，蔚然成風，就連劉勰也力贊其說，唯有鍾嶸屹立於時尙之外，不隨波而靡。他以爲「今既不被管絃，亦何取乎聲律耶？……使文多拘忌，傷其眞美。」又以爲「但令清濁通流，口吻調利，斯爲足矣！」這種種主張，就文及古詩而言，當然是極其適合的；如在現代來說，更會引起讀者的共鳴。不過，我們也要知道鍾嶸只是力斥過求聲律的毛病，並非屏絕聲律而不講，因爲詩本來就須講求聲調之美，如果讀來佶屈蹇礙，那還成其爲好詩嗎？張協的詩雖然巧構形似，靡於太沖，祇以「詞采葱倩，音韻鏗鏘，使人味之，亹亹不倦」，鍾嶸仍擢之爲上品，則其對聲律的態度如何，也就可以思過半了。

㈢**崇自然**：立文之道，有形文，有聲文，有情文。南朝文學，過度偏重外在的形文、聲文，而忽略了內在的情文；過度偏重人爲的技巧，而忽略了自然的眞美。所以鍾嶸於反雕琢、斥聲病之餘，又對症下藥，揭櫫了自然主義。在鍾嶸看來，最合乎自然的詩，就是要以情性爲主，要有滋味。他選詩限以五言，因爲五言是「指事造形，窮情寫物，最爲詳切者。」他重視賦比興，因爲三義可以「使味之者無極，明之者動心。」他躋李陵、班姬於上品，因爲他們爲情而造文，悽愴感人；他鄙視永嘉玄風，因爲「於時篇什，理過其辭，淡乎寡味。」雖然劉勰也崇尚自然，但不像他那麼積極；劉勰於原道之餘，還徵聖、宗經，鍾嶸則但主吟咏情性，即目直尋。自然主義簡直成了鍾嶸詩論的核心，難怪羅根澤要說他是自然主義的完成者。

㈣**尚雅正**：詩品序云：「陳思爲建安之傑，公幹、仲宣爲輔；陸機爲太康之英，安仁、景陽爲輔；謝客爲元嘉之雄，顏延年爲輔；斯皆五言之冠冕，文詞之命世也。」在鍾嶸心目中，曹陸謝顏這一系是五言詩的正統，因爲他們源出國風，稟承溫柔敦厚之教，自然較小雅、楚辭兩系更爲雅正。而其品詩，也常以雅正與否爲準，如檀謝七君雖居下品，祇因「得士大夫之雅致」，仍以之承祧正統；鮑照雖「總四家而擅美，跨兩代而孤出」，卻因「頗傷清雅之調」而屈居中品，其貶抑流俗、一反諸正之意，至爲顯明。我們可以說自然是雅正的原則，雅正是自然的極致，鍾嶸既崇尚自然，故其論詩之以雅正爲主，也是勢所必然的。

五、餘　論

南史本傳說：嶸曾求譽於當時詩壇祭酒沈約，爲其所拒，等到沈約死後，嶸爲追宿憾，不但將他貶列中品，連評語也頗有微詞。一位批評家除了要才學識具備外，更重要的就是要有公正客觀的美德，如果南史所載屬實，那詩品的價值就得大打折扣了。其實，沈約的詩，王夫之譏之爲敗鼓落葉，王世貞還嫌其濫居中品呢！至於鍾嶸反對沈約的聲病說，那純粹是見解不同，更與報復之說無涉。否則，鍾嶸把當時文壇盟主任昉列於中品，還特別反對他的用典炫博，難道也是宿憾所致嗎？鍾嶸不畏權勢、獨排衆議的勇氣，我們贊嘆之唯恐不及，怎麼可以那樣淺視這位偉大的批評家呢？

爲胡秋原先生序

國無仁賢則虛，楚以善人爲寶。弗養子輿之浩氣，則淫辭詖行，莫格其非。既聞柳下之高風，則頑士懦夫，克新其德。秀才任天下之重，憂在人先。匹夫爲百世之師，功寧禹下。此奮身衡宇，豪傑無待於文王。而立命生民，素王殆賢於堯舜也。世之論史者，多重有形之生聚，或遺無相之裁成。以爲政止兵農，義歸富庶。不知十室忠信，隱操風教之權。一殿靈光，不斷儒先之澤。沾被所及，治化攸資。然則河汾授學，實弘唐室之基。釣瀨鳴高，豈讓雲臺之烈乎。吾友胡秋原先生，讀書萬卷，載筆四方。考列邦得失之林，明歷代興衰之故。嘗曰國家以貴士爲先，人才以尚志爲本。顏斶不仕，直呼王前。仲尼之徒，羞稱五霸。必具素位固窮之節，斯收揚清激濁之功。不有自尊無畏之心，曷建緯地經天之業。乃廣其義，撰爲此書。顏曰「中國文化與中國知識份子」。恢張士氣，陶鑄國魂。發五千年之秘奧，擬廿四史之菁華。積二三載之專攻，成百萬言之鉅製。蔚茲鴻業，上企龍門。可謂體大思精，才優識卓者矣。至於古今典制之因革，中西文化之異同。揭諸要領，朗若列眉，又特其餘事焉耳。余與秋原友尚多聞，交成久敬。昔剪巴山之燭，今結圓嶠之鄰。稔其纂述之宏，立言本於立德。竊其蘄嚮所在，存學兼以存人。敢綴片辭，用告多士。中興可券，無取思肖之鐵函。往哲堪師，竊此曲江之金鑑。

四十三年十二月二十一日

李光唐書法指南序

書法可以治心性，資實用，備覽觀，因其與文字俱生，淵源綦古，衍變至繁，蔚爲我國特有之藝術，歷代論書專著，層出弗窮，或過於專精，或失之繁博，初學涉獵，輒茫然莫知所歸。今光唐先生本其親歷之經驗，爲有志學習者示以途徑。凡坐姿、執筆、運腕，以至選帖用具諸端，平日易爲人所忽者，咸樹之鵠的，不假外求，言皆平實近人，理亦切當可喜。學者苟能循是漸進，以證諸古著作之林，必於書道有所獲焉。

中華民國六十五年丙辰十月**成惕軒**

新生詩苑序

中華爲歷史文化博厚悠久之國，且爲詩歌極優美與極豐富之國。從葩經三百篇到古詩十九首，下逮六朝唐宋諸代，揚風扢雅，迭起詩豪，鉅製鴻篇，浩如煙海。又自虞書首揭言志之義，陸機復標緣情之旨。詩必本於性情，乃爲多士所共識。雖風會有異，體製靡同，個人才調風格互不相類，甚至發爲性靈神韻格律肌理之說，言人人殊。然哀滄桑、眷田里、感身世、述行役、思親友，上自學士大夫之作，下至勞人思婦之辭，芳春凜秋，不一其時；故國殊方，不一其地。要之逢辰覓句，即事成吟。必求無悖溫柔敦厚興觀群怨之教，而同歸於性情之正。則一也。

有唐定詩學爲科目，士子競以聲律相高。全唐詩所存錄者，凡二千二百餘家，得詩四萬八千餘首，其中李杜諸公，震鑠一時，炳曜千禩，江河不廢，光燄常新，得不謂吾華爲詩歌中之泱泱大國，可乎。

臺灣物阜民秀，雄峙海東，値清政不綱，竟遭珠崖之棄，倭人據臺五十載，酷虐百姓，獨於詩學寬其禁網，以是臺員詩人特盛，而不墜舊德，淨化人心，葆持民族大節，胥賴斯道之存。

聖載告終，臺疆還我，海內外耆儒雅士，遂得相聚於玉峯蓬島之間，發抒心聲，謳歌新政，流風所被，詩學大昌。三十年來，吟社林立，報端刊布，日見佳章。而篇幅最巨，選錄最豐者，則以新生報之新生詩苑爲尤著焉。斯蓋有賴沈少聖社長之匡扶大雅，鼓吹中興。而曾主編文新，操持選政，汲汲維勤，頃定刊行新生詩苑第一輯。通嚶鳴於域外，網珊技於海中，其所以廣輿誦、揚國光者，正未有艾。繼今而往，踵美增華，精進靡已，殆將宏開瀛嶠之新聲，上企漢唐之盛軌。謂余不信，請拭目以俟之。

中華民國七十二年雙十節前五日**成惕軒**敬撰

周棄子先生集序

隙駟不留，谷鶯新囀，棄子之歿，行及期年。思綴小文，用抒悼念，每一握管，悲從中來。尺楮空陳，片言莫就，會朋輩議刊棄子詩文，堅督不佞爲序。嗚呼，余安足以序棄子之詩文哉，棄子詩如空谷幽蘭，孤芳自媚；如郢中白雪，眞賞難逢。世或儗諸玉谿半山，衡以管窺，似非篤論。蓋棄子才調高，涉獵廣，功力深，罔襲固常，自成家數。連篇月露，務掃陳言；七寶樓臺，都歸棄物。至若曉風楊柳，初日芙蓉，蠟炬淚乾，卷葹心碎。凡諸境象，胥見鎔裁，惜抱有言，有法始能，有變始大，棄子獨樹一幟，乃自成其爲棄子之詩，初無假前賢以相譬也。詩既卓爾，文復如之，班香宋艷，早自名家；蘇海韓潮，無煩舉例，或又以汪中、黃景仁、李純客，況其生平，亦未爲眞知棄子者，棄子簪纓世族，裘馬少年，本非單寒；豈同容甫，中歷屯蹇，壽踰古稀，世無鎖洋，更異仲則，晚遯海隅，孱軀多病，而藥裹隨身，苞苴廢禮，持較越縵，抑又相殊。蓋棄子萬卷羅胸，一生負氣憤，人習脂韋，士乖月旦，黜太師如南郭，旌嫫母爲西施，乃發譏訶，或傷激切。然棄子實爲性情中人，厭薄紛華，弗受羈勒，螟蛉侍側，雅類伯倫，龍性難馴，差侔叔夜，小德出入，大隱佯狂，是烏足爲棄子病耶，余交棄子四十餘載，賞奇析疑，相悅以解，曩懽簪盍，今歎琴亡，幸詩卷之長留，眷文旌而已渺。清明節近，怕聽海上啼鵑；故國神游，定駕江干黃鶴。

中華民國七十四年四月一日弟**成惕軒**敬撰

張眉叔遂園書評彙稿序

湖南自曾文正倡爲桐城文及西江詩。操觚之士。翕然宗之。流風遺韻。至今未泯。渡海以還。勝流雅集。湘彥居多。文酒唱酬。並稱作手。而吾友張眉叔先生。其尤翹然秀出者也。眉叔工詩及宋四六。尤工古文。才力富健。英華外發。而器識又足以驅馭之。與彼上規姚姒。襲貌遺神者。迥異其趣。近歲都講之暇。發憤著書。成書評三種。將以問世，而督余一言。余維古之學者。著作如林。無論義理考據詞章。類矜一己之創獲。而以專書評騭他人之作。殊不數數覯。蓋前者存一家之私言。後者則定百世之公論。王仲任所謂兩刃相割。利鈍乃知。二論相訂，是非乃見。故其事綦難。然汰僞存眞，滌愆糾謬。使學者知所準繩。其功亦彌鉅焉。眉叔斯編所著錄者。一爲評章著柳文探微。一爲評林著東坡傳。一爲評四家詩話。皆引證詳博。審裁精密。而勇銳邁往。虎虎有生氣。苟非眞積力久。深造有得。其孰能與於此哉。竊嘗以爲清代咸同而後。詩教不張。頹波日下。湘綺石遺飲冰方湖諸君子。各據壇坫。宏獎同文。談藝說詩。頗收振勵之效。顧其立論或失之偏好。或囿於地域。眉叔折衷群言。務求其當。津逮來學。俾識指歸。其有裨於詩學者實大。坡公政事文學。藉甚當時。文采風流。照耀千古。其遺聞軼事。散見於正史稗官與諸家著述中。至多且廣。林傳取材頗涉疏闊。且時見抵牾。質正一篇。鈎沉探隱。袪其訛誤。可謂眉山異代功臣。章氏爲文。向以悍鷙稱於世。其論柳河東諸事。不惜羅織史實。顚倒是非。以自伐其能。幸其書行世未久。眉叔嚴詞闢之。最足快人心目。凡小識中所臚舉者。事必有徵。語無泛設。直如老吏斷獄。屹不可搖。使孤桐地下有知。亦當默爾首肯也。昔韓昌黎盛稱子厚爲文雄深雅健。今讀眉叔辨柳之作。其雄健處乃大類子厚。知其浸淫於柳文者至深。故不蘄似而自似。余深愛之。致三復而不能已。然昌黎力備衆體。其敘柳乃逼肖柳。余草玆序。欲髣髴眉叔之文於一二而不可得。甚矣其衰且憊也。眉督覽之。得無哂其鄙陋乎。

中華民國七十四年五月弟成惕軒敬撰

成上將八秩大慶敬書小聯用祝純嘏

成愓軒

荊山雄秀，挺槃才參天人，業兼文武資，洵不愧楊僕艛船，曲江金鑑；
蓬島婆娑，臻六耋以壽世，心爲養生術，更那須安期仙棗，王母蟠桃。

輓人

成愓軒

致用在讀律、讀書，磔鼠辭嚴，雕龍辯敏；
繼志有佳兒、佳女，神駒價重，雛鳳聲清。

題谷正鼎、皮以書伉儷紀念集

成愓軒

伯鸞但解躬耕樂，道韞徒傳藻詠清。
那及堂堂賢伉儷，議壇陳力蔚雙英。

病中集楚望樓舊句贈慶煌賢弟

萬里鵬摶趁好風，騰騰旭日正舒紅。凌雲健筆看君在，吾道於今總向東。

不向西江角長雄，神龍夭矯正盤空。兩間要振風雲氣，先爲中興第一功。

陽新成惕軒遺作

長沙張定成敬錄

二一、翰墨

楚望樓詩

成惕軒

過毘盧禪寺

且將好句先呈佛，畢竟多情是度人。劫海狂瀾須共挽，誰能竊孔獨藏身。

甲子秋余主臺灣省公務人員升等考試既畢李處長仲唐特備素筵邀余一游后里毘盧寺寺建造已五十年地處郊垌塵囂遠隔喬松環立勢欲干雲而清泉鳴澗曲徑通幽兼饒花木扶疏之致寺額乃歐陽竟無大師所題內殿有興慈長老手書佛恩廣被四大字墨妙筆精歎為希有夫佛陀雖言出世而渡洋以筏旨在利他際茲世變日亟塵劫未銷驚看平陸之成江當效仁王之護國豈

答既惕歲月逸樂是耽作自了漢以自畫耶

花蓮闈中賦贈劉延濤監委

卅年鎖院成何事一笑懸車又此行難得堂堂冀御史層樓坐對茗甌清

余任高普特考典試委員垂四十年今歲以年逾七十考試委員任期屆滿例當引退退職之頃適主警員特考花蓮分闈喜值監委劉延濤先生監試余識延翁三十餘年而共事闈中斯為首次盍簪有幸原是故人論茗偶談不涉塵務快可知也楊若崑峯邀過春風樓同賞奇石余得一聯曰在海之濱與石同壽茲游最樂有冀絕倫冀謂延翁冀御史三字見東坡詩冀絕倫語見三國志

華岡九日雅集

不須桓景萸為佩亦有泉明菊在籬如畫江山要文藻華岡記取振衣時

此詩第三句者似尋常實寓深意蓋道德所以安國科技所以強國文學所以華國三者皆建國所需未容偏廢且相輔為用其效彌彰但須因時因地以制宜各有輕重緩急而已今道衰文敝六籍塵封論語當薪太玄覆瓿竟有誤韓荊州為韓退之康有為公車上書為乘坐今日公共汽車者有識之士能不矍然憬悟視力學宏文為己任並亟起以圖之乎

中華民國七十三年第二甲子閏十月中澣寒疾新瘳晴光在牖寫於楚望樓中成惕軒附記

望海樓詩集序

穆子歌匏葉叔向退而具舟范宣賦黍苗季武為之稽首聆蟋蟀之什許其保家舉鴻鴈之章期以赴難自昔覘國勢敦洽邦交事有出夫樽俎之外者豈非假六義於聲詩資一心之妙用哉 國材參事身原書種學詩早在髫年官是行人琢句爭傳譯署盟尋玉帛會領衣裳既涉鯨波還持虎節海外得神州者九吟料何多樽前對明月而三竊懷正渺去國萬里馳驅敢謂其獨勞登高四方諮諏惟恐其弗及揆諸所作蓋猶見皇華四牡之遺意焉雖邅巨浸橫流之會未申明堂畢對

之方而靖共爾位還讀我書怡情緗素之中仙曾蠹食濯足滄溟之上機與鷗忘亦足銷暇日之憂快遠游之志矣至其放歌寰宇得助江山要以寓跡菲韓兩邦最為淹久碧瑤城闕萬物外之清涼青瓦樓臺紀劫餘之壯麗間拈蠻語都付奚囊不亢愈輶軒之采風秋凝之通譯乎夫互濟迺安和之本大同以信睦為先盛德日生至仁無敵止戈修好莫善乎詩撥亂起衰今當其世所願明駁奉使呦鹿娛賓使我漢聲重振於絕域也誦詩三百斯弘敦槃和會之功沽酒十千且訂煙柳白門之約

中華民國六十八年己未八月成惕軒

考選部李部長震東
先生六秩壽序
春鸎出谷換嘗膽之年
華海鶴添籌紀平頭之
甲子夏正辛丑三月二
十有五日欣逢考選部

部長
李震東先生六秩誕辰
推仁愛之懷弘開壽宇
本寅恭之義共祝耆齡
禮也先生緒衍厲鄉
世居鹽瀆自國立北京

大學畢業後遠游異域
博覽寶書在英國倫敦
大學暨牛津大學專攻
財政經濟歷時非淺造
詣彌精迨歸國以策名
遂乘時而致用舉其樹

立之尤著者試一述焉當夫上庠振鐸橫舍傳薪甄陶殆溢於四科講貫更周於六藝先後任中央大學教授湖南大學文學院長暨南大學

校長革命實踐研究院副主任莫不棣棣其儀循循善誘經師及人師並重身教與言教兼施用能成德達材鍼頑砭懦時雨浹菁莪之化公

門爍桃李之華是曰司
教皋比之外復預鴛行
絃誦之餘亦諳錢穀迭
充江蘇省政府委員江
南行署主任財政廳廳
長弊袪害馬澤被嗷鴻

鏡屢燭以逾明絲無棼
而不理尤以地闢污萊
政先食貨尊利用厚生
之訓續均輸平準之書
論工鹽鐵奚讓於桓寬
吏擇士人直追夫劉晏

是曰理財至若撥亂反正之方體國經野之道類分囊智上贊廟謨如膺選中央委員暨中央設計考核委員會主任委員又以國民代表兼

領光復大陸設計研究
委員會委員創擬各種
復國建國方案瞻高矚
遠撮要提綱譬懸網以
待魚或按圖而索驥極
未雨綢繆之能事實異

時興革所取資是曰謀
國懋勳聿彰大任斯降
今茲晉位台衡總持選
政丁世運剝復之會握
人才消長之機則其所
為獎拔英髦蔚成治化

者蓋將計日以程功與
時而俱進可斷言也國
仗嘉猷天貽景福鏡鸞
長好琴鶴同清維莊敬
之克常迺康強以逢吉
層霄奮翮看騰海上之

鵬雲來歲稱觴歸趁江
南之蠶月
中華民國五十年五月
九日辛丑三月廿五日
考試院考試委員成
惕軒敬撰並書

茶夢集序

夫天生其才恒危之以遇詩感於物必窮而後工福慧相妨古今同慨矧蘭蕙之吐芳鶗鳴偏早竟文章之憎命鸞翮難雙有不諷彼篇什增其歎惋者乎侯官林寄華女史禮法舊家簪纓華胄進士早稱於不櫛髫齡即號為能詩罩之鴈行鮑令暉無慙女弟撰其鳳藻黃崇嘏詎讓男兒嘗為監察院秘書三原于右任院長於其詞華之美句律之精最加賞譽每值月泉雅聚雲谷清游申之麈談雜以觴詠採

驪肖若輒饒珠玉之珍倚馬相矜更擅尖义之巧顧身經播越運遘艱屯龍門之桐半死半生鯤海之月一圓一缺撫時感事念亂懷歸要以愁苦之辭居其泰半歷劫則林荒燕逝漆室憂多攄情而葉落蟬哀霜閨淚盡其取荼蓼名集者蓋緣自寫平生兼以詩境喻塵境焉代異麻姑清淺閬蓬萊之水人希道蘊妍華賡柳絮之吟世之誦君詩者可以知其才悲其志矣

中華民國六十二年九月成惕軒

謝母楊夫人墓誌銘
夫人姓楊氏諱哲仙江西上饒縣人世為鼎族被服儒素卒業玉山高級女子師範學校品學

冠其曹旋任小學校長
槃然具嘉績年二十一
來歸繁昌謝子鴻軒事
威姑以孝遇戚黨以禮
鴻軒于役四方勤勞官

事夫人則善持家政俾
專志以成其業無內顧
憂渡海以還鴻軒喉舌
斯民有聲議席又以文
學都講上庠鶴儕所餘

收藏日富嘗積層樓顏
曰千聯齋以貯法書名
畫文酒酧酢尤盛於曩
昔而夫人自奉甚儉不
以豐約易其度惟燈伴

讀賓敬有加亘數十年如一日可謂難矣舉丈夫子四啟中啟剛啟萬啟宇女子子四啟大啟生啟國啟祥保抱提攜

以養以誨其劬苦殆有
遠過人者詩曰鳲鳩在
桑其子七兮淑人君子
其儀一兮夫人有焉平
居篤信教義拳拳唯基

督是依頌禱必虔捐獻
無闕且惟博愛之旨惠
及孫寒歲時賙恤饋遺
未嘗有吝色也民國六
十九年三月二十日嚮

晨夫人手捧聖經安坐
怛化距生於民國十三
年四月二十五日申時
享年五十有七儻所謂
至行感神上膺帝召者

耶鴻軒傷逝之情有踰
奉倩權厝遺骸於臺北
近郊復活山信義會墓
園屬予為銘幽之文爰
撮述夫人懿行勒諸貞

祗用詔來者銘曰
林下風澌海東瘁厥躬
後必隆鳴呼是為夫人
之幽宮
考試院考試委員

成惕軒敬撰並書
中華民國六十九年四月五日

祖綿先生書展

筆健如馳天岸馬
書工合付米家船

成惕軒敬題

曉峯先生八秩晉三之慶

學能經世推先覺
天爲宏文錫大年

成惕軒敬祝

雲山先生撰白雲親舍集多述其
先德遺事書此美之

陳寔有令望著於州里
于公以陰德大其門閭

成惕軒

梅川先生詩書畫選集

白雲司紅蓮幕細柳營稟筆所經都留佳譽
仲圭畫梅村詩蒼濟篆傳薪有自並紹清芬

壬戌四月成惕軒敬題

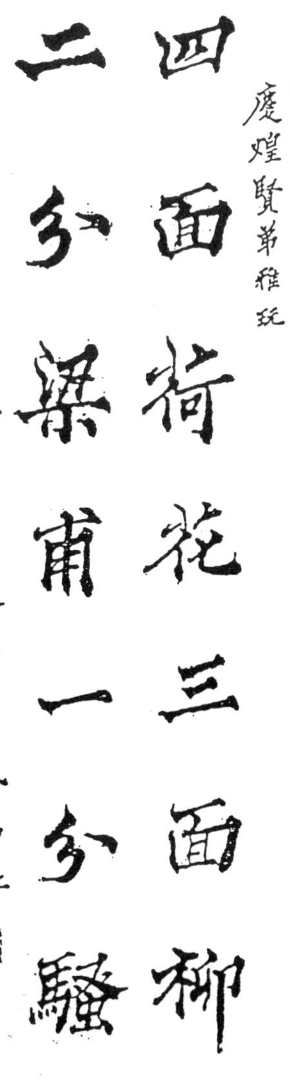
四面荷花三面柳
慶煌賢弟雅玩
二分梁甫一分騷
集劉鳳誥龔定盦句
成惕軒

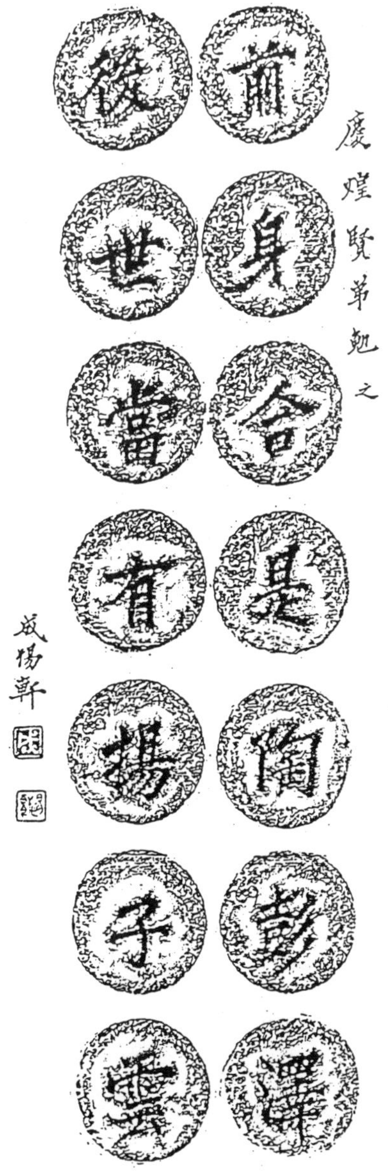
前身會是陶彭澤
慶煌賢弟勉之
後世當有揚子雲
成惕軒

嘉英吾兄粲定

詩如仙露明珠好

人住香山秀水間

成惕軒撰贈

志遠仁兄雅政

志在山林償素願

遠游湖海寄清吟

楚望成惕軒

寄華女史索書聯語寫此寄之

詩筆清於松際鶴

秋懷澹共葦邊鷗

成惕軒

投筆從軍前修可鑒

願作班超莫為王粲

壬寅三月題

萬里征程集

惕軒

癡山先生千古

衡陽歸雁幾封書將母無期
竟成遺恨
劍外啼鵑千縷血收京有日
定慰精魂

成惕軒敬輓

嘉會憶持螯先生興獨豪九原嗟不
作今歲罷登高已止泉明酒誰題夢
得糕驚心聽落葉片片下亭皋
庚子九日不出時距　韜園老人之歿
未及旬也　成惕軒

冀卿先生八秩雙慶

琴瑟助清吟東鰈西鶼百

歲定償偕老願

箕裘賡盛業左鱗右鳳一

庭方蔚出羣材

中華民國七十一年八月

成惕軒敬祝

一成復夏萬象回春

漢聲載振邦命維新

中流作砥大雅扶輪

式弘詩教以厚人倫

中華詩苑創刊一周年紀念

四十五年一月成惕軒敬題

奉讀

勉修先生八十憶語壽以小聯兼志傾佩

豈真猿臂數奇乎豐於才嗇於遇富於春秋八豑更添來歲健

是乃馬蹄餘事耳摯者詩豪者詞雋者憶語一編寧讓古人工

庚申三月成惕軒

考試院用箋

勉修先生台鑒：昨親
雅範，今奉
宏篇，以燕頌之舊勳，寫馬歸之餘事，
吟鞭早著，盾墨猶香，雒誦之餘，拜
嘉何既，專此復謝，並頌
撰祺

弟成惕軒拜　四月十二日

又

大作七律八章工整自然，佩甚佩甚。

（專供公務使用）

勉修先生吟席

尊示敬悉

藻飾過情彌增慚感

大詞十二闋首首精到拜讀已佩手

此復謝敬頌

吟安

如弟成惕軒拜啟　五月三日

冰玉凝前修對官閣梅花雅度
知承何水部　尖叉添近例詠
春城楊柳清辭直逼賈長江

雄勳詞兄示近作並屬題其　風雲樓詩
稿因書此以詒之

水部謂何武公先生長江謂
賈翰園院長

辛丑冬日　成惕軒

唐孫過庭作書譜精究書法為後世所宗顧文理艱深覽者不易粹解今雲山先生為之今注今釋辭義槩然使學者得一學書捷徑不誠虔禮之功臣哉

雲山先生新著書譜譯注

辛酉二月荻陽軒敬題

李友漁父衷惠示所作四君子
詩敬題十四字奉寄

幽芳花最饒詩意勁節
人同耐歲寒

承惠　大作宗華韻詠繼李杜者得未曾
有敬佩之至（精忠。知人。貴不待。刺。肥膚。不有
廣州。謫、蘇。唐。日和。再中。遠。繼。
周。雅。出。、微。帶。楚。辭。衣。）弟叔陽齋敬祝元月十二日
好句好的

按此評岳武穆李衛公德裕詠李商隱詩

承示　大作和詩愈唱愈工無任欽服

按此評武聖送唱和詩

大作義正詞嚴足以立懦廉頑作至大至
剛之氣真人間不朽文字也欽佩無量

朱雀橋邊野草花
烏衣巷口夕陽斜
舊時王謝堂前燕
飛入尋常百姓家

唐詩人劉禹錫烏衣巷七絕一首

辛亥五月 成惕軒

題永明所著文藝雜纂

其枕葄不離圖史
有江山以助文章

辛酉春日成惕軒

子丹吾老友嚮以能詩見稱儕輩而不知其潛擘八法早〻有成若是也觀近臨文徵明戊午夏日漫書詩卷暨懷素自敘帖雲卷霞舒落〻有致其行體蒼潤彷彿長洲之逸姿周旋中節直得藏真之三昧豈尋常揣管者所易到耶午窓展玩不覺移時率綴數言用誌同好

民國六十九年四月成惕軒

薛玉松女史遺詩序

箋裁蜀井洪度飄零柏按胡笳文姬淒怨蕙蘭唐季構綠翹之寃蘼蕪柳君罹絳雲之厄自來蟬鬢多委蟲沙信乎才命之相妨福慧之難並已余覽薛玉松女史遺什蓋重有感焉女史編蒲學早詠絮思清毓自湘中歸於章氏多情有壻調曲裏之鵾絃一索宜男槃眼中之犀角固視上列諸人處境爲佳得天差厚矣而乃廿年違難身逐蓬飛萬里辭親心踰荼苦憔悴經霜之柳生亦何堪纏綿作繭之蠶死而後已寒生月窟趙沉皎兔之光淚濺冰綃竟化啼鵑之血迹其

所遇柳何酷耶至若文史足於三冬嘯歌出之斗室樂親毫素解鬭尖又結社傳杯春人寄興登高望遠秋士攄懷繡壁留題輒驚其長老蠻箋徵詠參伍於華流卓爾成章褎然盈帙以較淑真命集直署斷腸崇嘏遺篇無從寓目者則又不可謂非紅閨之厚幸也琅嬛春回玉京人渺穀貽書種定滋謝砌之蘭魂返家山儻認湘妃之竹

中華民國五十一年壬寅花朝後三日成惕軒

雲山先生五十
述懷唱和集　題辭

知非紀年景福天賚
桃李競芳好春長在

成惕軒

風人社長屬為風人律詩題辭寫

奉長句

火雲千里遞吟筒中有騷人氣吐虹往事
尚難忘射虎壯懷聊與託雕蟲句堪入畫
疑摩詰志切平戎比放翁詎敢鳳岡題壁
處他年定許碧紗籠

辛丑盛夏成惕軒

德璉之裔世其家學趨庭聞詩
斐然有作香草遙賡微波是託
何以喻之朱霞白鶴

思補堂詩存奉題

成惕軒

梅川先生詩書畫選集

白雲司紅蓮幕細柳營橐筆所經都留佳譽
仲圭畫梅村詩蒼齋篆傳薪有自並紹清芬

壬戌四月成惕軒敬題

入海風騷續舊盟幾人
健筆起天聲花間翠羽
喧如許那抵松陰一鶴
清

壬子四月奉題

琴樓雜稿

成惕軒

英兒自華盛頓大學來書率成寫寄

海外尺素書燈前上元節寒月天一涯
念汝今遠適重瀛弋多聞力學宜有獲
道貴執厥中文毋勝其質九域方荊榛
百年待藍篳願為和羹梅莫作變枳橘
堂堂歲華新浩浩溟漲碧目極春霄雲
萬里鵬振翼

釋褐金門早致身胸羅典索氣能
春即看祇腕收千卷不讓鼇頭第
一人陣營曾驚橫掃筆才多倫積
後來薪詞華風骨須兼重肯与楊
雄説美新

霈虹仁棣以所編真善美圖文誌
題答業屬綴數語書此歸之
壬辰夏日成惕軒

霆銳先生以香姬小傳徵題為書一截句

紅閨譜罷離鸞曲雛鳳雙
飛文一時持較白家應遠勝
不聞樊素有佳兒

庚戌秋日成惕軒

林樾生清籟蘭河寄窈思卅年心影錄一卷性靈詩即事題桐葉觀風譜竹枝晚窗香雪霽想見朗吟時

丁未八月奉題

沁芬敬讀文梅軒吟稿

成惕軒

養吾山房詩稿

卓浩然先生著

成惕軒敬題

逌甫先生八秩大慶

國慶中興磻溪入
夢非熊再
天貽上壽海屋添
籌有鶴來

成惕軒敬祝

寥落遺珠收
赤水斕斑片
羽照丹山

奉題
君武先生遺墨文山片玉
民國五十四年一月下澣
成惕軒

代序

林君恭祖日擁縑緗雅耽騷詠今歲四月
總統　蔣公殂逝維傾柱折舉世同悲君
撰紀念絕句多至百章哀敬之忱溢於言
表其篇末小註尤翔實足備參采可謂難
矣八音遏密見瀛海之歸心一卷謳思永
慈湖之遺愛

紀念總統　蔣公詩百詠

成惕軒敬題

怒髮衝冠憑欄處瀟瀟雨歇擡望眼仰天長嘯壯
懷激烈三十功名塵與土八千里路雲和月莫等
閒白了少年頭空悲切　靖康恥猶未雪臣子恨
何時滅駕長車踏破賀蘭山缺壯志飢餐胡虜肉
笑談渴飲匈奴血待從頭收拾舊山河朝天闕
岳忠武滿江紅詞　成惕軒敬錄

衡文我憶卅年前蕊榜
新看海上懸君亦於今
司貢舉過談山舍亦
一忻然

丙寅春日喜
孟婁員華中見過

成惕軒

桑梓敬恭餘令
譽松篁嘯詠有
遺篇　　敬題
國琛先生槐園詩集
甲寅春日成惕軒

靜園聯草敘

成惕軒

邑有賢士曰李先生棟材東塾讀書志程朱之正學西湖游宦挹蘇白之清芬日親藝文罔慕榮利於余深嗜痂之癖結忘年之交焉先生元亮辭官孟公好客五陵裘馬不乏同學之少年四海萍鷗更多遠來之今雨申意每勞於毫素嘔心靡惜於珠璣贈人以言與日俱富頃以所撰靜園聯草將付鐫刊屬加點定觀其怡情風月寄興湖山對九陌之銅駝弔六朝之金粉荒城柏森停車謁蜀相祠堂極浦虹銷襜幃訪滕王樓閣何嘗不塵襟蕩滌煙墨淋漓至於壯士騎鯨孤軍化鶴朱絃綴響嗟子敬之琴亡紫塞招魂贊崆峒之人武亦足私將東芻之悃上弘馳鐵之風雖濫美肯辭仍留紙尾過情之譽或播篇中要殊蟲篆之雕華終見驪珠之錯落也時方薄古誰肯桃符之濫觴士有能文當續茝林之叢話

潔生先生撰席承　惠貽
大著詩集發揮忠愛鼓吹休明健筆清
音自成馨逸披吟再四欽佩彌深
弟成惕軒啟
五月十九日

癡山先生千古
衡陽歸雁幾封書將母無期
竟成遺恨
劍外啼鵑千縷血收京有日
定慰精魂
成惕軒敬輓

第三部分　名人贈詩聯及法書

惕軒先生逝世十週年紀念

績學流芳

孔德成敬題

成惕軒先生逝世十周年祭

惕軒教授為余之小同鄉，陽冶比鄰，文親莫逆。來台後，渠服務於試院，洊至考試委員，垂四十年。余任試院秘書長時，追從尤密。自歸道山，忽忽十年。其門生故舊擬整理先生遺著及徵求文字，以紀念此一代駢文大家。謹賦七律一章，藉申愴懷故人之意，工拙非所計也。

玉尺量才四十年，不期一瞑作詩仙，皐比最老尊都講，文藻今猶重木天。去國孤吟遺楚望（先生有楚望樓詩傳世）及門羣力簡陳篇，共商駢體傳薪火，公在重泉應囅然。

劉先雲敬題

惕老文章四海驚
綺辭儷句發金聲
思拋大筆騎鯨去
華藻流傳千古名

惕軒先生逝世十周年悼辭

王靜芝

惕老教授方家雅正

草木亦蒙銓品力

典型終仗老成人

甲子立秋

蘇文擢

中吾詩家兄

包暢抒慧心寫哭京

八年抗戰經念。家學霸業未收。太

平洋上風雲待。更收光明萬載！

于右任

放翁入蜀富篇章杜老憂時意不忘
更喜康廬佳句在天於詩史兩輝煌

惕軒老棣藏山閣選集　賈景德題

惕軒吾兄道席：接

手書併承惠貺駢儷文叢，足所物慎修場哉。承示令壽堂

序，吾兄述詞於悼不暇起四句及結尾四句最難着筆，然

全文中以起結句為最佳，殊令人佩服，足見筆力也。即問

撰祉

弟 陳立夫 上

七、五、六

海角明樓楚望高今之文傑亦詩豪九天珠玉紛鴻藻一代絲綸屬鳳毛典麗自成新賦體清真迥邁舊詞曹佳篇屢獲迴環誦有味醰醰勝酎醪

旅臺以來每讀怡軒道兄駢文恆不釋手近又承以楚望樓詩精選本見貽佩誦之餘率賦一詩幸賜印可 方家哂正 丁酉秋分前張維翰

惕先道鑒：日昨接奉
台教，所述楊君尊作，
擬於解決極感抑更有求於　兄者，即請文既已所以少研究
東漢西林四播陵消室，故突然稱賞聆文方家惟兄等以會
本九十四文均徒他鄉紀錄平生撰述，集刊成帙，共約八千段，得手三篇
鴻著，仍以稿本狂雜無力整理為言，看來以分任抄錄校對
其十之三四，則事簡而易行，現已着手辦理，大概逾月即能藏成
兄之鴻麗文沉博絕麗，冠絕一時，用敢詩發奉求揮灑大筆
作一序，首以康韵之文為大華之辭，誠幸數十相知之深，此不
以為忤，一俟此稿錄成，當即奉請
教正，另此兼當祈頌
著祺，並候
潭祺　弟　張曉峯拜　三、八月十八日

臺省文章屹不磨兩持玉
尺錄登科明年看寫中興
頌記取瀛洲得士多　奉題
惕軒仁兄瀛洲校士記
壬辰五月雙谿許世英

惕軒先生左右前此失迎爲悵昨又蒙示
景美新作序似是鄉容常詩在秦樹何
氏山林之間清高數也專此敬請
新安　弟余光拜　八　六日

惕軒先生左右昨蒙
示新篇
公詩於溫柔敦厚中最得敦字之妙
古人所云沈鬱頓挫者無不自此字中
來也拜服之至敬頌
夏安小弟念光手上八月廿一日

感憤 六首

誰作三韓地能為發難謀兵連大瀛海星動五諸侯下瀨千艘急懸軍萬里秋眼中看黑子一點繫神州 南國戢靈誕西京蘇子卿天誅方致屆醜虜敢要盟漢節餐氈日秦庭泣血情迂跡看向戌嗟亦竟何成 浩浩黃炎胄今為異族臣伍員甘覆楚熊相亟歡秦楚懷王熊槐沮楚文作熊相 赤子徵兵盡青天轉粟頻頭顱行

萬里顛沛亦何人　吐蕃通雪嶺交阯
接來波不憚崑崙遠齊貪翡翠多虎
倀爭北鄉蠶食寢南逃不待阿房燬
何時見戢戈　玉斧分天下珠璣會海
西尚思馴餓虎空遺阱連雞兵勢遲難
巧歧途聖亦迷顧問踰鴨綠直使虜庭
犂　還役歌楊柳廬曹賦木瓜三軍勞
坐甲一別久無家治要看貞觀時艱過
永嘉自強須努力不用但長嗟

庚寅除夕次去年除夕韻

老慙東野以詩鳴，敢向州閭備五更
客裏三年消短鬢，夢回四海漱春聲
傾杯螘酒隨宜醉，照眼鵑花似火明
咲弄雛孫說歸日，人間元有晚來晴

寫呈

惕軒先生賜教

二月十六日弟陳含光再拜

江漢炳靈世載其英蔚若
相如皭若君平王褒韡曄
而秀發揚雄含章而挺生

暘軒先生雅正　庚寅三月陳含光篆

半朽臨風樹多
情立馬人開元
一株柳長慶二
年春

寫香山句有樹猶如此
之感　陳含光

自來此間得見漁洲詩篇以為非直擢
秀於儕人固亦操奇於聲雅頌承六
高數把讀回環如連璧之盈於絡中
似二龍之來於江表幸〻甚〻
足下擬遲廎以安宅簪沈醬以章思魚
銜鉤而出重淵驥跪足而懷餘勇千辟
萬灌是出純鉤九醞十旬爰成芳醴壓
之鄧林結采百圍之木文陰𥁠嶽興霖
四海之雲合氣塵無越軌華必附枝
歸足曲於庸音謝斜柯於流眄昔延之
譽與子美思沈義山極之以雕鏤派仙歎
之以室塞前修未遠厥迹猶存卓爾吾
賢承於流別漁洲如摩天之鵠俊翮振
翔
足下如栖川之虬潛姿自媚湘弦鄂曲俱感
心靈虹玉蛇珠並升掌握道斯二妙及我
餘賢爰龍得素於仲宣休文掛掌於元
禮非云敢企有同心焉想居親聖廡地接
山雲神游夏之堂目極梁騶之囿金絲
舊壁未壞於靈光鳥獸秋風疑詞於艮嶽
羈情詩思兩復如何動止攸宜翹馳曷竟
惕軒先生左右
金光再

暘軒先生左右前蒙
賜詩藻飾過當愧不敢當茲作成鄙句
奉荅又近文一首同祈
斧正其文無它稾閱後仍求
擲還為幸敬頌
夏安　弟含光拜　六日

暘軒先生贈詩適苦連雨百感交臻率
賦四章奉荅
郢中白雪唱海上成連琴地靈發奇響
神指通妙心音肅肅宮宇靜（君居孔子廟）潛思一何

深不遺褐衣老惠我瑤華音
緯恤深髮悲越吟感莊怨淫而況兼向
況憂不恤飯耳疲檐溜喧目厭礎衣潤
來轍既已湮清尊孰能勸
溟漲非湯池漂洲佇蘋藻文興雖百里
墨守資奇械不見木瓜詩空闘火牛隊
懷古慨事殊憂天使心痗
桃梗將土偶相值兩飄淪俱為窮海客
夢隔江南春江南亦何有赤土無居人遼
東且皁帽中國方黃巾

曉坐偶作

秋炎午更熾中宵乃微寒佳落朝爽氣稷稷怡我顏初日上西壁晴暉滿中園青林紛沃若眾鳥鳴其間開軒玩流光悠然見東山此事亦復樂何必思歸還但羨做鄉人性命輕

著營誰於一息內獲此方寸要循業理可還在懷感所聞仰視空雲馳了此身幻觀塵奴市蔬返呼我當晨餐

壬辰八月寫奉

惕軒先生教之

邨上陳含光時年七十又四

物軒詞兄
惠書捧讀敬悉
華國新聲有關世運佩服
無任久未晤譚無切懷念稍暇
當奉邀
欣從一聚也此頌
著祺
鐘沅弟[illegible]
[illegible]啟

惕軒先生知名已久詞其芷若其人遒地鱷溪俱真氣故詩託堂寺奉堇生謹茶謝玉贈昂帝

癸巳陽月中澣

甲宗李悅敬之甫書於岳陽雲和書屋

乙巳孝遊賓元

惕軒先生著大壽丙戊之冬蒙眾每冥久余書無微之期因屬揽信及字作孟君行思十樓永元天裏迪六公堂一雖曰此欤門之江辛為亮又初弌鵝所伐大喜此

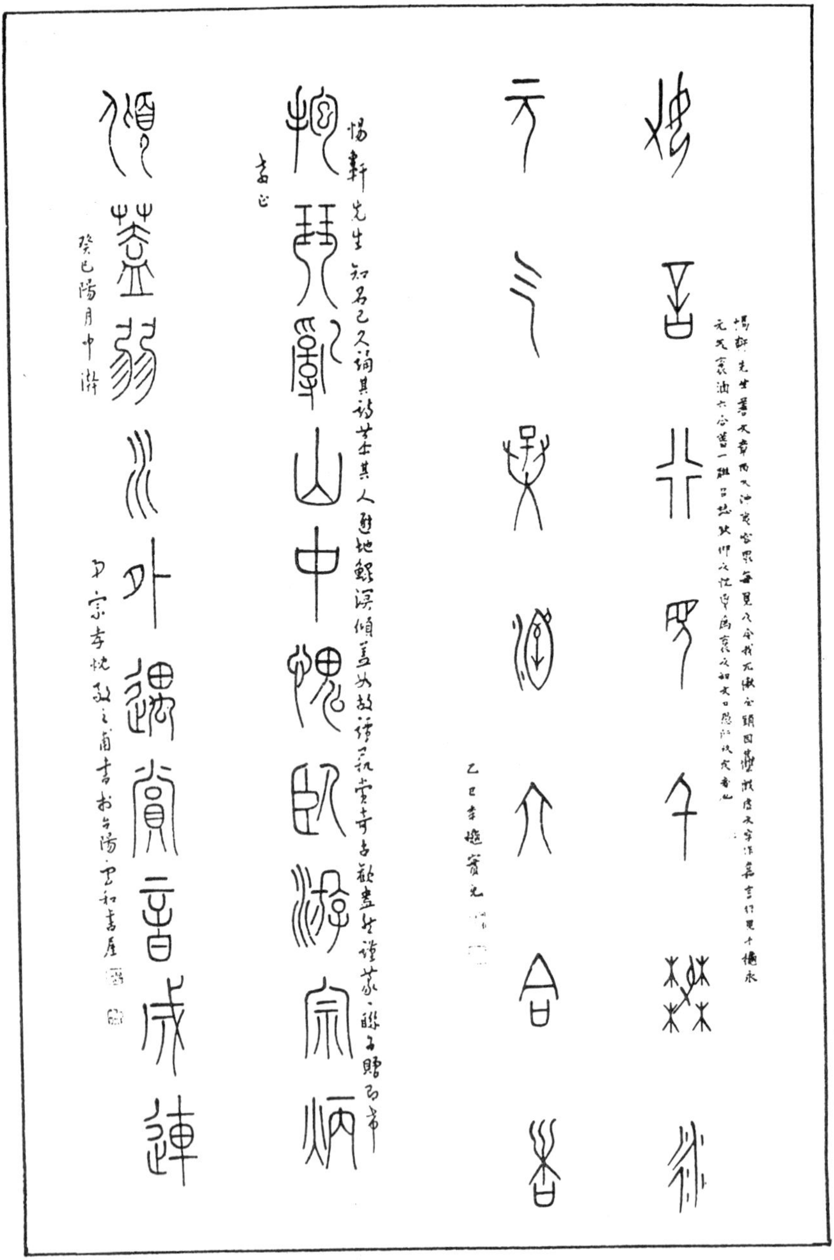

至人泰心君本不為物障何須論有無更莫辨真妄輕雲度太空點綴亦殊狀謝重倘與王道子內先喪

讀世說有感於孝文王道子浮雲滓太

簷聲淅瀝已驚秋佳句森然不待求要識巴山清絕處燈前敲枕勝高樓

法詩乞題成小詩

醉寫梅花十萬枝枝枝盡帶歲寒姿晴窗暖閣光初西水樹風亭月上時各抱丹心成永好即看玉色亦忘

秋夜枕上作

飢齋人莫把月青似心跡雙清爾豈知

旭初為湘蘅夫人畫梅即席題之

黃花照坐集時流凱入

罍觴眼隱候已見中興如換世故樵清

詠記高秋深悟不為酡顏覆款語猶

毀曲哭深百蕭霞人去遠麻賤十年

可能求

乞田園寫近詩　量在以舊京黃勝闌為余作書最多今多散去惟一每頭猶為藏其詩卷攜幅對之寶也

新詩鏤玉後裁冰或是前身慧

業僧賣餅莫輕三世學煮茶猶有一

枝藤盈情文字宜延壽無盡光明左轉
燈似我疏頑無一可花開普謂老何曾
龍伯池用元僧中峰韻見贈次韻報之
伯池爲南海弟子因借以羊 又言上[illegible]從
入室新詞勝嚼
冰不関詩字恥無僧嘗花排日攜蹴座作
草幾朝壁劃藤前鬱千聲為撫留
清沈萬念說收燈恩欄為汝低徊久眠息
今人喻善勇 尹默贈詩[illegible]有[illegible]而答之 每接清言
勝微冰何須遠訪佳庵僧守玄善世非

忘世理惑牽藤不斷藤今日偶因文字
飲當年已續祖師燈遠海月樓中語
躡屩陵陽記昔曾

贈李證剛居士兩絕 求句記
棄年在池寮更生上請

暖入湖陂正解冰清寒不用著依偎方生
雪嶺溶溶水已見風前〻亭裊〻藤行
藥何妨當暮雨賞花猶趁春燈眼中
青瑣江南憶一笑金丹換骨曾

東蓀 東罡
證剛伯仲

因中峰招偈和不已
作此告罷仍疊前韻

廬山瀑布三疊奇曾借千
尋一訪之山骨折疊三千尺奔流倒海
無還期是時蘆濱羽書急今聞勝利
銷鋒鏑卻從畫裏望雲岩匡君似迓
東歸客

為黃君瑟題雲岩瀑布　舊作

雜書離滬時所為詩似

惕軒先生詩家正之　方湖汪辟疆

錦繡同推慧業樓不才卅載忝交游眼
高弟子皆能手名世文章占上頭身
是老蘇坡穎擁眷如賢孟柳萊傳隸
闡頻典籍勝蘇珊瑚網英髦定盡收

能手謂曾霽虹劉孝推二兄

惕軒先生吟正

伯稼弟陳天錫甫稿時年九十

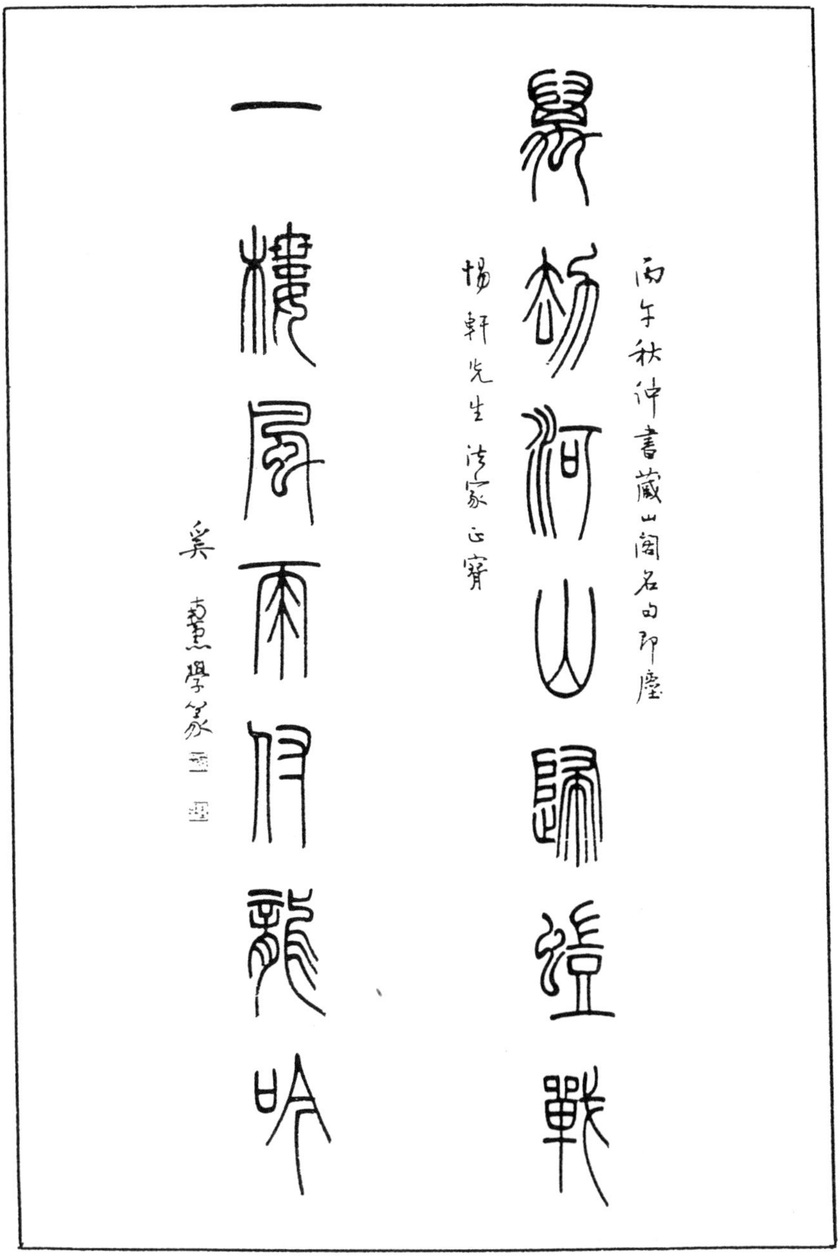
一樓風雨任龍吟
揚軒先生

蒙示兩詩每擬可擊真乎
言長城謂界處代吳明卿
當愧也洪北江以為孫數賞
稱處時盛傳大作以蓋其對
之同工異曲矣 復上
惕軒先生 廣生拜 三月十八日

賞析有真崇凉宵共一尊衡鴻天浩〻卻
爲道存〻杜老驚人句維摩不二門平生
慚素籍殘夢爲君溫

揚軒先生同旅渝州
賜詩見寵悚不敢承次均奉酬即乞
方家郢政

匹石　年六十又六

第四部分　紀念詩文

一、詩文及法書

成惕軒先生逝世十周年悼念三章

渡海將臨舉、相推獨重公。十年彈指過、萬事盡成空。精爽星辰上、拔攜澤泗中。舊游吾尚在、嘆逝致哀衷。

在昔違心日、相將過草堂。助談觀論著、覓句每連牀。薤露歸何急、苔岑契豈忘。拙編充弁首、感激錫佳章。

自識謙謙士、常懷藹藹儀。嘗蒙承見許、此日益興悲。玉尺宗師逝、冰弦典範垂。門墻將桃李、皆是向陽枝。

弟方子丹敬奠

No.

惕軒兄逝世倏已十年賦此志感　劉象山

譚藝衡文廿四年，故人凱誼感連天！
前陳家世崇清儉，餘度文章勝簡編；
十載螢光悲宿草，千秋劍氣閟重泉；
蓬山景野原仙境，終古煙霞護墓田。

成惕老逝世十周年誌念

後學張定成

玉潔山房迹已陳，藏山閣被十年塵，鵬湖更惜鵬飛杳，我愧辭官又兩春。

玉潔山房、藏山閣、鵬湖，分別為前考試委員張默君、成惕老及曾壽虹先生齋名。我亦忝任第八屆考試委員，惟有第九屆多為法政人才，而無專任國文之考試委員矣。

拔典秋闈感至情，纔過強仕或相輕，幾多大老驚年少，接席頻頻問姓名。

楚望樓高楚澤遙，層臺攀翠水迢迢，一從乘鶴凌虛去，多士羹牆屢見堯。

考試院考試委員用箋

中華詩學雜誌社

成公楚望先生逝世十周年紀念

楚甸山川秀，儒林德望高。謙光流海宇，
潤澤起英髦。濟世丹心切，衡文末座叨。
詩巢蒙錫句，典册重揮毫。一鶴仙雲杳，
千秋國史褒。遺篇皆化雨，霑灑到青袍。

註：民國七十三年秋，公曾蒞臨寒舍，（青潭詩巢）
並賜贈聯文曰：詩如仙露明珠好，人住香
山秀水間。

晚生　龔嘉英拜稿　八十八年元月

嘉淇吾兄雅定

詩如仙露明珠好
人住香山秀水間

戒傷軒謹贈

康廬先生逝世十周年祭

連琴千古香寧樹十年
春家落燕萬蔦天涯
菴老身

弟張之淦拜撰

中華詩學雜誌社

天將忠愛鑄長庚，總攬人間重晚晴，忘老情懷多雅健，息心行誼每崢嶸，騷壇久協文星墜，代鶴仍悲禹甸傾，西望雲山空悵惘，伊誰棣院主詩盟

惕老與愚以「文人宜相重，而毋相輕」一言訂交，以神默契，允稱莫逆。後為實踐院研一期同學，及考試院典試之作，渠為典試長，關愛尤切，并為拙作中華五千年史詩，及寄草題辭，勗勉有加，至今銘感，深情厚誼，永存在心。

梅庵廖從雲 貢草

翠墨生香不讓廣平
和靖專美
從雲教授以梅花百詠徵題
甲寅秋日成惕軒

閩中廖徑仁先生近撰歷代詞評如千卷淄澠有判月旦無私害意不以其辭知人必論其世鈎元提要竟委窮源洵藝苑之針砭詞林之津筏也夜窗讀竟書此以志傾佩

癸丑中秋後一日敬題

歷代詞評

成惕軒

卅年前惕軒教授曾以陳著之石船詩存見貽並附
短箋現尚在寒齋珍藏中不時展讀茲值
先生捐館十周季謹提其小句共表無限追思耳

戊寅冬揚州晏天俊未丞艸

卅年再讀石船詩轉覺康廬愛承癖為刻
好書寧負郭未趍提經愧嘗时三分入木辭
文序一卷深藏珠玉詞依舊蘭亭今昔感死
生終古耐人思

余於壬寅曾重刊廿五史及五種遺規後者為成兄作序
極見中庸之道

重印五種遺規序

嗚呼。人心陷溺。國步艱屯。至今日而極矣。焚冠裂冕。室已毀於鴟鴞。吮血磨牙。天方縱夫豺虎。至若仰慚屋漏。士行多虧。潛納苞苴。官邪未戢。社鼠城狐之輩。横逞椎埋。飛鷹走狗之場。報爭睚眥。青衿色壞。翠袖塵污。戾氣充於里閭。穢聞播於閨閫。則尤層見而迭出焉。斯蓋蒙養久乖。本根先撥。初非一朝一夕之故也。或謂禮義之興。宜實倉廩。寒餓所迫。迺生姦邪。欲求致理之方。必以厚生為急。不知政在養民。首標正德。固窮有道。君子樂其簞瓢。逸居無教。豈氓比於鹿豕。孰云世祿之家。始克由禮。瘠土之民。獨難嚮義乎。或又謂瀛寰進化。器物是崇。月窟探奇。風雲都變。而固有道德。惟務人禽之辨。幾同芻狗之陳。烏克與此科學時代相適應乎。不知科學原重發明。道德寧區新舊。科學而背夫道德。將如泛駕脫韁之馬。自促覆亡。道德而輔以科學。將使際天蟠地之春。益弘亭育。必曰二者鑿枘難入。冰炭不容。是直不通之論也。或又謂農業工業。社會之習尚不同。東方西方。人倫之觀念各異。今當蛻故孳新之會。遂感從違取捨之岐。不知歐美諸邦。禮容有飭。如正衣冠以肅容。舉杯杓以娛賓。形外雖殊。誠中則一。推之男女社交之節。殿堂宗教之儀。又奚不可執兩用中。截長補短耶。是知立國精神。張四維而不敝。譬彼經天日月。亘萬古以常新。悠悠宇宙。紜紜物象。雖變易不居。推演無極。而人道之不容湮滅。人性之必當存養。則固前聖後聖。心同理同者也。儻父師之敎不先。道義之根胥斬。其將何以厚民德。固邦本乎。僕究心史事。蒿目時艱。每思蒐錄往哲遺訓之深切事情。堪垂法戒者。纂成一書。以爲匡世淑人之助。而軟紅相溷。汗青莫期。雪牖風簷。未嘗不撫卷滋愧也。頃者德志出版社重印陳榕門先生五種遺規。屬贅一言。因就末簡。述其平昔所感念者如此。陳氏之書。博采纍編。分臚故實。雖取鑑於古者。未必盡適於今。要其嘉言絡繹。矩度昭明。足備攻錯之資。俾收陶鑄之效。殆無疑焉。成己成物。道貫躬行。佩韋佩弦。人期自厲。庶幾鄒魯之化。漸革澆浮。不待文王而興。且看豪傑。

中華民國五十年歲次辛丑秋八月成惕軒撰於臺北

天任先生：屢承
贈書，曷勝銘謝。茲敬以石
船詩存一冊（此人詩極好）奉贈，請
惠察為幸。即頌
吟祺。

惕軒敬啟　十二、三、

考試院便箋

亦園齋主人用箋

民國五十一至五十二年間，常一同乘啟天先生之父人座小型之交通車來政大上課。座中常言行路致遠之道，在於所謂「不怕慢，就怕站。」而讀書為學則「勿將小慧聰明」甚看意在「漸積不停止」及之「緊」字耶！此恐知之者亦如是。而將意志嘉勉，以誘掖後學也。所述雖他人早知，故筆之，發此以存紀念，兼誌所感。

民國六八年元月十二日

宋守先於木柵亦園齋

惕老委員逝世十周年紀念

伏嘉謨遺作

四部湛淵，公最擅駢辭，並轡庾徐光翰藻；
十年流水，我輿懷曩哲，宜依山斗弔儒林。

懷成惕老

方子丹

出自郢中望，聲華本應高。駢文稱獨步，品藻領群曹。
嘩版時相過，琴樽不厭叨。子雲玄草在，每展淚沾袍。

楚望先生逝世十週年追思感賦

陳新雄

楚望先生繫我思。風流儒雅亦吾師。
駢文久已成仙手，盛德今皆鏡茂貣。
玉尺量才三十載，栽蘭育蕙百千枝。
深仁昫我恩無盡，凝望雙聯淚復滋。

懷成師楚望謹次方公元玉

陳慶煌

文衡天下重，才望北辰高。玉尺量邦彥，金針度我曹。
平居常默默，規過總叨叨。難忘餘恩在，春寒賜酒袍。
（夫子逝後，春節前夕，師母命長孫女美夏奉來　先師所留布料一套、美酒一甕相贈。）

懷成楚望先生敬和方子老原玉

曾厚成

大筆由天授，駢文世所高。辭風追往古，檄意癒梟曹。
默識先賢立，遺篇後學叨。望樓寧祇楚？儒幘想襟袍。

成公楚望先生逝世十周年其高弟慶煌博士索句書此以報

夏國賢

駢學群尊一代宗，逢春桃李盡成龍。
憐才好善韓歐並，亮節高風雪嶺松。

詞一首

徐信義

一九七三年夏，始從康廬公治詞學。歲時請安，公輒殷殷垂詢，勉勵有加。論文敘事，吐屬溫雅。人有一善，稱之不置。弟子告退，必親送之門外，風雨不辭。嗟乎！歲月不居，自公謝世，倏爾十年；思之慨然，用成一詞，調寄〈千秋歲〉。藏山、壺樓，皆公齋舍名。

碧巖涵翠，小院飄香桂。書滿架，文駢麗。銓闈司大典，絳帳栽多士。雲靄靄，藏山一閣盈佳氣。　長記壺樓裡。教我詞章事。言懇切，情殷至。偶談因所業，樂善稱其美。凝望久，蒼天浩渺風如水。

二、紀念文

成愓軒先生的四大功德

胡秋原

成愓軒先生與我同鄉同庚，抗戰時期又同在國防最高委員會同事七年。來臺以後，亦常相見。每年春節前後，一定互相存問。十餘年前，還有一次同在榮民醫院同住一層樓約半月有餘。我常承先生贈聯贈詩，亦偶爲中華雜誌寫文。最難忘的，先君壽辰，蒙先生本先君自述，寫了一篇壽序。不久先君辭世，又蒙先生將壽序末段改寫數句，作爲哀啓。故每念故人，不勝愴懷。忽忽十年，諸君子發起成先生逝世十周年紀念會。以上諸事，我曾略敘於七十九年成先生之紀念集中。今以衰老之身小病之後，不能多寫，特簡述先生之四大功德於下。

一是駢文造詣之高華。從前在新文化運動時代，很多人攻擊駢文，此乃不知，如果辭賦是散文詩，則駢文是詩的散文，我國語文是單音的，駢文也就成爲我國獨有的文體。然駢文也容易流於陳腐、空洞和牽強。而先生之駢文，在內容方面，敘爲詳明，說理周至，不亞於散文；而在形式上，則在雍容典雅之中，並且清新俊逸之致，此博學之功也。

二是爲國掄才之認眞。先生在考試委員二十四年，始終費心而盡力，盡爲國掄才之責任。他是以考試見知於世的，所以他對考試異常認眞。

三是獎勵後學之熱心。先生於試院業務之暇，又曾講授古文於師大等校。先生講若干清詞懇切之論文，每至師生皆爲之下淚。學生成績優秀者，先生亦嘗盡力向多方推荐。

四是先生的思想，主要是認爲國家之命運，端賴知識份子自尊其人格，盡力於學問。先生品行端正，一如其面，一如其字。而其好學不倦，可見於平居手不釋卷。維護人格民族學問之尊嚴，是先生與我完全相同的。昔在「紀念冊」中，我僅引先生爲我的「古代中國文化與知識份子」作的序文之末段，表示我們之相知。原文不長，今引全文於後，以見其所說「國無仁賢則虛，楚以善人爲寶。……立命生民，素王實賢於堯舜……國家以貴士爲先，人才以尚志爲本」，也是先生思想之骨幹。我爲懷念故人而重讀此序，亦望讀此由此序了解道德與學問是爲人立國之本，而先生是身體力行的。此外，此文亦是先生駢文風格之一例。

文字交親

——追憶成惕軒先生

張佛千

成惕軒先生爲駢文大家，工麗典雅，近史以來未之有也。渡海來臺，曾入中樞司制誥，其後久任考試委員，歷主多屆高等典試。出其餘緒，講學上庠，桃李滿門，多士崇之。

余讀其文而識其人，筵間初晤，即蒙愛重，凡有所作見之於報刊者，必以電話或手書褒獎。

一 聯長跋

我不善書，作聯贈人常請書家合作。惕老字如其人，端正秀雅，爲我所寫諸聯中，有二聯因蒙激賞，乃作駢文長跋，是異數也。

其一、祝錢賓四（穆）先生八十榮慶。聯曰：

大宗師逍遙，飛九萬里以意。

素書樓著述，計八千歲爲春。

「莊子篹箋」爲賓四先生重要著述之一，「素書樓」爲賓四先生所居之所，以之對「大宗師」亦工。唯先生足以當大宗師之稱。此聯除「素書樓著述」外，皆用莊子語。跋曰：

「賓四先生千駟遺榮，百城擅富。貫經史子以成學，通天地人之謂儒。解莊唯向秀獨精，說易與伊川為近。丹鉛在手，絃歌有聲。桃李蔚於上庠，梨棗燦其新製。力匡朝政，而論異乎復社東林；逸在布衣，而名齊乎泰山北斗。鯤身寄隱，熊夢占年，入此歲來，蓋八十矣。佛千教授特撰是聯，用祝難老。千春著述，允符梅溪耆壽之徵；一紙播傳，宜續藝林叢話之作。惕軒附綴小文，獲志嘉會，有餘忻焉。」

其二，贈黃達雲（杰）上將。時任臺灣省主席。昔當達公六十生日，惕老曾作壽序。今見拙聯而大喜，亦為作長跋。聯曰：

史家大書，域外孤軍，勇張漢幟。
詩仙好語，天下談士，願識荊州。

跋曰：

「達雲先生鈴閣敦詩，柳營經武。據鞍矍鑠，同馬新息之雄姿；裘帶雍容，具羊荊州之豐采。譽蜚寰宇，功在國家，其所以紀旂常，銘鍾鼎者，蓋未易一一數也。佛千教授頃貽先生聯，獨於虎帳勛名之外，寫孤軍齧雪之貞；且本龍門聲價之言，寄多士望風之慕。可謂別抽妙緒，弗落恒谿者矣。澄波不滓，宛瞻叔度之清標；好句如珠，直入藝材之叢話。」

以聯唱酬

周棄子先生奇才畸行，譽我之甚，亦同惕老，常邀我同訪惕老，亦常邀惕老同蒞舍下。清茗雅談，棄老目無餘子，有使氣罵座之狂；惕老氣和而謙，有談言微中之致。各多妙語，往往發爲縱聲大笑。

余七十以後，多作嵌名聯。惕老命之曰：「惕軒二字難對，能作聯贈我否？」我以韓愈詩：「字向紙上皆軒昂」句製聯曰：

君子修身，一生「惕」勵。

宗師作賦，萬字「軒」昂。

棄老適來，見之喜曰：「廖序十六字，將爲人爲文都說到了。」遂偕訪惕老，惕老喜贊：「軒字嵌得好，你用韓愈詩，我竟未曾想到。」又謂：「棄字更難嵌。但也難不倒你。」我與棄老常相見，久欲贈聯，祗因棄字，知難而止。歸後久思，乃用老子語：「絕聖棄智，民利百倍；絕仁棄義，民復孝慈。」「既得其母，以知其子；既知其子，復守其母。」製成一聯：

仁絕智「棄」，知白守黑。

得母有「子」，和光同塵。

又用詩經句：「子之茂兮。」「子之昌兮。」再作一聯：

大道哲言，「棄」智「棄」義。

古詩美頌，「子」茂「子」昌。

適二老同蒞舍，乃以聯稿呈政。惕老曰：「他向你拱手是道謝，我向你拱手是佩服，天下更無人能嵌棄子二字作第三聯！」

惕老以「楚望樓駢文鈔」見贈，棄老命製聯，聯曰：

「楚」有大才，三都賦美。

「望」隆多士，百尺「樓」高。

稍後，惕老來舍，以聯相贈：

壯心老驥千里志。

豪氣元龍百尺樓。

並謂：「前承贈聯之『百尺樓高』，唯公始足以當之。」

惕老既贈余聯，亦以此促棄老。一日，棄老携書就之聯來舍，惕老亦應約踵至，乃同展讀。聯曰：

平生不解藏人善。

今日唯觀對屬能。

跋曰：

佛千先生老驥不驕，肥遯無悶。說士之甘，過於梁肉；製聯之巧，直奪天工。因集唐楊茂孝、李義山句爲贈，聊見寂寞賞音之意，伏維粲可。

愓老大贊曰：「二語均極切合。下聯在李義山集中，並不起眼，棄老熟讀，故能集之，極爲可喜。」又謂：「我們二人之聯，皆不嵌名，珠玉在前，敢不藏拙，以示唯公獨步耳。」

歡喜讚嘆

余於六十生日，作「風蝶令」小詞以自壽。因生肖屬猴，戲以孫悟空爲喻。惕老不僅書之，更爲作跋。

詞曰：

闖海驕無敵，爭天妄比高；翻將觔斗萬千遭，總是作人夥計怨兼勞。　山耐當頭壓，爐經整體燒；八十一劫倘能逃，奢願尾巴除盡脫光毛。

跋曰：

佛千先生靈根夙植，慧業增修。負國士才，同惜牛刀之未試；行菩薩道，已覘龍性之能馴。頃於六十弧辰，作風蝶令小詞，戲拈說部西遊記語以自壽。奇懷妙喻，爲歡喜讚嘆書之。

余於贈人聯中多用「閒章」，俾增朱墨燦然之美，得者喜之。閒章皆用成語，貴有新意，其一曰「家徒四壁」，蓋名家相贈書畫日多，而嫌四壁之少，非嘆貧乃誇富也。將惕老所書風蝶令小詞，改刻於特製之玻璃小屏，配以檀架，置之几上，照以明燈，成爲九萬里堂珍品。惕老來舍，見之大悅。

結語

惕老之喪，欲作輓聯，苦於諸緒難達。昔時有作，必蒙青睞，今幽明既隔，不見不知，作之何用，唯執拂默哀而已。

文字之交，其情最純；文字之知，其感最深。余與惕老相交逾三十年，故人辭世，又十稔矣，棄老之墓木亦拱，回思曩昔三人雅談唱酬之樂，不可再得。編纂惕老紀念集諸君子徵文於余，爰紀述陳篇以應，蓋不勝黃爐之痛矣。

成惕軒先生事略

謝鴻軒

成惕軒，湖北陽新人，字康廬，號楚望，生於宣統三年（西元一九一一），卒於民國七十八年（西元一九八九），享年七十有九，髫年穎悟，庭訓甚嚴，勤讀四書五經，咸能通其大義，及冠，從羅田大儒王葆心游，學益銳進，民國二十年，長江氾濫爲災，當月明夜靜之際，獨登黃鶴樓，目擊滾滾洪濤，作災黎賦以寄慨，時鄉賢張敘忠爲軍需學校校長，誦而善之，邀赴金陵聘主校刊編務，兼課諸生，抗戰入川，高考及第，陳布雷愛其才，薦爲國防最高委員會秘書，勝利後，改任考試院秘書參事，轉任總統府參事，曾兼國史館纂修，四十九年，特任考試院考試委員，蟬聯二十四載，爲特考典試委員長三十餘次，廣攬英才，並兼私立正陽法學院、中國文化大學、國立政治大學、中央大學、臺灣師範大學教授，桃李盈門，書法褚河南，詩則瓣香杜老，爲各兼擅駢散，深感晚近儷體式微，奮然挽頹振敝，欲遲六朝之衰，有楚望樓駢體文內篇、外篇、續篇，另有楚望樓詩、楚望樓聯語、汲古新議及續編行世。

惕老風標世所稀

陳子波

惕老謝世十週年矣，每緬風儀，輒深追慕。頃及門諸弟子爲闡發前徽，擬刊行紀念集，誠盛事也。先生道德文章，故舊門生紀之甚詳。余縱再引述，亦未能溢美，姑舉一二小事以見其大。

余忝交先生逾卅載，因南北暌違，僅通翰札較少晤面，雖每年一二次北上參加詩學研究所會議，因人多亦未深談，迨北遷後始得常親教益。

惕老知余每月必往香港一次，囑代購燕窩半斤，並云：「臺灣雖有售此物，質劣而價昂，不若香港批發商散裝貨得以任意挑選。先生飲食服御，均甚儉樸，何以獨嗜此物，初未敢問，後曾告余曰：「吾豈嗜此，年來體力日衰，據友人相告陳立夫先生常服此物，今年逾九十，體仍強健，故亦一試耳。」

余送燕窩皆捧晚間命小兒駕車親自送上，藉此暢談。樊山老人乃其同鄉前輩，余藏其遺集數十卷，計樊山正集二十四卷、續集三十二卷、詞鈔五卷、公牘二卷，余舉其中少爲人知七律進退格、首句押五微韻次句轉四支、四句又復五微六句又四支、結句又用五微、微、支兩韻互用、一進一退。自註：此乃進退格。余問：此樊老自創，抑古人已有此格，詩壇可否引以爲法？」先生笑答：「此公花樣眞多，此格可學而不可學，學須加註進退格，以免引起疑惑？」

余又提出疑問？其集皆書：恩施樊增祥嘉父？恩施乃其原籍縣名，嘉乃本名，父通甫，爲人之美稱，是否又作寫字解，張大千爲人題橫額多於大千之下書一父字，亦有「大千父」圖章，先生沉吟未答。此父字究作何解希博雅之士指教，余見著作者每於集中第一行書名之下，書某某人甫。

先生亦舉同光時倣同鄉陳石遺、陳寶琛、鄭孝胥等詩文作談話資料，對當代詩人只褒不貶，亦不涉及政治。偶談及音韻，聽余對古音之分析，有時多讀一音，時加贊許，並云：「福建詩友對古音保留較多，難得難得。」

同鄉翁文煒兄擅工筆仕女及宮殿臺閣，第八集畫冊刊行時，公爲作序，余亦題四首詩刊於集中，頗受贊賞，以團花箋書一聯賜贈，其句：

多情直比遵投轄

好句遙追趙倚樓

上聯並以小字加題數句贊語，恐涉標榜，未敢全錄。民國五十七年十月間，余以百幅梅花百首詩，在京舉行「百梅圖詠」展覽，公接柬後，又撰聯遙賀：

憑將五彩斕斑筆

寫出孤山冷艷花

余祖宅傍南嶼錦江之濱，土岸經潮水不斷衝激，日漸崩潰，乃圍以石堤，並種楊柳美化之。曾用王漁洋秋柳韻紀之四律，又有鄉居遣興：「送日悠悠百不聞，閉門卻掃避塵氛，宅前六柳皆成蔭，略勝陶潛一二分。」公觀氛者作頻頻稱善，尤其四律贊許不置，立撰一聯相贈：

宅畔試栽五柳樹
案頭閒寫萬梅花

書罷與猶未盡又撰一聯：

畫好爭誇香雪海
詩清獨占水雲鄉

長者溢美之言，殊深愧赧，上列諸聯，皆刊入商務印書館所出版「楚望樓聯語」，遺篇猶在，大雅云亡，追憶前塵，不勝人琴之感。

隨緣懷高念惕老

王華中

今年二月十九日，要參加早年同寅第三公子的婚禮，而且承囑須致賀詞。就先去理髮整容，以光風彩。赴會之前，爲時尚早。遂經臺灣大學校友會館一樓餐飲座席稍爲休閑。那裡交通便利，寬敞舒適，進出多雅士，往來無白丁。在在顯示老友吳志超先生經管得法的成就。正在心想事成的當兒，吳先生竟然出現於我的茶座旁，相談成惕軒先生過世十周年紀念文字的搜編事宜，並交《成惕軒先生紀念集》一冊，藉增回憶。

惕老的辭章志業，世多傳頌。末學因緣交會，也經沐浴。茲逢時會，敬以「隨緣懷高」四字爲啓，分成十六字令四則，以誌懷而應命。

(一)

隨。楚望康廬十稔垂。人何在？教學話秋闈。

(二)

緣。每念先生論考銓。通乃理，德業賽前賢。

(三)

懷。豈僅辭章上玉階。尤可貴，襟抱共彩牌。

(四)

高。天上人間讀楚騷。新文教，時代縱英豪。

從楚望樓詩仰窺康廬先生之立德立功立言

高嘯雲

民國四十年，不佞參加高考普通行政，四十三年，復參加人事行政，僥倖均獲及格，康廬先生歷任典試委員，國文一科，皆由先生閱卷，此在古昔，禮尊先生，所謂「有酒食，先生饌；有事，弟子服其勞」是也，帝制時代，「座師」則爲一般之敬語，以二者論，俱當忝在弟子，門生之列；惟以行能無似，復乏機緣，遂抱未獲追隨杖履之大憾，然高山仰止，固未嘗一日敢忘師德師恩也。頃承張仁青、陳慶煌、謝樹華，吳志超諸先生不棄鄙拙，以康廬先生逝世十周年瞬屆，囑爲一文以爲紀念，匪特卻之不恭，亦正好藉此一伸平日嚮往微誠，爰謹就先生巨著楚望樓詩之有關立德立功立言者，略陳管窺，或可稍報疇昔玉尺裁量之大德於萬一乎。

康廬先生之詩，瓣香工部，揆諸工部之聖於詩，不僅才高學富，尤在於有忠愛之至情至性，亦由於此，是以沉鬱頓挫，感人至深，今古傳誦，「聖」以有仁心爲首要，詩之工，亦繫乎是，康廬先生亦然。其後者尤於勝利復員陪都各界恭送統帥東還之（還都頌），全國人民團體慶祝　蔣公八秩誕辰之（元首頌）、中央黨部紀念　蔣母王太夫人百齡冥誕之（慈庵頌）諸作見之。其推己及人、人飢己飢人溺己溺之仁抱，則民國二十年，目擊長江氾濫爲災，於夜靜月明之夜，獨登黃鶴樓，望滾滾之洪流，愸然憂之，歸草災黎賦二千言以寄慨，既因此被羅致主持雜誌編務，亦爲兼課諸生講授學校之始。迨抗日軍興，痛寇氛之方張，傷國土之日蹙，書生報國，惟有日爲詩文刊布報章，以勵民心而作士氣，亦以此爲慈谿陳布雷氏所賞識，薦於國防最高委員會擢充簡任秘書，是爲夙夜在公憂勤國事之發軔。及大陸淪陷，追隨政府來臺，於一九八一年四月，吟成「太空梭」一首，末有「……天人有道要交貫，勝天尤賴人事謹，獨夫以暴不以仁，赤氛所至森白刃，九閽呼訴帝不聞，哀哀下民孰矜憫，神皋卒歲久無衣，鶴語竟年今更冷，安得長梭擲太空，庇寒爲織天孫錦。」等語，從天人合一，以勝天還須謹於人事，再由「獨夫以暴不以仁」，而欲叩九閽而帝不聞，因而深痛「哀哀下氏孰矜憫」，復自太空梭，聯想其能「庇寒爲織天孫錦」，是以少陵「安得廣廈千萬間，盡庇天下寒士皆歡顏」之心爲心，而亦屈子憂思忠蘊之苦語。感時益憂黎元，而仁暴之辨，尤與少陵「北極朝廷終不改，西山寇盜莫相侵」同心同調。其以「楚望」名其詩樓，亦子美「春望」之情。立德之大，孰逾於此。至於父慈子孝則具見哲嗣成中英博士「永遠永遠的懷念」等文中。

先生歷任國立私立大學教授達五十年之久，化雨春風，培植建國人才更僕難數，此百年樹人之大功也。特任第三屆考試委員，蟬聯至第六屆，凡二十四年，奉先總統　蔣公及歷任總統派任國家特種考試典試委員長三十餘次，歷經院會一千餘次，從無缺席；不惟此也，其於制度之建立，人才之選拔，……尤其殫精竭智，多所建白，或發爲鴻文，見諸吟咏，凡有益於國家者，靡不盡心力而爲之。特別是職司衡文，垂四十載，與評核國文研究所博、碩士班學生論文，審閱之仔細，修改之用心一樣，始終如一，到底不懈。即修平教授獲得博士學位後，先生命其襄贊高闈校士之役，在前後七年中，凡是修平教授已閱之卷，先生必逐字複閱，而且看得比初閱還細心，其有所給分數或高或低之不當，與某些有問題者未被發現或有忽略之處，均嚴加指正；所謂高才必得自嚴厲之師教，衡諸楚望一門，蓋良有以也。又修平教授大學時期，先生便以「年少能詩，所詣未可限量」相許，其「書比勉之」的詩：「長裘蓋洛陽，志在溥其澤，願為白香山，莫作黃仲則。」重在「志在溥其澤」，望其為社會詩人，「文章合為時而著，歌詩合為事而作」，縱是才高，當「莫作黃仲則」之學李謫仙也。凡此，具見「君子愛人以德」。其閱故考試委員曾霽虹年長卷，予以滿分，為前此所未有，此一段高闈佳話，最為世人所豔稱，此乃愛才如渴之充分表現，可於「平生說士甘於肉，來日期君出一頭」（「喜曾君霽虹至」）二語中見之。其後曾君獲提名為考試委員，先生時踰懸車之歲，依例退休，然以此次新任考拔如曾君等，即其夙所賞拔之人，「繼起多才，歡喜無量」（覆曹志鵬先生函），「若己有之」，情見乎辭矣。一般來說，考委能在量才方面，全力以赴，已盡掄才之能事，而先生則提携之不足，進而揄揚之，更望其出一頭，至和自己站在同樣的地位，就是歐陽永叔之於蘇子瞻，猶不能與先生作同日語。此則先生深念「建人為建國之本」，「建人者，蓋猶樹人之義也」，故云：「大漢方中興，百廢待修舉，建國先建人，往事可徵古。……所望樞府魁，握髮兼倒屣。英雄入彀中，興邦庶可幾。我更有餘辭，願言勗多士。篤學期致用，行己貴有恥。有志事竟成，端視力行耳。鵾鵬正張翼，魴魚復赬尾。奮發當自今，河清不我俟。莫嘆臣飢朔，莫羨舟逃蠡。戮力為神州，我生國不死。萬物方向榮，和風燦紅紫。

持以喻新邦，春臺在尺咫。」（「建人篇」），勉士之切，憂時之殷，愛國之深，望治之至，誠無以復加矣！此洵能上體先總統　蔣公「中興以人才爲本」之至意，發揚而光大之，尤功在國家之大者遠者也！

溯在虞廷，夙即有「詩言志」之說，此雖指個人而言，擴而充之，則觀風正俗論世知人，亦皆非詩莫屬，「詩可以興，可以觀，可以群，可以怨」者此也。是以晉皇甫謐言「孔子采萬國之風，正雅頌之名，集而謂之詩」，子夏序詩，一曰風，一曰賦，即求其有以風世，故賦爲古詩之流，旨在「昔之爲文者，非苟尚辭而已，將以紐之王教，本乎勸戒也。」（參看三都賦序）是以騈文亦稱四六文，實淵源於賦，其與詩的密切關係，雖詩筆有別，實殊途而同歸，原一體而兩面者。是以探究康廬先生之騈文與詩，似當於此求之。

竊嘗以爲「文章經世之大業，不朽之盛事」，而能有大成者，則有賴才、學、情、靜、氣五者之必須兼備，（其中尤以情爲主要，已見上述）方若不易相及，實可因學而大，諸葛武侯「夫才須學也，學須靜也，非學無以成才，非靜無以成學」數語盡之矣。《大學》揭孔門之心法，惟「靜而后能安，安而后能慮，慮而后能得」，故曰「寧靜以致遠，靜者心多妙」；而「文以氣爲主」，孟子之知言，即由其「吾善養吾浩然之氣」，蘇子由因言「轍生好爲文，思之至深，以爲文者氣之所形，……今觀其（指孟子）文章，寬厚宏博，充乎天地之間，稱其氣之小大；太史公行天下，周覽四海名山大川，與燕趙間豪傑交游，故其文疏蕩，頗有奇氣。」至曾滌生（國藩）則於此尤暢言之，謂「若以顏謝鮑謝之辭，而運之子雲退之之氣，豈不更可貴哉。」康廬先生才既大矣，而復自少至老，手不釋卷，是以能同少陵「讀書破萬卷，下筆如有神」，又曾氏所謂「杜詩韓文所以能百世不朽者，彼自有知言養氣工夫，惟其知言，故常有一二見道語，談及時事，亦甚識當世要務，惟其養氣，故無纖薄之響。」吾人試就上述（建人篇）、（太空梭）諸作，低吟而密咏之，又高聲而朗誦之，足證其言之不虛。先生遠紹徐庚，上薄風騷者在此，其有功於邦家與世道人心以及復興中華文化，尤深且遠矣。是立言而亦立德立功了。至世人於先生之詩與文，徒驚其辭浩博，而不知其屬文之際，嘔心苦思，下筆矜愼，力求至當而後已，是又少陵「新詩改罷自長吟」，「煅詩未就且長吟」也。先生著作宏富，楚望樓駢體文內篇、外篇、續篇、楚望樓詩（附詞）之外，尙有《尙書與古代政治》、《汲古新議》、《考銓叢論》等書，邃於經學，並及政治與人事，復有《楚望樓聯語》，自謙「詞章之道，雕蟲小技耳，至綴字爲聯，則又技之尤小者也。」實則聯語與詩鐘，皆詩之餘，先生出其緒餘，爲嵌字聯，如題「沐園」一聯：「沐雨群花添秀色，園居五柳見高風」，能從「園居」二字，點出異翁之高風，又爲應龍教授涼照女士嘉禮所撰「應時龍劍煥光芒，早驚神物；涼月照人添嫵媚，莫負良宵。」錦心妙手，亦「風流儒雅亦吾師」了。又先生恭撰先府君炳南公事略，正如歸震川文，一似嚼冷雪之清潔，亦復具有深灝流轉之氣，並散文之工，與駢文並駕齊驅，惟其少作，吉光片羽，彌足珍貴。再如與五姑一函，亦白話文中的高手，賢者固無所不能也。

自慚鄙陋，拙文不足爲先生重，然於發潛德之幽光，或不無小補歟。

紀念　惕老談內疚

張宇屏

惕老仙逝，忽焉十載。於茲，一本仰慕、敬佩、崇道之義；乃不計詞窮、思拙、難工之私，忝以爲文紀念之。

在四十三年前，初任職於銓敘部，而又復學於臺灣大學。其間工讀生涯，多有趣事，憶之拾之，悠然神往。「搭車難，難於上青天」！此乃三十年代末，四十年代初，大臺北市縣鎮鄉、交通工具，不敷民需，生活上有感難於「行」之問題，謠以成風者。故每在交通巔峰時段，上下班、上下課族群，均深以搭車爲苦，經常出狀況。

秋之晨，考試院公車路站，客已滿載，公車行將待發時；遠見長者，以跑代步，喘氣揮手曰：「請等一等，我要趕時間上班開會」。車中人語：「我等亦要趕時間到校上課，否則，遲到受罰」！就此車在停與不停兩難中。師大史姓女生與我，幾乎同時發出正義之聲：「能否停車方便乘客？請司機決定。社會不正倡言敬老尊賢」？於是車中人語，已成二分法主張，有「山雨欲來風滿樓」之勢；幸司機順從善意停車，長者開顏稱謝！惟有者仍冷言熱語，惡意奚落，我與史女，是又奈何！徒悵然相視苦笑。長者何人斯？以少不更事，不知也。

余，生性保守，不善交際。緣結愓老，亦在得人介見。五十三年雙十國慶之次日，我由吳兄志超陪同，前往考試院後山之陽楚望樓，初謁愓老，並持呈祝賀岳父母雙壽詩兩首：

其一、松柏忝蘿施，文章起鳳毛。筵開四美具，祥集五雲高。海屋延名士，玉盤獻壽桃。稱觴慶此日，嵩祝樂陶陶。

其二、綵舞歌萱壽，慈恩及羽毛。玉山春足駐，雲海月輪高。歡獻痲姑酒，願偷聖母桃。懿輝能被物，抱璞賴甄陶。

在楚望樓前，請聆教益時，始乃驚悉：拜謁國之大老，時尊文壇泰斗，且與來自同一江漢平原之鄉前輩成愓老，竟然是十年前，曾經相逢於風波公車上之長者。此情此景，能不有感人生如寄，何處不相逢？

愓老於學海藝林，所得成就，所享盛名，時賢早有高論頌揚。不敏，未敢瀆詞。但於愓老愛仁兼愛善之長者德，憂道不憂貧之君子風；尤其愛鄉土，掖後進之情，常是溢於言表，令人敬佩！又我結婚時，亦承愓老，親自撰書立軸，贈句往賀。鈔愓老詩於次：

畫眉初試張郎筆，詠絮爭誇謝女才。燕婉百年天作合，蓬山仙眷勝秦臺。而今，珍視逾拱璧，家好藏之。

內疚者，此作交代。惟以涉及人事之錯綜複雜，容由遠而近，「戲」說銓政之秋。

一日，得惕老電話，約往考試委員辦公室，以詢志超兄由銓敘部主動依法逕向行政院指名商調案件，中途變卦情形。當以事涉敏感時刻，部內外風聲雨意特多，又值部長時正約見新進人員，在職責上不容分身赴約，乃懇以另定時間，詳報處理之心路歷程。

此之謂「敏感時刻」者，乃係指惕老約談當時，部主任秘書已似幽靈，突現人事室，劈頭一句：「吳志超商調案，主任處理奇快」！所說究何所指？入耳，倒味噁心，仍忍待以禮。主秘在部，挾上意以令同僚，權大位高（本職外，人事，安全攝之），誰不順之？我獨不然！主秘與我，結怨於所求不合法—爲之出具三年考績列甲等證明書，以供向行政院人事行政局申請公教住宅，未遂所請所致。此來，用意不善可知。惟案情發展，有同兒戲，於機關之形象、聲譽、感情何？表態如此裝聾作啞，模糊焦點，無非權謀以「李代桃僵」，嫁禍於人而已。於是理直氣壯，還以顏色：「部長條示而由主秘交下者，能延不速辦」？再加強語氣問：「速辦而未違上意者罪」？主秘老於事故，見風轉舵曰：「部長對吳案有再考慮之必要，請與行政院人事室連絡，商調問題不必再談，行政院亦不必復文」。事前不我知，補破網則有我，是成何說？「一字入公門，九牛拔不出」。是常識，亦至理。權謀狂之言，可笑可悲！曰：「指示，亦得於簽批後再辦」。意在警告：故弄玄虛，假傳聖旨者戒！利用不成，指使不能，主秘乃不復言而一氣走人。

志超兄「商調」消息，一經走風，部內人事紛爭迭起，實屬意外，甚焉者第三人（現已在大陸去世），更挾怨詆毀，攻擊人身，并公開指責部內用人不當，揚言訴之司法、新聞公決，引起部長關注而決撤銷之；但撤銷未成事實前，消息禁止外洩者，蓋恐得罪惕老。後續如何結案？權謀者自爲之，我未與聞也。亦由知，時不赴惕老約談，而迄引以爲疚之原因。

凡事，可爲者，爲之；不可爲者，去之。心安理得，知者所求。我雖駑馬資質，但知不戀棧。於是，堅辭主管職務，甘於非主管工作。後以事無再向惕老報告心路歷程之價値而止：僅於志超兄與我先後致仕後，以事成「明日黃花」，於杯酒談笑中略及之耳。

悼念成惕軒先生

蕭良章

成故考試委員惕軒先生，駕返道山，悄悄地離開我們，倏忽十週年矣。其生前門生暨友好故舊，特集議發起舉行紀念會及出版紀念文集，以誌存念。主辦者函囑撰文，爰就所知，略誌崖略，以示悼念，並用表誠摯敬慕與哀思之忱。

惕軒先生一生服務公職，自民國二十八年，高考及第，出任國防最高委員會秘書，洊至考試院參事、總統府參事。四十九年，特任考試院第三屆考試委員，繼之蟬聯數屆，前後在公凡四十餘年。余早年雖曾兼任中央政府一機構人事主管十餘載，常奉命出席考試院銓敘部所召集之全國人事主管業務會報，或至部內洽詢銓審事宜，但由於業務與惕老無直接關係，雖常聞先生大名，然總緣慳一面，未曾相見。故對先生任公職之前大段行事作爲，所知無多。直至民國六十二年，考試院舉行全國公務人員高等暨普通考試，組織典試委員會，置典試委員長，綜理典試委員會決定事項。該一職位向由考試院副院長所出任，是屆則打破慣例，孫科哲生院長，則提名如錢穆賓四先生認爲「在當代就中國文化舊傳統言，十分嚴格言之，縱謂其不得謂一理想之老成人，但豈得不謂其尚存老成一典型」之老教育、政治家黃季陸先生，經考試院院會通過後，報呈總統特派。余亦有幸，自是屆起，濫竽充數，歷膺高普考暨各類特種考試之襄試委員、主試委員及典試委員，前後十有四五年之久，且均與惕軒先生同在文哲組，得有機緣親炙謦欬。

惕軒先生涵泳經籍，學識淵博，對駢體文之研究，尤爲深邃，且獨具心得，允推一代巨擘。膺任考試委員之時，除棘闈典試，玉尺掄才，愼審甄選，嘉猷不顯外，復講學上庠，指導學子，敦倫理而尚道德，亦用力彌勤，垂老不倦；從游之士，多出類拔萃，翕然宗之；所授博碩班生徒，胥能秉持先生文化道統之垂緒，窮理研幾，卓然有成。

惕軒先生雅好柳宗元子厚所稱「駢四儷六，錦心繡口」之駢儷文體，其特性在文思優美，詞藻富麗。我國六朝及唐、宋年代，頗爲盛行。惟晚近以來，是項文體，則日漸式微矣。蓋其文字講求簡約，而統事博贍繁富，屬對又極奧賾艱深，在當前一切風行「速食」之時代，多避難而就易矣。而惕軒先生則不作如是觀，「奮然思有以挽頹而振敝，畢生心力，傾注於斯。充其學力之積，匯通古作，自鑄新詞，不爲貌襲虎賁，但取傳神阿堵。故狀物敘情，莫不剪裁悉當，馳騁隨心，如大匠之運斤，卓然示一代軌範，其津逮後學，至爲深遠。」且輒於國有盛典之會，冥思枯索，博徵史賓，殫精竭慮，製作鴻篇，一則在抒發憂時感事之懷，期社會清和，國家臻於郅治；一則亦在用以啓迪後生之心弦，感發興起，沾溉無窮，進而能致力於斯學。然則今人一意羨慕西化，昌言新學，儘管先生費盡心力，以身作則，躬親實行，且敘事力求條鬯，文字避用艱澀，惻怛之憂，懼絕之戚，常充溢楮墨之間。然則實情仍是曲高和寡，非惟學術界未能普及，尤似尚未見有後繼者出。設或有一人焉，不爲物欲所惑，思承此衣鉢，則或又智慧淺薄，綆短汲深，徒呼負負。職是之故，欲在當今社會，使駢儷體裁，加以發皇光大，恐似非易事耳！

文哲組委員主要負責評閱國文科試卷，依考試院制定之閱卷規則，試卷評閱前，應由各組科典試委員與襄試委員共同擬定評分標準。大凡每次筆試畢，考選部收齊考卷並統計出到考與缺考人數，經由典試委員會議決定「試卷評閱日期」，函知各委員蒞臨閱卷處所之首日，分由各組資深典試委員召集各委員共同商定該組評分標準，隨即開始評閱。國文爲各組必考之共同科目，試卷最多，是以典襄試委員亦夥。國文組大多由惕軒先先等資深委員召集商訂評分事宜。其辦法是先選擇三、五份試卷，每卷影印分由兩三位委員初評，綜合彙整得出一平均成績，最後由惕軒先生與華仲麐等資深典試委員，審慎斟酌，商定統一，決選出上、中、下三等標準分數，即以原試卷影印，分送各閱卷委員參考。公文部分，有時尚印發一份評分標準範本，主要在揭示「公文程式條例」之規定。此一工作，陳起鳳與伏嘉謨等委員常多有參與，以上兩種影印範本，僅供委員在閱卷場內參考，且必須繳回，絕對不容外洩。評閱國文試卷，依規定每卷自首至尾，須逐段逐句加具點號或圈號，如不加圈點，僅在卷面上書寫分數，此於閱卷程序，尚未完成。其次評閱試卷，發現文字內容確有反動思想（今或無此忌諱），試卷上書寫姓名，或有潛通關節嫌疑者，應報告典試委員長處理。而國文組評分在八十分以上者，典試委員長得抽閱之。是以，國文科之閱卷程序至爲嚴謹，評分高低亦至爲公正。曩昔有云國文曾得一百滿分，傳爲科場佳話，及司法官國文一科得五十八、九分，其他專門科目成績很好，致無法錄取，引起行政訴訟之救濟事件，六十二年以後，則未見發生矣！

我個人平日與先生接觸不多，尤少前往官邸請益，有之則於春節前往拜謁而已。先生至爲客氣，每次總在三兩日後，會枉顧敝舍，眞是承受不起。惕軒先生所居來鳳簃，與試院毗連，僅隔咫尺，台員天氣炎熱日長，秋闈之際，暑氣未消，先生閱卷以上午與傍晚二段時間爲常。余服公職，亦以利用退班後及星期例假日，前往閱卷爲多。此時閱卷委員較少，因常能就此機會向先生請益，有時則將個人評閱過之試卷，送請先生指教，獲得肯定，即經得起考驗，進而能提振個人敬業精神（先生云其與華仲麐委員，兩人評卷分數，幾相一致）。是以，十四、五年承乏閱卷工作，無論所任爲襄試委員、主試委員或典試委員，未嘗有絲毫之隕越。

惕軒先生晚年兼任國史館纂修，任「清史稿校註」複審工作。蓋以民國三年設立之清史館，其所纂修之「清史稿」，因時局多變，未及審訂完竣，即匆匆印行。是以，該書「校刻錯亂，立詞悖謬，反對黨國」者甚多，國民政府時期，曾明令禁售。政府播遷海嶠，各方呼籲重修，中央各民意機關代表亦迭有提案，經行政院函交國史館辦理。館閣同人以「在臺資料殘缺不全，復以人力與經費所限，重修清史似非客觀條件所能」，爰乃決採「不重原文，以稿校稿，以卷校卷」辦法進行校註。其初期工作，自民國六十七年起，委由故宮博物院負責，七十四年後，國史館總集各校註條目，試加新式標點，經審查委員縝密複審後，以爲定稿。於七十五年初開始印行，總計有十五鉅冊。惕軒先生於七十四年春兼任清史稿校註複審工作，惟是項審查會議多假借臺北市內場所進行，無須到市郊大崎腳館址審閱稿件。余在國史館服務亙歷三十有五年，客歲方以纂修兼中華民國史事紀要編纂小組主持人職位退休，因而從未在館中見過先生。余初次晉謁先生，是去送贈兩冊「國史館館刊」（民國三十六年在南京發行之創刊號至二卷一號，共五期，在臺影印本合訂爲二冊），刊內載有其鄉賢但燾植之、劉成禺問堯及金毓黻教授等所撰〈國史擬傳〉、〈碑傳備采〉及〈先總理舊德錄〉等著作，先生因而電索。那次在其「來鳳簃」停留約半小時，先生垂詢個人工作、讀書及家庭狀況甚詳。最感人者，是先生以愛護的口吻主動詢問「願否至學校兼課？」余以學殖未固，內人在學校教課，兩子尚在襁褓，家中顧護須人，尤以個人正兼辦人事業務，在層峯正嚴格要求公務人員不應兼職之際，而不得不予以婉謝，有負先生雅愛！世態炎涼，先生肯如此主動相助，隆情厚意，誠當銘泐五中，永矢毋諼！

憶楚望先生

洪敏貫

歲月不居，彈指之間　先生逝世已屆十周年，回憶認識　先生，是在民國七十四年夏天，因景仰　先生風範，不揣冒昧修書請求墨寶，不意竟得　先生親自回電，允諾並誇讚筆者書法甚佳，囑咐有空歡迎來敘；大約一周後，接到　先生寄來墨寶，以「鳳舞龍蟠」四字見贈，自是歡喜莫名，又慚愧萬分，筆者書法尚在邯鄲學步，　先生所題四字，愧不敢當，想必　先生的用心是重在鼓勵晚生後輩之雅意吧！

初次晉謁　先生乃是接獲墨寶後的第三天，一則趨府拜謝贈字之誼，一則請益書法，　先生自謙他不是書家，寫字視爲讀書人的面目，是怡情，也是最佳運動，工拙不計也，論　先生道德文章早已名聞遐邇，筆者不再贅述，就以書法來說，　先生最工寸楷，其法書脫胎於唐人歐陽通筆意，入帖又能出帖，而成爲自己的風貌，既古樸遒勁，又清朗秀麗，席間談笑風生，　先生記憶力之強，每談到中外大事或歷史典故均能如數家珍娓娓道來，且不隨意評論他人，只講長處不論短處，有道是學問深時意氣平，他是一位可敬的長者，絲毫沒有任何架子，從迎客到送客，不假孫輩，大都自己來，最令人感動的是，每次拜別一再請　先生留步，但他始終堅持送你出大門，並鞠躬道別，其平易近人的風範，足爲後輩學習。

先生告誡寫字不讀書是爲書奴，亦是書匠，勉勵筆者多讀古書，並提議爲筆者介紹書家，冀能就近請益，提昇書藝，於是寫了兩幀名片，代爲引見董開章、王孟瀟兩位先生，人人都知道　先生的古文功力，但觀其白話文亦是簡潔流暢，手持　先生所寫名片，至深感動，筆者與　先生素昧平生，一次求學因緣，承蒙　先生如此厚愛，內心甚感惶恐，不知來日何以圖報。

七十四年一月立法院文書組亟需延聘一名撰擬人員，先生垂詢有否意願，筆者欣然同意，於是又蒙　先生引荐進入立法院工作，期間結識當時院長倪文亞文字秘書葉健先生，他是湖北黃岡人，文章書法造詣深厚，又逢一位值得學習的前輩，復於七十九年秋天蒙　梁院長肅戎先生賞識，指示代寫應酬文字，這種種殊勝因緣，均拜　先生德澤所賜。

先生駢文爲世所稱，詩詞、書法無所不工，亦擅作嵌字聯，筆者與內人陳惠姬女士結褵時，　先生撰書此聯相贈：

敏學精修功期貫徹，

惠中秀外德勵姬姜。

並於當日大華晚報瀛海同聲詩壇刊出，實彌足珍貴；多年來　先生所贈墨寶共有五件，均裝裱成幅，拱璧珍藏之。

認識　先生前後共八年，前四年尚稱體健，後四年健康逐步走下坡，尤其逝世前二年身體最爲羸弱，每次去探望他老人家時，總是快樂去憂心回，也時常爲　先生默禱祈福，最　後仍告辭塵離去，不勝痛哉，回憶　先生是筆者一生最大的貴人也是恩人，每想到昔日與　先生促膝長談的情景，猶歷歷在目，爲了感恩他老人家的訓誨與提携，筆者特別委請名家鏤刻兩方印石，一爲「楚望樓聞道」，一爲「壺樓常客」，鈐在拙作上，藉以追思與懷念。

論成惕軒教授詩中的時代意義

陳弘治

詩序曰：「詩者，志之所之也」。詩是一種以「情」爲根、以「言」爲苗、以「聲」爲華、以「義」爲實的感物吟志之作。大抵人有情思，形於筆墨，是爲文章，然情思之精微者，其深曲要眇，文章的格調辭句，不足以委婉盡達；或勉強達之，而不能曲盡其妙，感蕩心靈，於是乃有詩歌的咨嗟詠嘆。我國最早的一部詩歌總集「詩經」，其中大部分的詩篇都是屬於這一類的作品。且自孔子以「倫理」和「實用」的眼光來傳授詩經後，所謂「詩可以興，可以觀，可以群，可以怨」（論語陽貨），所謂「思無邪」（爲政），便成爲我國傳統詩歌的本質。很顯然的，孔子所發表的這種理論，是持著文學對國家社會和世道人心負有一種重要的使命的。孔子的這種文學理論，影響後世既深且廣。雖然在六朝時，有一些能文之士，自以爲對文學觀念有著新的覺醒，高唱藝術至上主義，屏棄「六義」之旨，強調文學不一定要與現實的社會相接觸，更不必以致用和載道爲目的，而傾向於形式的唯美主義，但最後不過產生了一些「綺縠紛披，宮徵靡曼，唇吻遒會，情靈搖盪」（梁元帝金樓子立言篇）的華靡作品，造成了嚴重的「嘲風雪、弄花草」的貧血症而已。

由於自三百篇後，我國文學漸漸地離開它的重要使命，而趨向於形式的個人的道路。因此才有唐代韓柳提倡樸實而有內容的古文運動。在詩歌方面，也有元白社會主義文學的倡導，以爲文學有它很高的意義和價值，即「上以補察時政，下以洩導人情」。白居易深斥六朝的文風說：「以康樂之奧博，多溺於山水；以淵明之高古，偏放於田園；江鮑之流，又狹於此。至於梁陳間，率不過嘲風雪、弄花草而已」。他強調文學要有興寄和諷諭的內容，勉勵大家學習詩經的優良傳統，並很具體的指出：「風雪花草之物，三百篇中豈捨之乎？顧所用何如耳。設如『北風其涼』，假風以刺威虐也；『雨雪霏霏』，因雪以愍征役也；『棠棣之花』，感華以諷兄弟也；『采采芣苢』，美草以樂有子也。皆興發於此，而義歸於彼」（並見與元九書）。又特別標舉杜甫「新安吏」「石壕吏」「潼關吏」諸篇的歷史價值，同時還道出了他親身的經驗說：「自登朝來，年齒漸長，閱事漸多，每與人言，多詢時務；每讀書史，多求理道。始知文章合爲時而著，歌詩合爲事而作」（同上）。白氏的態度非常顯明，他堅持著文學的第一義在反映時事、表現人生，文學要具有時代意義、社會意義和歷史意義。

但回顧我國文壇的現況則如何？大都忽視文以「載道」「經世」的傳統理論，只管喊著「爲文藝而文藝」的口號，溺情於藝術之宮，醉心於象牙之塔。至於主題健康，陳義高潔，有益世道人心的佳構，則有如鳳毛麟角。而在此時此地，我們所最需要的卻是那具有時代意義，足以激發民族意識、陶冶愛國情操和端正社會視聽的篇章。本人最近在一次偶然的機會裏，拜讀了成惕軒教授歷年來有感國事而作的零星詩章，其中有不少類似杜甫詩史性質、具有現實時代意義的作品。爲使我愛好文學的青年學子，明瞭文學所負的使命及其正確的方向，特摘取他的幾首七言律句，說明其時代意義和健康高潔的內涵：

瀛　邊

獵獵商飆戒早秋，荒荒白日黯神州。
極知惡草仍滋蔓，不謂明珠竟暗投。
牛耳幾人矜霸業，鴆媒一例誤靈修。
瀛邊小立波還定，終信乎吳仗習流。

此詩作者在題下自注云：「民國六十年七月十六日，美總統尼克森應允赴北平訪問」。這是成氏有感於尼克森訪問匪區而寫的一篇作品。

起首「獵獵商飆戒早秋，荒荒白日黯神州」二句，先從時令地點說起，描述一個易於引發人們悲感的早秋，和一幅暗淡悽慘的神州景象。「獵獵」是形容風聲，鮑照還都道中詩：「鱗鱗夕雲起，獵獵晚風遒」。「商飆」猶言西風，風暴曰飆，秋於五音屬商，於方位屬西，故稱秋天的西風爲商飆。「荒荒」，暗淡貌，杜甫漫成詩：「野日荒荒白，春流泯泯清」。荒荒白日即由此變化而來。「神州」是指中國大陸。

次二句：「極知惡草仍滋蔓，不謂明珠竟暗投」。切入人事，點明主題，並對尼克森的同意赴北平訪問感到意外。因爲以一個世界民主集團的領導者，一個堂堂大國的美利堅總統，明知大陸上的共黨，仍在繼續不斷的危害人類生命，破壞民主政體，卻還要屈尊就教，親自往叩滿地血腥的鐵幕之門，實在是令人十分遺憾的一件事。在這兩句詩中，「惡草」是指共黨，事物異名錄引博物志：「師曠曰：歲欲惡（音兀），惡草先生」。李商隱述德抒情詩：「惡草雖當路，寒松實挺生」。「明珠暗投」喻人誤入邪黨，此指尼克森願訪赤色大陸而言，這個典故出自史記鄒陽傳：「臣聞明月之珠，夜光之璧，以暗投人於道路，人無不按劍相眄者，何則？無因而至前也」。不過，本詩是用其後起的引申義。

五六兩句：「牛耳幾人矜霸業，鴆媒一例誤靈修」，轉嘆在這動盪不安的世局裏，國際上領導無人，竟然像春秋時代那樣的霸主都不易找到，卻出現一班崇尚詭詐、忽東忽西作穿梭外交的縱橫家之輩，非但沒有在國際間申張正義，主持公理，反而把民主國家的外交政策弄得一團糟。此處「牛耳」「霸業」是用春秋時代諸侯盟誓，領導者執牛耳主盟之事。左傳哀公十七年：「諸侯盟，誰執牛耳」？即其出處。「鴆媒」是指作穿梭外交的季辛吉，楚辭離騷：「吾人鴆爲媒兮，鴆告余以不好」。王逸注：「鴆羽有毒，可殺人，以喻讒佞害人也」。因爲尼克森之赴北平，是季辛吉在做舖路的工作，因此用鴆媒來稱他。「靈修」以喻國君，屈原離騷云：「指九天以爲正兮，夫唯靈修之故」。季辛吉的詭詐策略，違反了公理和正義，故云「誤靈修」。

末尾二句：「瀛邊小立波還定，終信平吳仗習流」。繳貼題目，筆力一振，結出一種高潔的詩義。意思是說：即使尼克森赴北平訪問，也不能動搖我們復興基地——臺灣的安定局面，同時更堅信將來渡過臺灣海峽、光復大陸神州的使命，會靠我們自己的力量來達成。「瀛邊」即瀛海之涯，也就是指的臺灣海岸。「波還定」比喻局面的安定而不動搖。此用陳簡齋「微波喜搖人，小立待其定」的詩意。「平吳仗習流」是用越王勾踐復國的故事，說明消滅共黨要全仗自己的力量。吳越春秋勾踐伐吳外傳：「乃發習流二千人，己酉與吳戰」。徐天祐注：「吳越笠澤之戰，越以三軍潛涉，蓋以舟師勝」。此所謂習流，是指習水戰之兵。

總之，本詩起聯即景興懷，一開始便流露出十分沈鬱的心緒。頷聯則在這心緒下，對尼克森同意赴北平訪問此一舉動之不智，作了極尖銳的批評，這一批評完全從「明珠暗投」一語裏顯示出來。頸聯除了諷刺尼克森媚共，無異自失其領導民主集團的地位外，更對他派遣季辛吉赴平密談，損人誤國，予以最嚴厲的譴責。尾聯則從沈鬱的心緒中，化悲憤爲力量，結出了「處變不驚、莊敬自強」的眞義，並且堅定了反攻必勝、復國必成的信心，這是多麼難能可貴的一種文字潛力！

青史

五禁葵丘道已微，霸才翻覺到今稀。
分庭鷹鴿喧浮蟻，起陸龍蛇競殺機。
篝火不聞驅大盜，陣雲未必解重圍。
帝秦策誤辛垣衍，青史他年罪有歸。

此爲同年十月二十日，美國務卿季辛吉再度赴北平時，作者所寫的詩句，與前詩性質相同，且有連帶關係，不過本篇最後的箭頭是專指向季辛吉而已。

在前首詩中，「牛耳幾人矜霸業」一句，已對領導世界民主國家的美國政府，發出微詞；而本篇起筆二句，則更進一層地慨嘆今日美國政府中有遠見有才略的人才之貧乏。本來，春秋戰國時代的霸道，一向就爲我國儒家所不取，但在世局波譎雲詭有似春秋戰國的今天，乃欲求一霸才，反不可得，因此本詩的開端便單刀直入地說：「五禁葵丘道已微，霸才翻覺到今稀」。在這兒，「五禁葵丘」是指齊桓公盟諸侯於葵丘，事見左傳僖公九年，五禁是指其所立的五項禁約（文繁從略）。「翻」，通「反」字。因爲今天以超級強國見稱的美國，對於企圖赤化世界的侵略者，竟也產生不了約束或嚇阻的力量，坐令群魔亂舞，滄海橫流，故有「霸才翻覺到今稀」的感喟！

接下「分庭鷹鴿喧浮議，起陸龍蛇競殺機」二句，是指美國議壇有所謂鷹鴿二派，或主戰，或主和，喧聒不休，卻始終拿不出一套對付共黨有效的辦法，遂使囂張好戰的共黨，趁機坐大，擴張滲透顛覆的陰謀，以危害自由世界。「起陸龍蛇」指共黨，「競殺機」即顯示其囂張好戰。

「篝火不聞驅大盜，陣雲未必解重圍」，可以說是上一聯的繼續闡發，說明對於善用妖術惑衆的共黨，不能訴諸武力，予以消滅，而想用談判的方式來解決問題，終必養虎貽患，無法求得世界永久的和平。此處「篝火」，用是篝火狐鳴的典故。史記陳涉世家載：秦末陳勝舉事，令吳廣就近所傍叢祠中，夜篝火狐鳴，呼曰：「大楚興，陳勝王」。後世遂以爲謠言惑衆之喻。

結語「帝奏策誤辛垣衍，青史他年罪有歸」，把姑息養奸的過失，歸之於美國國務卿季辛吉身上，說他將來必成爲歷史上的大罪人。在這裏，作者用了戰國策趙策所載「魯仲連義不帝秦」的故事。這個故事是這樣的：有一次秦軍包圍趙國的都城邯鄲，趙求救於魏，魏懼秦強不敢戰，派客將軍辛垣衍間入邯鄲，說趙尊秦爲帝以解圍。此時齊國有位高士魯仲連，正在趙都遊歷，便面見魏使辛垣衍，用利害說明不應該尊秦爲帝的理由。結果辛垣衍被說服，而且心裏感覺很羞愧，秦軍也自動退了五十里，邯鄲之圍遂解。作者在此以辛垣衍比喻季辛吉，「青史他年罪有歸」，是說將來歷史不會饒恕他的錯誤的。此一結語，與傳統上對正義之士所謂「留取丹心照汗青」，正是一個極其強烈的對比！

櫻花

千株紅亂路三叉，隔霧驚看日又斜。
枉自芳華矜絕代，未知飄蕩屬誰家。
叢開慣倚參霄樹，易謝終成墮溷花。
祇恐枝頭春意盡，隨風化作赤城霞。

此爲作者在民國六十一年秋，中日斷交時所寫的一篇作品。全首表面上句句在詠櫻花，其實骨子裏卻句句在寫日本。因爲櫻花是日本的國花，象徵著日本的國格。

首聯寫櫻花盛開於「斜日」裏的「三叉」路上，已對島國的日本，給予一種窮途歧路、首鼠兩端的鄙夷。

頷聯「枉自芳華矜絕代，未知飄蕩屬誰家」，更以歎惋的口吻，指出其隨人轉移，了無定見。在此，作者以「芳華矜絕代」先揚一筆，再用「飄蕩屬誰家」加以貶抑；而其上各冠「枉自」「未知」一詞，充分流露出惋惜和感嘆之意。

頸聯「叢開慣倚參霄樹，易謝終成墮溷花」，承接上聯詩義，繼續指明日本諂事強隣，傍人門戶，將來一定不會有好結果。「參霄樹」謂直觸雲霄的高樹，用以比喻強隣。「墮溷花」是說櫻花零落成為糞土。足矜絕代的芳華，終將成為墮溷之花，這是多麼嚴厲的一種呵斥！

尾聯「祇恐枝頭春意盡，隨風化作赤城霞」，是詩人慮其好景不常，如果薰蕕莫辨，自陷歧途，終將不免被共黨赤化。此處「隨風」二字，足以讓人想像到風吹草靡的情況。「赤城霞」三字，也足以讓人想像到徧地赤色的景象。赤城原為山名，讀史方輿紀要浙江天臺縣天臺山條云：「在縣北六里者曰赤城山，土皆赤色，狀似雲霞」。孫綽天臺山賦：「赤城霞起而建標，瀑布飛流以界道」。此處係借喻為赤化的景象。

本篇是屬詠物詩，詠物貴有感興、有寄託。作者在本篇中，借物喻人，託形寫意，深得詩經比興的優良傳統。我們讀過這首詩後，對於日本及其前途，相信必有更深一層的瞭解和認識。

西　槎

星辰昨夜晦秋旻，報道西槎叩析津。
火燼黃圖仍幻劫，風廻碧海漫揚塵。
殘民闖獻終無幸，立國軒農自有眞。
八億含靈誰敢侮，堂堂天畀自由身。

這首詩是作者在民國六十六年七月八日寫的，時美國國務卿范錫正有北平之行。自尼克森下臺後，卡特進入白宮，國務卿也就由季辛吉易爲范錫。但美國執政當局，仍對中共存著幻想，繼續從事所謂「關係正常化」，且於本年七月八日，又派遣范錫訪問北平。因此本詩起筆即點題說：「星辰昨夜晦秋旻，報道西槎叩析津」。在這兩句中，「星辰昨夜」是從李商隱無題詩中「昨夜星辰昨夜風」變化而出。「秋旻」猶言秋空。「西槎叩析津」，用海上人浮槎至天河事，以暗指范錫飛往北平訪問。「槎」爲水中浮木，即今所謂木筏，杜甫秋興詩：「聽猿實下三聲淚，奉使虛隨八月槎」。「析津」原爲星次名，爾雅釋天：「析木謂之津，箕斗之間漢津也」。晉書天文志：「自尾十度至南斗十一度爲析木，於辰在寅，燕之分野」。遼時置析津府以爲南京，轄有今北平及其附近諸縣。

頷聯「火燼黃圖仍幻劫，風廻碧海漫揚塵」，轉寫中國大陸久歷兵火之災，現仍未已。「黃圖」即三輔黃圖之省稱，漢時以京兆尹、左馮翊、右扶風共治長安城中，是爲三輔。「火燼黃圖」是寫中國大陸慘遭焚掠的現況；「風廻碧海」則表示此事餘波盪漾，希望美國能夠幡然改圖，使之歸於平息。

頸聯「殘民闖獻終無幸，立國軒農自有眞」，是說殘民以逞的民賊，必在我國正統思想下，遭致敗亡的命運。「闖獻」即明末的李闖和張獻忠。「軒農」是指軒轅和神農，代表我國正統。大家都知道，歷史上凡是「僞朝」「暴政」，都曾在歷史的巨輪下覆亡，絕沒有一個可以倖免的，故曰：「終無幸」。

尾聯「八億含靈誰敢侮，堂堂天界自由身」，詩筆一振，繳回前文，說我八億同胞，上天賦予自由人權、誰人敢出賣我們這個具有五千年悠久歷史文化的大中華民族！這兩句，義正詞嚴，不啻是給范錫一個當頭的棒喝！

以上「瀛邊」「青史」「西槎」這三首詩，內容所寫的都是有關美國和中共關係正常化的事情。詩人之感，恒敏於常人，「瀛邊」篇中所詠的「瀛邊小立波還定」，「青史」篇中所詠的「陣雲未必解重圍」，「西槎」篇中所詠的「八億含靈誰敢侮，堂堂天界自由身」，事實業已證明，果然一點也沒有差誤。至於「櫻花」一詩中所言，日本目前雖尚未赤化，但證以共黨對其威脅利誘的情形，實在值得日本加倍警惕！所以我們可以說，這些感物吟志的詩，字字有來歷，篇篇無空文，都具有深切的現實意義和歷史價值，非一般「吟風雪、弄花草」或「無病呻吟」者所可比擬。唐代社會派和邊塞派的篇什，其所以要比綺靡派和脂粉派有意義有價值，完全在於他們具有嚴正的主題，且能反映時代和社會。昔人有言：「詩詞皆有感而作」，這句話大致說來是不錯的。但是我們應當再補充一句，那就是：所感者必須要具有時代意義、社會意義和歷史意義。唯有這樣，才不致有負文學的使命；也唯有這樣，才是文學的正確方向。

楚望夫子與我

徐芹庭

先師成楚望夫子，諱惕軒；湖北陽新人也。爲命世文學之泰斗，乃一時儒門之詞宗。學問淵博，品德高尚；名標翰林群賢之首，位濟中樞秘府之列。鴻猷嘉謀，既大造於中興之氣運；弘道淑世，亦舊揚乎百代之英芬。而憐才好善，霽虹仁青，提升爲國文之狀元，志超茂雄，教導成儒林之傑士。復選賢舉能，高考普考，挑選成治國之群英；研所大學，化育爲傳道之列賢。余也有幸，受教師門。叨陪鯉對，嘗爲席上之侍讀；登堂參侍，每從宴遊之樂事。敢竭鄙誠，略敘二三。亦步亦趨，彷彿夫子之在前，爰記爰憶，徜徉往事之猶新。

一、野柳觀海記

民國五十一年歲次壬寅，余擔任師大國文學會會長，兼班長，全班郊遊野柳，時夫子教吾等駢文課程，余代表全班恭請夫子與我們同遊野柳，夫子欣然答應，當時無遊覽車，惟有請求國團支援軍用卡車，萬事俱備，恭請夫子坐於卡車前座，吾等皆列其後，夫子談笑風生，衆生同沐春風，是日夫子與吾等同樂，盡歡而歸，余後撰文一篇，呈夫子，夫子嘉獎有加，茲錄其文如下：

野柳觀海記

任寅仲春，二月十二日，吾等郊遊於台北縣之野柳。其地在基隆之遠郊，乘軍用卡車，而直達乎其地。其始也，冷風蕭蕭，烏雲四佈，固知節氣之不佳，天其將雨也。然而諸同學皆無所懼，直登軍車之上，列坐其次。無何，笛聲一響，車即奮然而馳，急奔勇往矣。沿途但聞烈烈之寒風，與淒淒之冷雨，襯托於大自然景物中，別有一番畫意詩情，吾等或高歌以長嘯、或晤言而清談、或寧靜以沈思、或賞物而醉景，皆各得其趣，其樂融融。車則風馳電掣，若猛虎之急騁；禽鳥之飛翔，而倏達乎幽絕之地，海灘之上，景物新奇，胸襟豁然開拓，余曰：「余欲至乎海濱，觀滄海之浩渺。」乃挺身直下，冒雨前行，但見滔滔之白浪，一片無際。浩浩蕩蕩，若萬馬千軍之急奔，始覺人生之微渺，天地之廣闊，然猶以爲不足以盡吾觀也，乃躋高崗，凌大阜，觀洪瀾之暴灑，浤浤汩汩。見駭浪之飛薄，勇奔猛撲，噫！如此奇景，非身歷其境，何足以觀其壯哉？於是更下海灘之地、岩石之上，則見長波浩瀚，更相糾纏，驚濤大起，乍離乍合，激逸勢以前驅，狀滔天之浩淼，去如地裂，豁若雲開，接曲厓以縈繞，浪騰崩面相擊，當是時也，予則流連其間，或漫立而遠視，窮觀覽之所極，或隨潮水之退進，而徘徊岩岸之上，正怡然自得之際，忽澎湃一聲，潮水向我進襲，直洗我之顏面，又直襲我口鼻，濺我裳衣，濕我鞋襪；雖然，予無所畏也，復瞻望而屹立，尤覺奇觀倏忽，逸興悠揚，嗚呼噫嘻！我知之矣，方今神州陸沈，聖道晦冥，不猶當前之波濤，與掀起之狂瀾乎？予將奮智慧以救國，申正氣於天下，光祖宗之玄靈，振大漢之天聲，當爲此稱雄寰宇，又何畏彼橫流之氾濫乎？幽思未已，忽聞岸上之人聲，乃集合之令，於是重歸軍車之上，忽瞻前而顧後，不覺身體之盡濕矣。

二、新竹城隍廟

民國五十七年余擔任師大國文系講師，五十八年就讀師大國文研究所博士班，同時在新竹師範學院任教。時夫子擔任國家公務員考試典試委員長，到新竹考區巡視，親求探視；余侍夫子遊新竹風城，參觀城隍廟等名勝古跡，夫子見神佛皆鞠躬禮敬有加，虔誠而恭敬敬禮，祭神如神在的典範婉如目前。師巡視二日後，我依依不捨的送夫子回台北。

三、念珠念佛

夫子在宗教上，一本儒家，師母是信奉天主的。有一次，我拿佛教念珠、手珠送給夫子，夫子即刻套到手腕上，很高興的說：「帶念珠可以保平安。」我請夫子念誦：「南無大悲觀世音菩薩」、「南無阿彌陀佛」夫子也很高興的念著，他心中充滿著儒家信神的觀念，洋洋乎，如在其上，如在其左右。所以對於一切神佛，皆尊敬有加，鞠躬如也，與孔子所說：「神爲德也，其至於乎，視之而不見，體物而不可遺，使民如承祭祀。」之神佛信仰，如出一轍。

四、憐才嘉善

夫子一身提拔教育許多人才，並爲門下弟子介紹工作，指導論文。憐才愛才，視如自己生命一樣重要，如曾霽虹高考國文一百分，係夫子所給，萬古所無。許多學士、碩士、博士弟子出自夫子門下，夫子總是謙虛的待弟子，如賓如友，從不扳著面孔見弟子，經常請弟子到其家中晚宴言談，如同子弟一樣的歡欣。其駢文衣鉢承由曾霽虹、張仁青接棒，而許多弟子之工作，皆是夫子所介紹，如林茂雄、李同龍、陳美利、范文芳……等，而林雲大師及吳志超先生則是夫子及門弟子，親至夫子家中受業。

五、教育思想

楚望夫子之教育理念深深影響我們師徒教育理念是一樣的，今茲著錄如下：

仰觀國際之風雲，俯察國內之情勢，人心惟危，道心惟微，小人危害，凶焰日逼；孔孟聖教，績效未彰；正是君子弘道救國之時。環觀當今之教育，徒具西方教育之形式，本位之文化已失，故投資龐大而績效不宏，社會人心日以沉溺，將有動搖國本之虞，惟有以教育救國，將現今之西式教育，融入中國古代書院、私塾制度之優點，（古人讀私塾數月即能用文言寫信，而文質彬彬，品學兼優矣。）漸次從幼稚園、小學、國中、高中、大學而融入三字經、百家姓、千字文、忠經、孝經、四書、五經之精義。如是則政教易成，人民忠孝，而文化可救，社會可正而國家可興矣。

六、結論

夫子待弟如子女般的愛護，夫子之哲嗣成中央博士，爲國際哲學大師，視余猶弟也。夫子之及門弟子張仁青、吳志超亦愛余如弟也，我昔與仁青常遊夫子之門，夫子固亦視余等如子女也。今茲思夫子愛護之深思，不禁淚下之漣漣也，因爲之記。

高山仰止憶恩師

莊雅州

時間是變幻莫測的魔術師，可以讓人度日如年，也可以使百年如白駒過隙；記憶是難以掌控的精靈，可以讓人刻骨銘心，也可以使萬事化爲雲煙。楚望師逝世倏爾十年，但他在我心版中的印象永遠是那麼鮮明。

記得三十幾年前，還在師大國文系就讀時，就聽汪師雨盦提起楚望師是當代駢文的巨擘，當時就默默期盼著有朝一日能接受他的教誨，到了大四，這個願望果然實現了。在駢文選的課堂上，楚望師淵博的學識、謙和的態度，眞讓我們有如坐春風的感覺。尤其令人興奮的是，我那篇不成熟的期末報告竟然得到謬賞，課後，他特別召見，除了殷殷垂詢生活狀況外，還特別關心我的興趣專長。他說文章無所謂古今，只有好壞的區別，一般人的稟賦各有所偏，只要順著自己的性向去發展，多讀多寫，時日一久，自然會有所成就。後來，他常指點我讀些重要的典籍，並且鼓勵我繼續深造。雖然往往只是藉著下課後短短幾分鐘來表達他的關懷，但我已能充分體會他老人家誠摯的期許，同時更加黽勉，以圖報稱。

上了母校研究所之後，楚望師擔任我的論文指導教授，請益的機會更多了。我用心擬了三個論文題目，向他指示，他略加考慮之後，就圈定「曾國藩文學理論述評」，因爲他認爲曾文正公不僅是古文大家，而且修養深湛，見識閎通，可以學習的地方很多，與我的興趣及專長也較爲接近。厥後，無論是資料的整理、章節的確立、論點的發揮，只要一有疑義，他都會詳盡地給予指點。特別是文字的斧正，他更是字斟句酌，十分用心，儘管修改不多，但所有異動之處，都可以看出他的細心與功力，這些對於我的學習生涯眞有有莫大的助益。論文口述時，擔任校外委員的是高才博學的于師長卿，當時我難免有些忐忑，直到考完試，他向楚望師道賀「名師出高徒」，我才慶幸沒有辜負老師的栽培。後來，長卿師每次見到我，都稱讚我的古文寫得不錯，鼓勵我多向楚望師學習。其實，我曉得以我那非駢非散、含筆腐毫的文字，想追隨老師典贍高華的椽筆，那眞是「汗流籍湜走且僵」呢！只是老師具有汪汪千頃的胸襟、憐才好善的美德，才會順應我的性向，來協助我的成長罷了。民國六十二年，楚望師曾書贈「七鯤靈秀鍾嘉士，萬象鎔裁入雅篇」乙聯，顯示他對人才的栽培是毫無畛域之分的。

六十年夏，當我修完碩士班學分，正在進行論文寫作之際，前中央銀行總裁俞國華先生方主持中央文化經濟事業管理委員會，會中亟需覓人擔任文書、機要工作，他委請楚望師代爲物色，楚望師馬上就推薦了我。長達七年之久的案牘生涯雖非志趣所在，卻是鍛鍊文筆、磨鍊處世之道的最好機會。更重要的是，先父在我到職後不久就不幸病逝，我能一面維持家計，一面繼續撰寫論文，甚至進入博士班深造，而毫無後顧之憂，完全是拜這份工作之賜，如果說每一個人生命中常會有一些「貴人」相助，那麼楚望師的確可以說是我的「貴人」。

楚望師爲了主持掄才大典，拔擢了不少衡文的人才。在我獲得碩士學位，具備兼任講師資格後，他馬上推薦我擔任高普考襄試委員，協助龔嘉英教授閱卷，並且再三叮嚀閱卷的原則。每當看到楚望師那樣專心致志在評點試卷，我就不敢掉以輕心，同時，直至今日，除非實在忙不過來，我對試院的閱卷工作總是不會加以推辭，這大概是爲了報答楚望師的知遇之恩吧！印象特別深刻的是，有一年，他在官舍宴請高師仲華、潘師石禪、華師仲麐、蕭繼宗教授等幾位典試委員，特別找我去陪侍，在座只有我一個後生晚輩，既不勝酒力，也不擅斟酒，眞是惶恐之至。不過，楚望師還是談笑風生地在客人面前揄揚我的優點，他對弟子的愛護眞是無微不至。

七十年獲得國家文學博士，不久由新竹師專移帳淡江大學，楚望師都給予衷心的祝福。七十二年元旦，我與內子結婚，請他擔任證婚人，他很高興，一口就答應了，並且親書賀聯乙對，寫的是「雅士才高，方州上選；蕙蘭質美，福慧雙全。」將愚夫婦的名字都鑲嵌其上，祝福之意特別深刻。只是當天正値吉日良辰，禮車遲遲未能進入西門鬧區，讓滿堂賓客久候。楚望師殷殷致了賀詞之後旋即趕往他處酬酢。我想他當時內心一定非常著急，卻依然表現得那麼從容，不能不令人敬佩。

每當逢年過節，常偕同幾位學長向楚望師和師母賀節，老師不是回贈禮物，就是訂期邀宴，眞讓人過意不去。他老人家給予學生的是無限的關愛，但我們所能回饋的實在十分有限。例如民國七十三年，陳弘治、張仁青、李周龍、林茂雄、陳慶煌等學長和我爲老師的「楚望樓駢體文續編」作注。雖然花費了一些時間，但除了有機會拜讀鴻文，檢索典故之外，也從老師的批改中學到了不少箋注的要訣，收穫其實更大。平時，偶而還偕同周龍兄前往請安，或獨自趨前請益。有一次，我正在聆聽老師的教誨，突然有人打電話進來，原來是某君有事請託，楚望師雖然盡心盡力去幫忙，事情並未成功，因而特地來電話「問罪」。老師再三道歉，委婉解釋，足足有十幾分鐘，某君似乎還是憤氣難消。遇到這樣難以理喻的事，老師只是一臉無奈，十分遺憾的樣子，卻沒有絲毫慍色，如此的涵養，絕不是一般人所能企及。

楚望師退休之後，體氣漸衰，尤其是逝世前幾年，更是形神憔悴，令人心惻，但每次去向他請安，他還是打起精神，向我們噓寒問暖。不意七十八年夏至，他終究不堪二豎折磨，而撒手人寰。我和周龍兄前往靈前跪奠，不禁痛哭失聲，久久不能自已，因爲山頹木壞之慟，是永遠無法彌補的損失。

十年了，北海墓園的草木早已成蔭，楚望師的高文典冊也成爲文化遺產的一部分，他的高風亮節更成爲我們效法的典範。我在楚望師逝世後一個多月即應聘前往中正大學任教，並先後擔任了四年中文系主任、三年文學院長，還兩度兼代文學院長及歷史系、外文系主任。見識過形形色色的臉孔，遭逢過盤根錯節的事務，我總是秉承楚望師「至誠至謙，唯勤唯慎」的典範，盡力去做溝通服務的工作。即使不能盡如人意，至少也不曾有所隕越，更不曾與人有過激烈的磨擦，老師的身教、言教眞是讓我受益無窮。只是楚望師在公私兩忙之餘，還著述不輟，巍然成爲文苑宗師，我則心餘力絀，乏善可陳。如今我剛卸下行政瑣務，可以專心從事教學研究之工作，希望將來也能有些許成果，可以告慰老師在天之靈。

溫文儒雅治學嚴謹擇善固執爲國掄才之駢文泰斗

——記成教授惕軒與筆者三十年間之師生緣

林玉鬃

一、前言

筆者自民國三十五年，念臺南縣將軍鄉漚汪國校四年級時，即有按日書寫日記之習慣。迄今，除了因多次搬家而遍尋不著以及重病住院外，鮮少有中斷。每當遭遇橫逆、無理取鬧、多方受到壓制冤屈；業務或工作推展困難……致心情惡劣時，這些已破舊、泛黃，且歷經四、五十年之心血結晶，即成了解脫之精神食糧。並自民國六十年起，依此素材，著手撰寫與我有關之「人物誌」，已完成草稿六本，出版問世三本。

民國八十七年年底，由信箱中取到一封書信，乃「成惕軒教授逝世已十週年，擬出版紀念文集，囑我與內人在翌年二月底前，書寫一份，投寄臺大校友會館……。」才猛然思及時光流逝之飛快，親炙成老師之駢文選及習作，已逾三十六年。而老師棄我們而去，亦已十年，爲便於書寫本文，方取出當時之日記翻閱。

八十七年三月底，我因職期調任，由已擔任八年多之財政部人事處處長，調回行政院人事行政局當參事。即奉示以一個月時間，主編自民國八十三年至八十五年之該局紀要第七輯，俾趕在年度結束前付梓，厚達一千頁。旋被派率團赴德國考察其政府再造工程及民營化措施十天。而在返國後一個月之六月十八日，奉派於桃園大溪鴻禧山莊，參加全國人事主管會報之自由聯誼活動中，因在中午氣溫近攝氏三十七度，且空氣稀薄之盆地網球場，連續打了二盤正式又激烈，勢均力敵之硬式網球比賽，致心肌梗塞症復發，暈倒在球場。幸被同事護送至三峽恩主公醫院急救，又以救護車急送臺大醫院加護病房，作了兩次心導管檢查，均無法打通已梗塞之心臟血管，方於八月十日由該院副院長朱樹勳教授主刀，切開胸腔，取出心臟，又由左腿中，抽出長達一公尺多之大血管，來接已梗塞而粥化之心臟血管。出院後，又因傷口染上蜂窩型細菌感染，再於九月十七日被醫師強押入急診室，由左大腿中再切開二刀，每刀均長達十公分，深四公分，至十月十日方出院，而傷口延至年底才癒合，救回了一命。

由於八十七年一年中，我在百忙中，一口氣出版了三本書—「紅樓木鐸—民國四十年代初期南師生涯」、「工作考核標準在目標管理上之運用」，以及「維護正義公理之聖人王建煊先生」，厚達一千五百頁，分送有關機關及人士，而忙得不可開交；且又受故鄉共同供奉關聖帝君信徒之鼓勵，以爲我此次由鬼門關返回，乃關公所保佑，要我將民國八十三年十月出版之「溫汪文衡殿關聖帝君顯靈紀實」一書改寫、增刪再版，並以毛筆正楷，參考三國志、三國演義、三國志通俗演義，以及歷代之傳說與電視劇，而被信徒共認之事實，以全張宣紙書寫裝裱，俾供奉關聖帝君者，於其廟中牆壁上刻石留念，讓信徒知其一生事蹟。是以忙上加忙，均利用半夜及凌晨，大地寂靜中，虔誠而專心的書寫。又因「雞婆」成性，且由鬼門關進出多次，為了惜緣，乃於八十七年十二月初，在臺北市來來大飯店召開四十七年入學之師範大學國文專修科見面後之四十週年同學會。更擬於八十八年七月召開畢業已五十週年之漚汪國校同學會，以及十月召開北門中學初中部同學初次見面也已五十週年之同學會，無事找事做，「抓一尾蟲在屁股繞」的讓自己忙上加忙。

不過，「成老師逝世十週年紀念文集」，截稿日期為二月底，乃放下其他工作，將所蒐集到之素材作為依據，專心書寫，卻一洩千里，行文如流水而不能自休，且三易其稿，文長三十多張稿紙。謹將我念師大時，以及以後與成老師，三十年間結成一段不為人知之師生緣，信筆揮灑，不嫌鄙陋，在成老師衆多碩學大儒之門生前獻醜。

二、老油條當新生

民國五十一年（西元一九六二年）夏，我服完預備軍官役，參加臺灣省立師範大學（今國立臺灣師大）國文學系三年級之插班考試錄取，卻因服役前實習之臺灣省立北門中學校長施金池先生，要求我續兼訓育組長並向師大辦理休學一年。是以是否前往就讀，猶豫未決，以致註冊及選課，均由時念教育系三年級之舍弟林玉体代辦。迄經臺北市私立延平中學董事長吳三連先生力薦，由校長朱昭陽先生發下聘書，聘請我接任一國文教師因臨時赴日本進修之缺，兼任該校附設補習學校教師，執教高商三年級及初中三年級各一班之國文，每週共八節課，其鐘點費及作文批改之收入，並不遜於公立學校之專任教師。方懇請施校長放人，讓我北上就讀，時已十月中旬，適遇學校辦理改選修課之時間。

大三之課，與國文專修科均爲必修迥異，乃必修少而選修多。舍弟替我所選者，大多爲新潮流之現代文學，是以有一半以上被我更改。因爲我發現師大國文學系教授之陣容，可以說集全國精英之國學泰斗於一爐，較諸臺灣大學中文系，毫不遜色，反而更凌駕其上，獨步全球。是以全國第一個碩士班及博士班，均設在師大國文研究所。

我於民國四十四年畢業於臺南師範學校，是以在我念大三前，已當過三年之小學教師。在此三年中，因未將補習費分給校長，致第一學年之二學期中，當了五年級及四年級二個惡性補習升學班之導師；第二學年至第三學年，當了一、二、五年級之導師，夜間又兼民衆補習班班主任及文書組組長，處理全校公文。四十五年參加了由救國團舉辦之暑期戰鬥訓練幼獅大隊，騎了腳踏車，以二星期之時間，跑遍全臺灣。四十六年寒假中又參加在臺中師範學校（現臺中師範學院）舉辦之冬令營，均被選爲臺南縣大隊大隊長。四十五年，即第一次獲臺南縣優秀模範青年獎章（第二次在五十五年），又被家鄉那些七老八老之宗親，推舉年僅十九歲之筆者爲將軍鄉漚汪林六房祭祀公業（即宗親會）負責人。四十七年考入師大國文專修科念了二年即畢業，擔任臺灣省立北門中學之教師，兼任訓育組長，未及一個月，即將該校「集南部七縣市太保流氓集中所」之惡名消除殆盡，教了初二及初三（上下學期不同）之一班國文，以及十班初二之音樂。之後赴鳳山陸軍步兵學校預備軍官班受訓三個月，即奉派戍守金門馬山。返臺後，經過野戰部隊前瞻師嚴苛之基地訓練、山地訓練、基本訓練、渡海搶灘登陸攻堅訓練，以迄師對抗後，於九月初退伍，早已歷盡滄桑，且年紀比大多數同班同學大上五歲，已是老油條，而非「菜鳥」。

十月末，師大國文學系、臺南縣同鄉會、臺南師範校友會，分別舉辦迎新晚會或郊遊，我均被列為「新生」，免費享受一切食物及禮品。那些「舊生」，多為我之學弟、學妹，甚至現任立法委員黃秀孟，考試委員王全祿，均為我在北門中學執教時之學生；而與舍弟同班之立法委員廖福本，教育部常務次長林昭賢，以及前行政院秘書長張有惠，均為我在南師時之學弟；總統府副秘書長黃正雄，公共電視台董事長吳豐山……即為我念北門中學時之學弟。因此即有甚多人稱呼我為「學長」，甚至叫我為「林老師」及「林組長」，讓我此一「新生」，在大庭廣衆中，實在尷尬萬分，乃嚴禁我的學生，不可再叫我為老師或組長。

三、外務繁多之學生

也可能由於是歷盡滄桑，又是回鍋老油條之「老學生」，社會及教育經驗豐富，才在毫無預警及心理準備下，被這些幼齒的同學、學弟、學妹以及學生，推選為師大國文學會常務理事、崑曲社副社長兼總務組長、臺南縣同鄉會會長、南師校友會會長。國文學系排球隊、足球隊、棒球隊、拔河隊、田徑隊之隊長又均兼教練（連同羽球均獲全校前四名），以及師大五三級畢業生聯誼會理事主席（會長）。白天每學期所選之課程高達二十三學分，夜間除了赴延平補校上四天八節之國文課外，又旁聽總教官之軍訓（均教中外古今之名戰史），與詩經、詞選，以及高鴻縉教授均須親自由甲骨文至楷書，以各種不同字體書寫之文字學。星期例假，如非舉辦郊遊、活動或球隊集訓，均南自新竹，北至基隆，爲三兄創設之一秀製蓆廠推銷草蓆及收帳。由於延平補校供應了免費又豐盛之晚餐，因此大三、大四兩年間，除了三次被選爲伙食委員會主任委員之三個月外，均未在學校開伙。

而同時與我在延平補校兼任國文教師之台大教授黃得時先生，師大教授陳蔡煉昌老師，臺北市立女中（今金華國中）校長施學習先生，以及念國文專修科時教我文字學及文學史之方遠堯老師，他們似乎以爲我當大學生，正好爲「由你玩四年」（UNIVERSITY）之末二年，卻均將他們所教之學生「作文習作」，全數交由我批改。而由於念專修科時，即經常替軍訓教官用大楷書寫其講解圖表文字，以及替老師用鋼版刻講義及補充教材，是以方遠堯老師及李勉老師之教授升等論文；方祖燊老師之修辭學；章微穎老師之荀子。又由教務處註冊組交來非國文系教授之補充教材及講義，國文研究所研究生之碩士論文及博士論文，以及衆多同鄉會、校友會之通訊錄，均源源不斷的送來託我刻鋼版，並油印裝訂成冊。寒假期間，被註冊組硬留下來協助其排課而未返鄉，以致每學期均有五、六千元（公立中學教師月薪之十倍），寄回家補貼家用，而未投資購置今國父紀念館附近以及信義計劃區每坪只五十元之土地。

四、越忙者越會利用時間

上天很公平的給了我們每人每天二十四小時。由於自民國四十四年初執教鞭，即日夜均有課要上，致每日睡眠時間均未超過五小時。由心理學中得知：「越忙的人越會利用時間。」大三時，我花了將近二個月的時間，採用實地查證及利用問卷，調查享譽國際之建國中學黑衫衣橄欖球隊，以及北一女之軍樂隊與儀隊，何以他（她）們花費不少時間在集訓、表演或比賽，卻竟然均能考入第一志願之臺大；而同學們中，課餘當家庭教師，或有兼職以及正在熱戀中者，其學業成績，何以反而大多比全職整天抱著書本研讀者優異？乃在於「他們利用每一分每一秒，均力求專精研讀」所致。我乃配合所念之禮記、荀子及教育學之原理原則，完成一篇「遺傳環境及教育之研究」，長達三十頁稿紙，被教心理學之韓幼賢教授，取去刊登在教育刊物上，而小有薄名。

我如此日夜忙碌，幸好每週二、三百篇自初中、高中至大一之學生作文，有同班「菜鳥同學」之準老師，「未當婆婆忐忑不安」（台語「還未做著焦家，碌碌喘」），主動而義務協助詳細批改。而延平補校與我年齡相差有限，甚至還有比我大二、三歲之姑娘，因為白天在銀行或大企業、大公司服務，都穿了旗袍、高跟鞋，燙了最時髦的各種髮型，塗粉抹脂的來上課，被我斥責為：「根本不像學生！」她們卻針鋒相對，以子之矛攻子之盾的反駁我：「你也不像老師！」

所謂「輸人不輸陣」，我不能在眾多學弟、學妹以及我的學生面前漏氣，所以一分一秒均不能浪費。大三第一學期，卻出乎意料的有八科成績列名全班第一。但因多係選修，比如我修的荀子得八十六分的最高成績，但那些選詩經、楚辭、宋詞……者，卻有好多人得到一百分，最少也有九十多分，當然總成績平均起來，仍輸給別人一大截。此乃學校，尤其是大學中，選修多而必修少者，不能以成績論英雄之鐵證。

五、駢文未有成績

由於被選為師大五三級畢業生聯誼會理事主席，要統籌負責編輯畢業紀念冊，籌辦贈送母校與所有師長及畢業生之紀念品。加上延平補校高初三學生，在暑假中有暑期課業輔導；師大註冊組又叫我提早返校協助排課；另外大熱天，草蓆特別暢銷，本預定暑假返鄉二星期即北上。不意，不及十日，即接到同寢室之室友（我寄居師大操場邊之僑生宿舍，八個人住一間寢室中，僅我一人非僑生）來了限時信，告訴我這個室長：「成惕軒教授之駢文選及習作，你沒有成績，請速回！」因此，翌日一大早即由故鄉坐了客運，轉了台糖小火車到新營，搭上縱貫鐵路之普通列車，至臺北已入夜。利用火柴點燃照亮，看看成績公告欄，駢文選及習作，全班只有我沒有分數，如此勢必重修（第二學期未有分數者，第一學期之成績不計）。雖然同寢室之同學一再安慰我，但該夜仍輾轉難眠。

翌日，等到了上班時間，立即赴註冊組查證。那些職員好高興的還以為我提早來協助他們排課，但我心急如焚，請他們調出成老師之成績單原稿。我還存有一絲希望，希望那是職員大意漏登。但看到成老師親自簽名又蓋章之成績單原稿，我的姓名右邊眞的是空白，才知事態嚴重。查到了成老師之住址，立即跑步至車棚，騎上腳踏車，由和平東路、羅斯福路，冒著大太陽，急奔木柵考試院之宿舍。幾經查詢，方知成老師之本職乃特任官之考試委員，在師大是兼任教授。

我受到「君子之交淡如水」以及「大夫無私交」之影響甚大又深。是以求學及就職期間，如非老師或長官自動找我，我絕不去拜訪他們，迄今年已六十有四，既將屆齡退休了，仍未改變，更不想破例。此次破天荒唯一一次的自動來到成老師的家，按下門鈴，卻是成老師親自來開門，又親自遞來拖鞋，親自沖泡茶水以及端來水果及點心招待我，把我當貴客看待，但我是空手而來。

成老師見我滿身大汗，客氣的叫我坐下，又打開電風扇對著我，他一再勸我喝茶，吃水果及餅干，讓我受寵若驚，我此時即埋怨自己未遵守孔子「自行束脩以上」之古禮及教訓，何以雙手空空，反而又享受了成老師如此盛情、親切又豐盛之招待？心中實在過意不去，該打十個大板。當我向成老師，誠恐誠惶的說出來訪之緣由，他說：「奇怪！我上課時，都見到你這個大塊頭坐在第一排（大學生上課，多未有固定座位，先來佔位者多半坐在中間及後排，考試時更如此。我因公私雜務太多，大多在上課鈴響了以後才匆匆進入教室，所以才不得不坐在第一排），聽講認眞，又筆記書寫迅速、詳細，但是你怎麼不來參加考試呢？」原來他對我已有印象。

六、治學嚴謹，閱卷仔細

成老師每學期之學生平時習作，均詳細批改，送還學生，並未打分數，僅提供意見以及眉批與總評。其學期成績只靠期末考一次，考試時間長達三個小時，除了問答申論題外，是習作一篇，試題由老師書寫在黑板上，將八開白報紙當答案紙放在講桌上，由學生自取，自行揮灑，且無限量供應。是以每一學生，少者寫了二張，亦有多達六張者。

成老師既認定我未參加期末考試，那有成績？不過我回以：「老師！我可以背出題目，並說出我作答之內容大要。」他一聽，立即說：「哦！我腦海中有此種內容之試題答案！」他立即進入其書房，抱了一大捆試卷，找出了國三中之試卷（當時國文系日間部三年級有甲、乙、丙三班）。但找了一遍，仍找不到我的試卷，我心中實在慌了，鐵證如山，未有試卷，那有成績？心急又能奈何？

成老師與我均在疑惑中，我乃請求由我親自來找。我利用地毯式的方法，一張一張翻閱，才發現成老師對於學生之試卷，每句均用珠筆加圈、加點，除了最末之總評外，尚有眉批，以及寫出他贊同或反對或有疑問之記號或意見；有些也補上他的心得。相信評閱一份試卷，必讓他耗費不少時間及心血，可見其治學之嚴謹不拘。其實此時他五十剛出頭，比我大二十七歲。而在民國二十八年即考上全國性公務人員之高等考試。歷任考試院參事、總統府參議，四十九年即被總統特任為考試委員，在師大及政大當兼任教授，為享譽國際之魏晉南北朝駢體文權威。且經常被總統提名為高等考試之典試委員長，為國掄才。曾霽虹先生參加高等考試時，那篇以「天視自我民視，天聽自我民聽」為首之論文，成老師曾給他一百分，但因為有其他典試委員，以為：「給了滿分，即讓此一考生未再有增進之空間」，方改爲九十九分，引爲美談。

我正沈醉在成老師以工整、強勁有力之硃筆，所作之眉批、見解及總評中，即心平氣和的、形同欣賞無價之藝術書法作品那樣，如獲至寶，反而忘了來訪之目的。有時想到：如果眞的沒有我的成績，再叫我多修一學年之駢文選及習作，以親炙老師之教誨，可能因禍得福。反正我念完大三時，六學期已修了一百三十四學分，比教育部規定，須一百四十四學分方能畢業，僅差十學分而已，但還有漫長之大四二個學期呢！尤以當時規定：每學期須修十學分以上，方有學籍及學生證與享受學生身分之所有優惠；師大又規定：須修十三學分以上，方能享受公費以及免費之住宿。所以無論如何，我必可順利畢業。反正，我並非由於成績欠佳、死當或補考，在我的衆多學弟、學妹及學生面前，還不會太丟臉！

我已由尋找我的答案卷焦急之心情，變成了欣賞比美故宮博物院珍藏無價國寶愉悅之情緒。而成老師坐在其書桌前，不發一言，仍用毛筆振筆疾書其著作及宏文，只有須翻閱、查證資料時，才站起來到書架上取書，有時亦步入其內室。時間過了不知多久，師生兩人，一分一秒均未浪費，各忙各的事，亦不交談一句話。有時我看得疲累了（印象中，雖喝了不少老師親泡之茶水及吃了很多老師親自端來之應時水果，但可能由於騎了一小時的腳踏車，且在大太陽下急速奔馳，流了不少汗水，而未上過廁所），只有抬頭看看老師住家環境：那是磚造平房，又低又矮，佔地僅二十坪，但卻有將近十坪之庭院，綠草如茵，也種有各種花草樹木，空氣流通，光線充足，雖面臨巷道，但車馬稀，是修心養性、念書研究、專心寫作之絕佳環境。我這個大胖子（身高一八二公分，體重八十公斤），滿身臭汗，已被電風扇吹乾，現在既有自然冷氣（外面之清風徐徐吹來），乃關閉了電風扇，更感涼快、舒適。我既陶醉在欣賞同學之試卷，及老師用硃筆書寫之心血結晶內，一股意念，由腦海中浮出：如果在國三甲找不到我的試卷，必懇求老師讓我由乙、丙兩班中去找。其實，是想更深入欣賞這些同學們之佳作。

當我以地毯式，一張一張的翻閱了全班五十多位同學之試卷，翻到了五分之四，卻出其不意的看到一份「似曾相識」之試卷，夾在其他同學之試卷中，一看內容、文字，尤其是學號及姓名，是如假包換之本人試卷，但我並未激動而高興的叫了起來，反而更仔細的先看看老師在我試卷上之圈點及眉批，有些還用直線一筆劃了下來。眉批之內容，又五花八門，有些是簡略的批下：「很好！」，有些是「見解正確可取！」，「此項有待查證、研究」……而答案卷末（我寫了四張八開白報紙，第四張只有三分之二頁），成老師給我的總評爲：「字跡工整秀麗，條理清晰，分析透澈，見解多正確，對句、用典、押韻鮮有舛誤，誠爲難得之佳作也！」能蒙駢文泰斗之成老師如此青睞、褒獎，更讓我受寵若驚、得意忘形。

我躡手躡腳的，用雙手端著試卷，走到正專心埋首於著作之老師面前。可能是我這個龐然大物身影，引起了老師的分心，他抬起了頭，停下毛筆，我畢恭畢敬的向老師一鞠躬，並言：「老師！我的試卷找到了，在這裡！」不意老師卻瞪大了眼睛，一直注視著我，讓我有些茫然。過了約二分鍾，他才開口說：「我早已知道此份試卷，不是張仁青的作品，原來是你的。而你這個高大壯碩的大男生，怎會寫出這麼工整又秀麗之文字？」（當年我曾因兼任彭總教官之子家庭教師，被總教官臨時拉去參加全校書法比賽，毛筆及硯台，還是取自教官室，而非我所有，卻獲小楷第一名；大楷之冠軍，爲就讀美術系現代書法名家之董陽孜。）

張仁青與我同窗共硯一年，亦住在僑生宿舍，只是不同寢室，僅隔一牆。他的駢體文，早已獲得成老師之眞傳。由於成老師當時受到盛名之累，是以各方面向他索取墨寶，尤其是應酬之駢體文太多，加以他在考試院中，每週均有固定之院會，以討論擬與行政院會銜送立法院審議之法案，其中尤以與人事及民生樂利有關者爲多；另外，典試委員，開會研商，命題、問卷，以及在師大與政大兼了四個班共八節課之駢文選及習作。因此有部分應酬之駢體文，即交由張仁青代筆，再經成老師增刪、修訂、潤飾。當年由張仁青代筆，爲行政院秘書處所囑託，而書寫之「恭賀孔祥熙先生七十大壽」一文，僅五、六百字，刊載於各大報，而轟動一時。由於我平日也有投稿之習慣，但稿費甚少，每千字在十元至十五元之間（當時名聞臺北市之師大牛肉麵，三粒麵之大碗僅三元五角，中碗二元五角，小碗一元五角，陽春麵是一元），張仁青向我說：「我所書寫之駢體文，其行情爲一千字以上，以字計，每字一元；一千字以內者均以千字計。」此種天價，令我咋舌而欽羨有加。但張仁青之書法與我不同，成老師一眼即可看出，只是張仁青之成績，僅比我多一分而已，他得到最高分之八十六，才讓成老師感到驚奇、懷疑。他可能在內心中有：「這個大塊頭之老粗，怎麼會有此種能耐」之眼光及表情！

成老師立即取了他專用之信箋，用毛筆正楷端正的書寫：「茲證明國三甲學生林玉鬃之駢文選及習作成績爲捌拾伍分，此致註冊組。」並簽名蓋章，又押下日期交給我。我本擬立即告辭返校，但因已屆中午用餐時間，老師早已告知女佣人多包了三十個水餃招待我，讓我飽餐一頓，邊吃邊請示教益，讓我如沐春風。迄下午二時，成老師要到考試院閱卷，我才拜別老師，騎著單車，吹著口哨，輕快的奔回學校。註冊組組長一見到成老師之筆蹟，立即補登了我的分數，也派人到成績公告欄塡上。但也有此奇緣，註冊組卻要求我，每天上班時間均須來報到，協助他們編排下學年度全校班級及教授之課表。反正一天有四十元之工讀津貼，且又不影響我處理畢業生聯誼會之會務，以及夜間赴延平補校上高三及初三之暑期課業輔導課；也能利用週末及星期日，赴各地推銷草蓆及收帳，亦忙得不亦樂乎，生活更顯踏實。

七、因法令更改而考大學

民國四十一年至四十四年，我受到臺南師範學校三年之嚴苛師資培訓教育，早已把我訓練（洗腦）培養成「終身服務於國民基礎教育，並決心終老於當小學教員以迄退休。」但與我同時畢業之師範生，早已自畢業起，一年分成三批，接受爲期四個月，且帶職帶薪之預備士官役，而終身不再服兵役。但我由於少其他同學一歲。迄未被調訓，然而卻在我服務之第三年（民國四十七年三月），因國防部正研擬修改兵役法，草案已呈報行政院，規定非現役職業軍人不得服預備士官役。我由鄉公所兵役課之兵籍冊中，得知要體位列甲上之筆者，接受三年海軍陸戰隊，又留職停薪之充員二等兵。乃一氣之下，於當年四月，取出高、初中之英文、數學、物理、化學、生物……等課本，準備參加自有大專聯考以來，唯一不分組之入學考試，我放棄了英文（因師範學校入學考試不考，師範生三年中也不念，因此自初三即放棄，以致已有七年未念）、數學（師範生所重視者爲算術，而非大專聯考必考之代數、幾何、三角），以及自然（物理、化學及生物）三科，僅擬靠國文、三民主義、史地三科得分數，卻瞎貓摸到了死老鼠般的考上師大國文專修科。當年適遇轟動世界之金門八二三砲戰，師大國文、英語、數學三個科之專修科學生，疏散至獅頭山下之苗栗縣頭份鎮斗煥坪，窮鄉偏壤又是山丘之私立大成中學上課。除了奉教官之命，主辦一學期之伙食及惡補英文外，每日浸潤在史記、昭明文選、文心雕龍、文學史、文字學四書、……諸子百家等古文古籍中。正與我自民國三十八年念初一起，不知念過多少遍之封神榜、東周列國誌、三國演義、薛仁貴征東、薛丁山征西、羅通掃北、狄青征西、岳飛傳、楊家將、西遊記、鏡花緣、西廂記……等古典章回小說之史實，相互印證，獲益良多。

八、遵祖先遺訓不想作官

民國四十五年夏，我未滿二十歲，卻被同鄉那些七、八十歲，德高望重之同姓老前輩（但尚須依輩份，叫我爲叔叔或叔公者），硬鴨子硬逼上架，要我擔任臺南縣將軍鄉漚汪林六房祭祀公業（宗親會）之負責人（主任委員）重責。由破舊又雜亂之龐大資料中，印證了封神榜及東周列國誌中，所記載，我們林姓開基祖之比干，被其侄商紂王因太寵信其愛妃妲己之色惑，以爲忠臣之心肝與別人不同。當比干被剖腹臨死前，曾告誡其子孫：「希望子子孫孫勿涉及政治」之遺訓。此正與清朝之文人，因受文字獄之災，而多重考據、訓詁，而不能涉及政治相同。是以浩瀚之二十五史中，雖陳、林兩姓滿天下，但衆多之皇帝中，未有一姓林者。就是國父肇建民國，在其逝世後之剿匪、抗戰期間，擔任相當於總統、皇帝之國民政府主席林森，但歷史教科書及當時之報紙，只知在此期間有一個蔣委員長，而未知有一擔任國民政府主席長達三十多年之林森（此正與嚴家淦當總統時，電視、報紙中，多提及蔣院長，而少提及嚴總統相同）。加以清朝在臺灣造反之林爽文、林少貓；燒鴉片之林則徐，甚至近代之林獻堂、林頂立、林洋港、林金生，以及大陸之林彪等，似乎仕途亦甚乖舛、不順。當然美國為解放黑奴而發生南北戰爭之總統林肯例外，但林肯並不姓林，更非中國人。林姓開基祖比干之遺訓，顯現了貳千年而不爽。是以，我早已抱定不走政治這條坎坷路，僅思終其一生於教育下一代。

民國五十一年，我再入師大就讀不久，公告欄貼滿了巨大紅色海報，因為有一教育系四年級學生考上當年高考狀元。是以師大學生中，似僅有教育系及社會教育系之學生熱中此種科舉。與舍弟林玉体同班又同一寢室之廖福本、林昭賢、黃堯仁，以及要叫我叔公之大二學生林生傳，均磨刀霍霍，先經參加普通考試之教育行政，或高等檢定考試，而準備參加高等考試。尤以民國五十二年，高考狀元之林文烈，與玉体是小學同班同學，是以教育系學生，欲參加高普考者甚多。因為當時規定：除了教育行政人員外，各級學校之校長，仍須具備憲法規定：「非經考試及格，不得任用」之公務人員資格限制。否則，不論你的敍薪及服務年資如何，均由委任十五級之最基層比敍起薪。

師大應屆畢業生，因尚未取得正式畢業證書，不得參加高等考試。玉体雖在大一升大二時之五十年暑假，即考上普通考試之教育行政，本擬憑此證件直接參加高等考試，卻由於考試法於五十一年修改，普考及格者，非服務三年以上，不得參加高考，方讓他與其他衆多同學，辛苦的另闢蹊徑，參加於每年四月間舉辦之高等檢定考試，以提早取得應考資格。

九、考上高考，卻被放牛吃草

教育系衆多擬參加高普考者，指派一人赴郵局購買之簡章及報名表，因多出了一份。舍弟卻自作主張，亦代我塡了所有資料，一直到硬拉我到郵政醫院作體格檢查時，我才發現他已替我報名與國文學系較接近之高等考試普通行政人員文書組。既然已造成事實，報名費也由玉体代交了，只好利用時間加以準備，但一看應試科目，卻讓我失去了信心，加上每年之錄取率均不及百分之二。普通科目三科爲國父遺教、中華民國憲法、中國近代史；而專業科目爲國文（含論文及公文，且與國文未達六十分絕不錄取之司法官相同之題目）：應用文、中國文學史、文法與修辭，理則學、行政學六科，其中末二科，是我根本未碰觸，也不知如何準備，只好由書局購來薄薄的「概要」，臨時抱佛腳。

大四臨畢業時，是我最忙碌之時。除了上述兼課、排課、刻鋼版、推銷草蓆及收帳外，又加上延平補校應屆畢業生須參加臺灣省政府教育廳所舉辦之資格考試，老師要負責輔導、惡補，否則如考不及格，即白念三年；師大五三級畢業生紀念冊之編印正付梓中；又以兄長代父之職幫玉体辦妥了臺北舊風俗繁文縟節之訂購儀式。而更糟的是，北門中學施校長，已來函多封催促，要我兼任該校教學組長，急速返校，以編排高初中五十一班，以及二百多位老師下學年度之課表。只好忙完了臺北之事，即匆匆南返。迄高等考試前一天，方懇求校長，准假三天坐了夜車北上應考。

全國性公務人員高等考試，三天共考九科，每天上午二科，下午一科，應考者多準備多年，早已胸有成竹。而我因準備不充分，以至苦讀至半夜而睡眠嚴重不足，致迷迷糊糊，且因體力及精神透支太多，乃決定三天之外衣外褲均不換，連內衣褲也只換而不洗。每一節考下來，立即利用休息時間，在樹下或走廊或草皮上鋪上報紙，躺下去睡覺。曾有好幾科，當進入試場，看了試卷，卻因過於疲憊而無法下筆，只有拜託坐在我後面之老兄，在我趴在桌子上入睡半小時後，非敲醒我不可。並每日服下九瓶之克勞酸，方勉強的有了體力及精神考完了九科，當日方能盡情洗澡、洗頭及洗三天之內衣褲及外衣、外褲、襪子、手帕，晾在曬衣架上叫玉体代爲收拾。當夜又匆匆坐上夜車而返，因爲要趕在開學前之校務會議及教務會報之前，編排又檢查所有老師及學生之課表，以供於會中分送所有老師之課表與教科書以及教學指引之參考教材。

我從未念過之理則學，看了一資深考試委員之著作，其結論均爲國父思想，致所有試題均未曾相識，是以胡亂作答，僅得三十分；中華民國憲法雖僅一百多條，我明知非背不可，但因未有時間，只憑就讀南師時背了不到二十條應考；中國近代史，又記不清年代，致均僅得五十分。所幸國文、中國文學史均得六十多分，其他文法及修辭、應用文，以及從未摸過之行政學，卻均得將近八十分之成績，才能以平均分數超過六十分而錄取（當時之全國性高普考試，並未有錄取名額之限制，只有按各省之人口數區分錄取名額，對臺灣省籍之考生最不利。只要沒有一科零分，專業科目六科之成績平均超過五十五分，佔百分之七十五；普通科目三科之成績佔百分之二十五，總平均分數超過六十分者，即以中等錄取；七十分以上者列優等；八十分以上者列最優等。但每年之錄取率，絕不會超過百分之二；每年之狀元，其成績也多在七十五分左右而已。那年我報考之高等考試普通行政人員文書組，應考者一百九十七人，僅錄取二人。民國六十二年大侄兒參加之高考土木工程，應考者一千八百多人，放榜時，榜單上卻闕如，因爲未有一個人平均超過六十分，致一個人也未錄取）。

放榜時，我正在臺中成功嶺接受爲期三週之「後備軍人教育召集」訓練，擔任中尉排長。而高考教育行政，即有廖福本、林昭賢、林生傳、黃堯仁及舍弟林玉体等多人考上，舍弟與我同忝金榜，實可比美九百多年前，宋朝大文學家蘇軾、蘇轍兄弟；而林生傳與我同村，一個小小的西和村，同一時間考上三個進士，也不讓五十二年同村之林文烈考上狀元而專美於前。

我因人在軍營，據玉体言，銓敘部曾來函，調查服務志願。但因五十一年之高考狀元，那個師大教育系之學長，仍在中學執教，當時眞的「朝中無人勿做官」。更何況高普考試，係資格考，考上了並不分發任職，與錄取率高達百分之八十以上的特種考試、就業考試，立即分發不同。是以若無人事關係，只有「放牛吃草」，自謀生路。因此，玉体即在其調查表中，凡打鈎選擇之欄位，諸如中央機關或地方機關；行政機關或事業機構；以及分成北、中、南、東之服務地區，均空白未塡。卻在備註欄中註明：「本人係高考教育行政及格，如教育部部長或教育廳廳長出缺，再通知本人。」而我那份，他又與報名高考那樣的，未徵求我的同意，卻塡上：「本人係高考普通行政文書組及格，如總統府秘書長或行政院秘書長出缺，再通知本人。」調皮的寄回銓敍部，而仍石沈大海。那年之國父誕辰紀念日，十一月十二日，考試及格證書，於臺北市中山堂光復廳，由總統親自一個一個唱名頒發（因僅錄取約二百人），並懇切致詞。考試院院長，典試委員長、考選部部長，也均上台對我們嘉勉、期許有加。然而我與舍弟兩人，仍只有返回北門中學執教。只是師大畢業生由委任八級起敍；玉体因有二年小學教師之經歷，敍薦任十二級（高等考試中等成績及格者敍委任一級，小學二年年資折算一年）；而我又因已有二年中學及三年小學教師之年資，敍薦任十級，比別人減少奮鬥十年，亦不無小補。且我立志於教育工作，而不涉政治，更不想當公務人員，亦無怨無悔！

十、因被誣告，含淚當公務人員

當我受施金池校長之力邀，亦爲兌現二年前之諾言，不僅婉拒了國文學系系主任程發軔教授，替我推介之北部幾個著名省立高中，以及婉拒了吳三連及朱昭陽之力勸，且薪水較公立學校多出一倍半之延平中學之聘書，甚至亦放棄了國文研究所之入學考試，仍毅然返回初中母校執教，兼任教學組長，執教一班高三國文及八班初二音樂。爲提高學生之升學率，校長授權我聘請所有之新進老師，又由我決定導師班級與執教年級及課程。不僅對學生之要求頗爲嚴苛，高初三學生每日上課八節，並均利用升旗前及降旗後，舉行比照正式聯考之模擬考；而教學不力，管理無方，上課秩序欠佳，口齒不清，學生反映差之老師，經報告教務主任及校長，且經過他們的明查暗訪，獲得確鑿之事實者，即霸道、專權、獨裁的，將有些英文系、中文系畢業者，改排公民；數學系、物理系畢業者，改上工藝。雖引來他們群起而攻，且向校長理論、抗議，但校長卻均回以：「要教即教，否則請退回聘書！」是以民國五十四年，在所有主科教師陣容均甚爲堅強之教導下，高三應屆畢業生四班一百二十多人，考上大專聯考之升學率高達百分之七十八，且有十九人考入臺大；考入政大、東海者，當時未統計，僅知翌年，此兩校均授給北門中學保送生各一名，因爲當年南部七縣市高中之翹楚—台南一中，只有百分之二十九的升學率，名響南部七縣市。

但最糟糕的，是爲了學校行政，寒暑假課業輔導之津貼分配，以及爲申購老師教學用之參考書、工具書，不讓具公務員身分之人事主任兼太多之課，卻與人事、主計、安全等三單位之主管，鬧得水火不能相容。同一學期中，即連續被署名爲「一群北門中學被林玉鬃老師教過之學生」的匿名信，投書向國家安全局及情報局，分別三次檢舉我「不假外出、擅離職守」；「上課中講閩南話」；「排擠外省籍老師」等莫名其妙，又是莫須有之罪名。幸安全局、情報局會同教育廳督學前來實地調查時，均被校長及教務主任，依事實予以婉轉解釋，方未被在「白色恐怖尙盛行之時代」，抓到火燒島去唱綠島小夜曲，與同班同學張香華之先生，名作家郭依洞（柏楊）那樣的去坐牢，而逃過一刼。

自此，已讓我「終身服務於教育界」之初衷動搖，並對教育工作灰心喪志。加以岳父及內人，以爲我如久待在學校當教員，充其量當上「校長」而已。因此，我即私自參加司法行政部（今法務部）

調查局公開登報甄選儲備調查員之甄選，經過四科筆試，當筆試試卷尚未評分即在口試中，負責口試之調查局局長，看到了我甲上體位之體格，柔道有三段之實力，且又係神槍手，尤其已具備了高等考試及格……等條件，決定錄取我，並答應不必再參加調查員六個月後之特考，馬上憑高考及格證書派爲薦任調查員，且薪水及破案獎金，爲我當時月薪之三倍以上，乘坐舟車均免費。但因岳父之極力反對，而未前往報到就職，仍耐心的在學校教書。

迄民國五十六年七月，總統依據動員勘亂時期臨時條款第五條之規定，於行政院設立人事行政局，在局長王正誼先生，堅持遵照憲法第八十五條之規定：「非考試及格者，不得任用」，且爲貫徹「考用合一」政策，以杜倖進，堅拒黨國大老、要員及中央民代所推介之一千多人，反而採取公開登報甄選「高普考及格（特考除外）」，大學畢業，年在三十五歲以下」三條件均須具備者，先以毛筆正楷書寫一份千字以上之自傳報名，在符合條件而來參加應甄之四、五百人中，經過一次筆試——論文，兩次嚴密而詳盡之口試，僅錄取二十四人。我僥倖的被錄用，派在第三處（今之考訓處），當薦任科員。雖施校長一再勸留，要我繼續留在母校爲鄉梓教育學弟、學妹，並推介我當初級中學校長，但因岳父立即在臺北市南京東路購一新屋，逼我拋妻別女，方含淚離開教育我三年，亦服務過五年，且均兼訓育組長或教學組長之北門中學教職，以及垂手可得，完全中學之教務主任甚至初級中學校長之機會，隻身赴北任職，當了正式之「公務人員」。

在人事行政局服務期間，爲研擬草創各項人事革新之制度及措施，須多方蒐集參考中外古今之相關之考核、考績、獎懲、訓練、進修及增進工作效率業務之資料（全國最高之人事機構雖爲考試院，但行政院所屬機關及人數，佔了全國百分之九十八以上）。且上自局長，下至工友，僅四十七人；第三處僅處長、副處長、科長、雇員各一，薦任科員二，共六個人，而每月之公文量均超過萬件，致忙得經常須通霄達旦加班趕辦，而未有加班費、水電費、交通費等補助，且月薪一千零二十五元，僅爲北門中學（含鐘點費）的三分之一。幸好，有了耕耘，即有收穫。我當薦任科員一職試用未期滿，在毫無預警下，即調升爲專員；又過了十個月，於民國五十八年四月，即調升可以獨當一面之「科長」（兩次升遷，第一個來通知恭喜我者，均爲油印之工友，因派令他剛印好）。在「士爲知己者死」之古訓下，更全心全力，爲國家、爲政府而戮力以赴。是以五十九年，即獲行政院績優人事人員的紅寶石獎章，六十年即取得簡任第十職等存記。

十一、與成老師續師生緣

自擔任科長，即有開不完之會。由於王局長求好心切，即經常由他親自主持，邀請立法委員、考試委員、監察委員、國民大會代表，以及黨國大老，甚至大企業家餐敘，請他們提供人事行政應興應革之建言，我即經常被派擔任紀錄或聯絡，才被德高望重，時任考試委員已十年之成老師發現了我是教育界之逃兵，也讓人事行政局之長官，埋怨我：「何以你不早說成委員與你之關係！」但依我之個性，凡在職之達官顯要，不論交情如何，均爲避嫌而未聯絡，且均敬而遠之。對成老師如此，就是以後當行政院蔣院長辦公室主任之周應龍老師，甚至在五十一、二年兩年間，與我在延平補校同時執教同一班級之李總統（他教經濟學），前中央銀行許總裁（他教英文及貨幣銀行學）亦然。

民國六十三年，我以資績評分第一名之科長身分，被派赴財政部財稅資料處理及考核中心（今之財稅中心）當人事室主任。上級長官交付我之任務，乃「徹底整頓該中心人事業務」，原來是首任人事主任，因爲不能完全接受各方有力人士之推介人事案件，即憤而請調；第二任人事主任，卻爲了滿足各方面之要求，有些措施不合法及情理，致被人事行政局記大過調職。那是該中心一千多位員工中，未具國家考試及格而進用之技術人員、聘僱人員、作業員、雇員，高達九百，且其來頭一個比一個大，非開國元勳、黨國大老，即爲中央資深民代以及各級長官、要員之媳婦、子女、女婿，人人後台強硬，得罪不起。

幸好，我在人事行政局與財政部人事處，以及該中心機關首長陸潤康先生之全力授權支持下，發揮了我那霸道、獨裁、專制、得理不饒人之本性，大刀濶斧的加以整頓。爲杜絕所有倖進，採取公開、公平、公正之甄選、升遷調動、考績列等……等措施，雖然辛苦，且困難重重，又傷痕累累，但每年之人事機構業務績效考核實地查證，均名列財政部所屬二十多個機關（構）之前茅，六十九年，第二次膺選爲行政院績優人事人員十二人中之第一名，於桃園角板山召開之全國人事主管會報中，接受公開表揚。

在該中心服務期間，爲同仁之送審、銓敍，甚至爲了那些已「生米煮成飯」之現職「黑官」漂白，在繁忙之公事外，須經常親自赴考試院之考選部及銓敘部洽商，以期作合理合法之解決，卻多次不期而遇的碰上成老師。成老師見我經常到考試院，似乎以爲我工作輕鬆，乃多次要求我擔任考試院之襄試委員、閱卷委員。但因當時，我每天在辦公時間中，有開不完之會，協調不完之人事糾紛，處理不完之公文，舉辦不完之員工自強文康活動，加上每夜均須至延平補校打卡上下班，上每週三班高三十五節之國文課；星期日，又有實踐家專大一國文四節課要上，那有時間去擔任既繁重，又損眼力、心神之高普特考之閱卷工作？我坦白的向成老師婉轉說明了，他才未再堅持。

十二、不敢再造訪老師、仕途乖舛

民國六十四年元月，因將屆農曆春節，我在銓敘部洽完公，方第二次踏進成老師之宿舍，手中提了五斤（花了三十元）之柳丁，前往拜訪。卻不意那年春節上午十點左右，成老師自木柵由司機載著，遠至士林寒舍看我，讓我出乎意料之外。因爲內人與我同班，亦爲成老師之入門學生，是以師生相敘甚歡，我三位子女，亦均以「師公」稱之。他卻由口袋中取出三個紅包，分送我子女，卻每一紅包均高達一百元，是我送他柳丁之十倍（我月薪的十分之一）。我還以爲成老師是到士林人事行政局之宿舍向那些擔任副局長、主任秘書、處長者拜年，方順道前來寒舍，但他卻是專程前來，在寒舍坐了半小時，立即返回木柵。自此，我雖經常因公赴考試院，除了偶而在走道上碰上成老師，只寒喧幾句，即不敢再造訪其府第，怕的是他又以十倍之價值回禮。

古訓早有「朝中無人勿做官」，此種情形，不僅未隨時代之改變而改革，反而更變本加厲。但我因擔任中央政府機關之人事主管已四十年，最痛恨那些利用裙帶、特權等人事關係來關說、請託之人事措施。甚至在公開場合中，向我的部屬揚言：「有那一個敢找黨國大老，政府高級要員、中央民代來向我請託、關說，必被我打入冷宮，永不超生。」且又嚴禁部屬至寒舍，如有任何公私大小事情，均在辦公室中商談，否則當年考績必列丙等，是以得罪了不少達官顯要。迄今民國八十八年，仍不改初衷，且又我行我素。因爲我堅持：「經由請託、關說成功者，甚爲丟臉，且以後爲償還此一人情債，永遠還不了；而不成功者，更丟臉。」是以不僅成老師、以及所有長官，包括財政部歷任部長甚至有我全力支持輔選方當選之立法委員，除了他們「下台」，否則必敬而遠之。亦可能有如此之個性及堅持，舍弟雖獲教育部公費留美得教育哲學博士，著作等身，被民生報列爲最受大學生歡迎之三位老師之一，但副教授一當即十四年；而我擔任薦任第九職等之職務，更長達十六年，此一「九等」早已被我改爲「久等」。我在民國六十年即取得銓敘部簡任第十職等之存記狀，卻在抽屜中睡了十三年，方於七十三年調爲財政部十職等之專門委員兼幫辦。仕途乖舛，個性、命運如此，夫復何言。

十三、被聘為閱卷委員，師生又相聚

七十三年八月，成老師卸下長達二十五年之考試委員職務，改聘爲顧問。不知是成老師力薦，或我的後輩、學生、同事，當上考試委員，且我也因升任財政部人事處處長，業務太忙，夜間時間無法控制，而辭去了所有兼課，方年年受聘爲考試院之襄試委員，只有利用週末下午、星期例假及夜晚，至考試院評閱高普特考、升等考、資格考的國文及人事行政之試卷，與成老師見面之機會才多了起來。所有閱卷委員，均用紅色之粗簽字筆，一字不漏的圈點試卷，逐字逐句評閱，只是不能有眉批及總評。但看成老師，仍堅持用紅色毛筆圈點。且又仔細、詳盡、認眞，一絲不拘，給分嚴謹、公正、客觀，係我等青壯年所望塵莫及者。才知評閱此類試卷，甚耗時費力，且既傷心、傷眼又傷神。憑我高壯之體力，亦非每小時休息十分鐘，到走廊透透氣，吸了一支煙，上廁所不可。但看成老師，一坐下來即二、三小時，可見其老當益壯。如非長期時間養成，絕無此功力及毅力與精力。

十四、成老師之墨寶

民國六十三年，拙著「工作標準之理論與實務」一書，花了整整五年，且五易其稿，欲自費出版。思及成老師之書法一流，乃恭請他題字，但他似會錯意，或是我表達不完整，他卻書一「對聯」擬列入書中，經我表明，方書寫書名（如附件），此書蒙各公私機關與大型企業以及有志於研究改善人員考核制度者之青睞，已出版三版，各印二千冊，只可惜未將成老師所書寫之對聯取回當墨寶。

民國七十年，家父因腦血管栓塞，纏綿床第長達十年，方壽終正寢，享年八十。成老師寄來一幅由他親自用毛筆書寫之紅色中堂，筆力強勁，既對句又押韻且嚴謹，他似又熟知先父及我家事蹟之文句：

本業重農桑以許子一塵終老
賢郎盡楨幹有賓家五桂存芳

此一對聯，比任何達官顯要所送，而多由其秘書或由禮品店代勞者更為珍貴，尤以更讓我驚奇者，何以成老師探知我林家與賓家一樣的有「五桂存芳」，除了我與舍弟林玉体同榜及第外，舍妹林秀鄉考上社會行政；大侄兒林俊雄考中土木工程；小女林幸蓉考上財務行政之「五桂」——一家中五人考中進士（全國性公務人員高等考試及格），讓我欣賞良久。即向家人宣稱此一國寶級之墨寶，我擬永久保存。然而在先父出殯入土安葬，因家人全赴墓地，返回時，卻早已被來協助喪事而無知之鄰居，依據風俗習慣，併同所有輓聯、輓額，以及先父之遺物，全數火化殆盡。在我悲愴、痛哭中，也不管守喪帶孝在身，而破口大罵這些鄉下佬，不知成老師之眞蹟乃國寶，遺憾終身。

十五、審議法案，擇善固執

民國八十七年初，由於我擔任財政部人事處處長一職，已長達八年有餘，早已超過人事主管一任三年，再任六年，最多延任一年，計七年之法令限制，非調不可。財政部部長邱正雄先生，政務次長顏慶章先生，以及行政院人事行政局局長魏啓林先生，為了我的出路及新職，與我商量多次。因我在八十六年九月，人事行政局成立三十週年之擴大編幅所出版之「人事月刊」中，發表了「酸甜苦辣，甘苦備嘗之人事主管生涯」一文長達六千字，其結論為不再幹人事主管，並嚴禁子女當人事主管。方於二月底，在我堅持「絕不再幹人事主管，其他派往任何機關，擔任何種職位，我均接受」下，於三月底，接到行政院派令，調我回到娘家——第一次擔任公務人員之行政院人事行政局，當「不三不四」、「無事可參」又「無事不參」之「參事」。

自開始撰擬成老師逝世十週年紀念文中，爲期多方查證資料，得知接送我上下班之司機，在考試院服務二十多年，載送過所有考試委員，是以我亦移樽求教。不意司機卻向我說：「成委員在擔任考試委員之二十多年中，是所有各部會最難纏之考試委員。」正與我腦海中「溫文儒雅，講話語氣溫和平順，待人亦親切和靄可親」之印象，相差十萬八千里。才知每次在考試院院會中，審查由行政院及各部會送來之法案中，提出意見，作最深入又週延之研討會中，由於成老師擔任考試委員一職最久，經驗、學識最豐富，文學素養，無人可及；且事前之研究、查證、分析、比較……最爲認眞、詳盡；尤以又能引用中外世界各國之相關資料，旁徵博引，力求法案之內容，具體、實在、週延、可行，且又與其他法案能互相連貫，而避免有矛盾、重複、衝突之虞。甚至連文字，標點符號，亦從未放過……。是以在考試院院會中，發言之次數最多，因其內容既深入又嚴謹，被列席備詢之行政院及各部會首長，窮於應付，方被誤列爲「最難纏又頭疼之考試委員」。

由於所有法案，均須送立法院審查，經一讀、二讀、三讀通過後，方能咨請總統公布付諸實施。原來成老師，以「治學」之嚴謹態度，詳細研究所有法案之條文，且擇善固執，堅持到底，才讓有些法案被退回重擬，而讓提案之機關頭大。然而如非成老師基於職責、職業良心，與其豐富之經驗以及良好之國學基礎，妥善的作了事先之過濾，那麼由行政院及考試院會銜送請立法院審查之法律案，不論是資深民代，或以後全部改選之新進立法委員，亦無法在短期間中，經過政策質詢，逐條逐句逐字討論之一讀，二、三讀，而順利通過。因爲與其被立法院刪改得面目全非，或退回重擬，還不如在未送出前，先自我檢肯，以免有失自尊心。自此各部會方感佩成老師仔細、嚴謹且又洞燭機先之智慧。

尤有甚者，自從全面改選之新科立委進入立法院國會議事堂中，他們因有「民意」、「選票」作後盾，受到選民，尤其是「椿腳」之壓力，人人在政策質詢以及一讀中，大多賣力演出，力求表現，絲毫不放過所有法案之審查。然而，最近幾年，有不少與大企業、工商財團勾結之「利」委—大多爲個人及其龐大之工商企業謀私利，或相互勾結而全不顧及整個國家、民族、政府、人民之公益者，充斥於最高立法機構。且耀武揚威，唯我獨尊，咄咄逼人，全不將政府高級官員放在眼內；且利用其言論免責權，放言高論，敲桌子，摔茶杯，折斷麥克風，跳上主席台，肢體衝突，顚倒是非黑白，甚至作人身攻擊之「莫須有」惡形惡狀之言行表態者，早已司空見慣。此種「不務正業」之議事行爲，卻爲期「表現成績」，對衆多法案之審查，平時棄置一邊，不屑一顧，反而在臨休會前，以「包裹表決」方式，一口氣由一讀、二讀、三讀，而在一天中，經過什麼「黨政協商」、「大筵小酌」中，通過二、三十個攸關全國人民生計之「法律」，不僅令人嘆息，亦必可列入金氏紀錄，貽笑世界各國。

所幸，可能在二十多年前，有成老師在擔任長達二十五年之考試委員期間，他以嚴謹之治學精神，詳細之研討，方能送到立法院審議之法案，已成爲各部會、行政院及考試院作爲研擬草案之圭臬、榜樣。是以我在民國五十六年九月，初任公務人員，於行政院人事行政局，奉令研究之「考核制度」、「獎懲辦法」、「職前訓練及在職訓練」、「改善休假措施」、「調整辦公時間」、「建立工作標準（Porformance Stands）制度」……等措施，均先函請外交部蒐集世界各國之相關資料，並列表加以比較、分析、研究，（我國歷代史書中有記載者，亦均須列入此一比較表中）再提出具體可行之草案三至五個，供長官參考，否則必被退回重擬。

此種情形，與我自民國七十三年，初當簡任官，奉派擔任財政部幫辦；以及自七十九年調升該部人事處處長，長達十五年時間，參與決策。凡財政部所屬之單位（如關政司、保險司）以及所屬機關（如國庫署、賦稅署、金融局、國有財產局、證管會……）所提出擬立法之所有法案，在內部討論時，如承辦單位，未能提供古今中外，尤其是世界各先進國家之規定及措施，且列表加以比較、分析、研究，提出具備、可行、缺點最少，且又能自圓其說之條文，必被主持開會之部、次長怒斥，並立即宣佈：「散會！拿回去重擬……」。

是以由各部會所草擬之法案，經過如此詳細而深入之研擬，又經行政院及考試院之廣泛討論審查，方送達立法院之法案，多已未具有什麼爭議性，有時我甚至以爲可以逕付二讀、三讀。因爲這些法案，如非被私心太重之「利」委，基於私利而修改得面目全非者，大多能符合全民之所需。是以司機之一句話，讓身爲成老師學生，如沐春風薰育之我，更爲感佩、恭敬。否則天下大亂、國事紛爭、政治腐化、民生凋敝、必紛至沓來。還談什麼行政革新、心靈改革、政府再造？成老師之治學、掄才、傳道、授業、解惑之外，於政治上之卓著貢獻，實不容忽視、抹煞！

十六、結語

我已虛度人生踰越一甲子，卻坎坷多而坦途少；逆境衆而順境寡。出生之年，因患重病，久治未癒，在斷氣後，父親以破草蓆包裹著我瘦弱之身體，已在農田挖下坑洞，連同草蓆平放於坑內，正欲塡土埋葬時，基於父子情深，掀開草蓆欲見我最後一面，發現我的眼睛是睜開的，身體亦在蠕動，才又抱回。爲避色遭受日本政府嚴苛之處罰，而未依眞正出生之時間，申報戶口。又適遇伯父因與日本政府，由水乳交融中，親眼目睹日本人欺侮善良之臺灣同胞，而致反目成仇，且又在大庭廣衆中，毆打日本警察成傷，方被日本政府多方又屢次之刁難，無理取鬧，莫須有之陷害，致龐大之企業，無法經營，變賣了所有家產，仍無法償清債務而宣告破產，遠走雲林縣東勢鄉務農。逼使父親由地主而成爲「無一壠之植，一瓦之覆」之佃農及傭工，亦讓學業成績極爲優異之三位兄長，均輟學去當童工。

但上天似乎特別照顧我，卻因緣際會的，有幸自幼稚園、小學、初中、師範、專修科、大學，受過最完整而均免費之學校教育。（師範及師大均爲公費，小學免繳。而幼稚園，乃因日本政府在第二次世界大戰中，強迫所有有工作能力者，均須工作或上田深耕易耨，幼兒即由政府集中，並派人免費照顧；初中時，因未繳納學雜費，方被勢利之老師及職員，依入學考試成績次序，故意將本應編入狀元甲班之筆者，掃至女生戊班，之後又調牛頭班之丁班，卻均當選爲班長，幸賴遠自東北嫩江省逃難來臺之恩師齊治先生，伸出援手，替我申請清寒優秀獎學金，方能畢業），既感驕傲，又有些丟臉、寒酸！

在求學、就職相互循環之六十多年中，由於受到完整之師資培訓教育（南師三年，師大四年），卻又親自教過幼稚園、小學、初中、高中（職）、專科、學院及大學，且擔任中央政府機關一級單位主管之時間長達四十年，亦是一大奇蹟。雖「不識時務」，且個性倔強直爽，脾氣急躁，得罪了不少人，而致仕途乖舛，但仍能屢遇恩師及英明之長官，不吝傾囊相授，加以教誨、督導、鞭策，在自己「不服輸」之精神下，不分晝夜努力耕耘，方略有所成。

茲逢成老師逝世十週年，籌備委員會囑書紀念文，乃翻閱往日日記，並參考、查證若干資料，不嫌鄙陋，在衆多成老師教過，成就較筆者宏大不知若干倍之學長面前獻醜，將成老師與我一段奇異而秘密之師生緣，公諸於世，聊表對成老師懷念、感恩、知遇之情於萬一。祈願成老師在天之靈，能安息，並時加鞭策！

林玉鬃著

工作標準之理論與實務

成惕軒敬署

風窗展書讀古德光彌奕

——為紀念　成丈惕軒先生逝世十週年而作

蕭　欽

飛光快如梭，人生何其暫，轉瞬間　惕丈作古已十稔屆臨矣。集其一生，掄舉英髦，盡瘁黨國，諸多文采事功之犖犖者，自有史筆記之，茲不贅述。鄉晚謹將個人所聞、所見、所受諸端，縷陳如次。

一

我識　惕丈，溯自抗戰勝利後三十四年間返梓——龍港省親，余亦於其時應邀參加族中青年勵志會，故在上址光華叔公寓所初次識荊耳。再見壁懸其書贈聯云：

六經讀罷方拈筆；
五嶽歸來不看山。

覩清顏之藹藹，知智量之洋洋。上聯固非所撰，既書贈與人，亦代表其意念與懷抱也。更有法書遒勁，風骨嶙峋，故此頓生景慕之忱。

惕丈自幼即穎慧過人，兼之殷勤苦讀，努力不懈，其後之卓有成就者此也。鄉里傳聞，龍港有名曰成汝器（惕丈當時學名）者，除在學堂（私塾）專心課本外，放學途中亦不稍息，一以行走，一以背誦課文，因此，且行且背，足不停步，口不停誦，心不停維，待課程背誦畢，始覺經家門而忘入，越村路已迢迢，方折返回家，且如斯者屢之。

復聞從鄉儒蕭彩庭先生游，及三年己傾囊授罄，即薦繼從羅田大儒王葆心先生游，得授博覽群經新籍，學益銳進焉。

又聞　惕丈於南京時，由於單身貴族，爲便潛修，卜居於夫子廟附近，當時黃　杰將軍以其博學必將大成，建言應拜訪當今市長石　瑛蘅青鄉前輩，必獲賞識，某日遵示晉見石市長，抵市府引進市長辦公室，恰逢市長因公在外尚未返府，　惕丈於等候之間，成律詩四首置於桌屜內即離去。市長亦以公務繁忙久日未開抽屜，有一天由於案牘較少，批畢公文，飲茶稍憩，隨手拉開抽屜，猛見律詩四首，閱覽一過，以詩句不凡，即追問此詩爲誰人所撰，並囑來見云。

又以欣逢石市長召見時會，獲識北洋政府高等文官出身之徐若霖秋農先生，經過交談，始知誼屬同邑之小同鄉，彼此故里相距不逾三十華里，後日久相交，認識亦深，再睹其學博才高，爲人忠誠篤厚，遂以其妹—徐文淑女史妻之，一時傳爲佳話。

以上數端，尚少見有人提及，特摭記之。

二

某日晉謁　惕丈，恰逢一中年人士前來懇求職位，備有金華火腿乙隻，以表誠心敬意，而　惕丈除允予留心託付之事外，認爲餽贈過重，堅拒收納，客人不得已携禮物離去。其清廉之操，助人之忱，不多覯也。

又某次有富商拜託撰壽序，願贈一筆不小之酬勞金，詢其生平事蹟了無可序，並聞其行事聲譽欠佳，當予婉拒不文，該富商赧赧然辭退。知其不應「爲富不仁之徒」之介眉文字，嚴守爲戒，洵可佩也。

上述二事，一般人以爲酬勞應得之報償，而　惕丈則以收受過重餽物者涉貪，揄揚溢量者涉諛，硜硜自律，未嘗稍渝也。

或以　惕丈一目十行，未之能信，某次徐玉成兄邀余赴總統府晉謁，偶遇一來客携文稿約數千言，請求刪正，而　惕丈當即流覽一過，約時五分鐘畢，隨手抽出自來水筆，刪改數字交與來者，可謂十行俱下，閱讀敏捷，果不虛也。

自大陸變色，吾邑鄉親紛紛逃港避難者幾達百數人也。由於港、澳地狹人稠，生活不易，致分批入境來臺者夥，諸多災胞鄉友，有賴　惕丈勤跑各公私機構，以適才適所，一一安排工作，毫不吝趾也。凡踵門求見者，無不立即迎迓會晤，其有求託付者，盡力而爲，即吐握之間，亦不爲拒，今觀諸同鄉，均各自成家立業，兒孫滿堂，聚談之中，靡不感念其濟助之大德也。

三

余三十八年冬隨軍轉進，由大陸雲南飛海南榆林，繼乘裕東輪來臺， 惕丈亦以大陸沉淪，隨考院自重慶乘末班機直飛臺灣，我往晉謁，當時其在大龍峒孔子廟廂房辦公，並告我因時局勢緊急，僅帶長子中英隨行及簡便行囊而已，繼垂詢我之情境，倘有必需可介入試院任書記，工作安定亦能溫飽勉之。當以局勢動蕩，又爲現役憲兵士官，待遇優渥，特致謝關懷未就，至今思之，不無遺憾！

自德配徐文淑夫人携家小間關來臺，舉家團圓，初寓臺北市館前街，繼遷中山北路，嗣考院配宿舍於溝子口日本式木屋，最後定居新建眷舍迄今，數十年來踵門請教固多而受益亦匪淺也。諸如寫詩文呈請賜正，除欠妥字句刪改外，並鼓勵多讀書參加考試，奮力前程。余遵示於公餘勤研古讀，數年後獲特考及格，薦派總統府爲薦任科員，繼轉調監察院編審并歷任簡任編纂及十二職等專門委員等，累皆 惕丈不次栽培之功也。

余固不善詩文，但好讀書略懂平仄押韻，在軍旅中於閒暇時，偶有所感，間作呻吟，久積詩稿盈帙，彙整送陳 惕丈求教，榮獲題詞勗勉。詞云：

投筆從軍，前修可鑒；
願作班超，莫學王粲。

朱子家訓有句：「施惠無念，受恩莫忘。」余所受恩於 惕丈，浩如江海，因每逢喜慶，總不揣謭陋，恭撰詩聯，以表報德之忱！於七十年元月　惕丈七旬榮慶，敬撰壽頌一篇如次：

江水滔滔漢水湯。哲人天賦氣軒昂。
詩成七步辭三準。日試萬言目十行。
少就大儒親有道。壯銘宏願久彌光。
四箴信守風操亮。五頌中興姓字香。
銓選群英輝棘院。甄陶多士蔚膠庠。
平生好善恩波渥。篤老傳經教化揚。
政事卅年懸藻鑑。文章百代耀旂常。
藏山閣上春秋盛。來鳳簃中歲月長。
德厚神姿清且美。望隆杖國壽而康。
蘭薰桂馥扶鳩笑。北海樽開醉羽觴。

又撰對聯三首：

其一：（鳳頂格）

楚寶善人陳五福；
望隆杖國祝三多。

其二：

好善憐才，胞與共河山並壽。
春風化雨，聲華合日月同光。

其三：（嵌首）

惕志厲清操，楷模百世齊千聖。
軒眉欣介壽，花甲重周又十春。

回憶　惕丈晚年因牙疾傷及神經，終告不起而辭世，悲慟之餘，恭撰輓聯，聊表哀思！聯云：

回首憶前塵，公識淺才，栽培不次。
傷心垂老日，我非大器，慚報無多。

又代擬陽新旅臺同鄉會輓聯云：

畢生歲月未曾閒，傳經世學，拔匡時才，著等身書，解災胞難。
昔日風徽仍宛在，立藻鑑功，揚文教業，造桑梓福，留不朽名。

四

上述雖末節小事，皆爲鄉親晚輩莫可或忘之心聲，所謂見微而知著，由小而窺大，觀其一言一行，高潔風徽，堪爲楷模百世；讀其雋語鴻文，憫人報國，不愧楚寶善人。以其好善憐才，足爲百代師範；以其等身著述，當爲千秋偉業。

噫嘻！文哲日已遠，儀型在夙昔；
風窗展書讀，古德光彌奕。

師大三張——當年追隨成惕軒大師求學交遊的一段往事

張成秋

(一)「三張」稱呼的由來

當初我們在台灣師範大學國文系求學的時候，我跟張仁青、張夢機是非常好的朋友，大家在一起讀書求學，也同時接受過成惕軒先生的教誨。所以在成先生逝世十週年的時候，個人願意提出這段往事來作爲一個當時我們年輕時候的回憶，並且對學術界的一個見證。

我們——張仁青、張夢機和我三個人，能夠被稱之爲師大三張，這個由來是由於先師李漁叔教授最早提到的。

李漁叔先生，〈張仁青歷代駢文選序〉：

漁承乏台灣師範大學講席，子衿成業，燦乎彬彬。張生成秋好學善思辯，張生夢機能詩，而張生仁青工爲駢體文，皆上庠高第弟子也。

這裡提到我們在三方面各自有特殊的成就，是師大國文系的優秀學生。

李漁叔老師和成惕軒老師是很好的朋友。漁叔師曾經做過陳誠副總統的機要秘書，惕軒師也當過考試院考試委員，執掌國家的文官考試。而兩個人舊文學、詩書畫的修養都是登峰造極，堪稱大師。漁叔師對我愛護有加，因爲他教《墨子》的時候，認爲理解與成就最高的學生就是我了。

民國六十七年七月，我在台灣中華書局出版《莊子篇目考》，漁叔師在〈序文〉中有云：

門人張成秋碩士，昔歲肄業國立台灣師範大學，與同舍張仁青、張夢機，皆年少秀出儕輩，仁青工爲文，藻思綺合；夢機善詩，屬句秀拔；而成秋獨好義理之學，尤於先秦諸子，鉤深探微，鍥而不捨；漁因以「三張」目之。於講論時每詢三子意云何？於是師友相傳，名業日振……

李漁叔後來的這篇文章，就特別提到老師對我個人的期許，他說我非常喜歡義理之學，義理之學也就是我們中國所說的經學、子學。李漁叔老師非常瞭解我，說我對於先秦諸子研究得非常的深。細微末節也都能探究得非常清楚，並且有鍥而不捨的精神，繼續的探究下去。

當年漁叔師在師大教《墨子》，我們三個人都選修這門課，漁叔師上課時就看出我們三個青年，都姓張，而且成就不凡，智慧也特別的高，他就把我們稱爲「三張」。

漁叔師上課時常問：《墨子》的這一段話，你們三個同學的意見如何？他當時就把我們這三個姓張的人，一方面當作優秀的學生看待，另一方面甚至把我們當作討論學問的朋友，非常的器重我們。當時許多老師和朋友競相揄揚，我們三人的聲譽也就一天一天的振作起來。

這是當年漁叔師特別提到我們這三個學生在師範大學的優異表現。事實上，當年在研究所的老師、學長，都知道我們三個人。

㈡李、成二師與「三張」的師生情誼

漁叔師是詩人，是學者，也是政府的高官，在詩文方面我是比較遲鈍，但是因爲他所教的《墨子》，大概我所領受的最多，所以也最得他的喜愛。當我民國五十八年結婚的時候，剛剛拿到碩士學位，他曾經送我一幅親筆寫的對聯，到現在還掛在我家的客廳裡：

碩學早窺千卷富，良辰喜趁百花開。

意思是說我學識豐富，年紀輕輕的就讀了千卷的古書；結婚的好日子，正值美景良辰，百花盛開。老師和大家心裡都非常高興。

因爲我是三月二十九日結婚的，也就是初春，舊曆稱「人日」。這幅對聯，對我個人、新婚的場景都非常的貼切。字又寫得漂亮，眞是非常寶貴。

惕軒師當時也在師大教課，曾經送我們一首詩：

仁青、成秋、夢機三君，從遊上舍，敏而好學，書此嘉之：

閱世無今古，生才總積薪。願從垂白日，多見勝藍人。

倚馬言徒多，雕蟲技亦神。百成黃卷在，寢饋莫辭頻。

（見民國五十二年五月二十三日《大華晚報》第四版〈瀛海同聲〉欄）

惕軒師當時在師大教駢體文，我們三個人就經常坐在教室裡的第一排，並排而坐，很認眞的聽課。所以惕軒師就特別寫了這首詩來鼓勵我們。

這首詩的大意是：「閱世無今古」，就是說我們看這個世間的事情，不要分現代還是古代。「生才總積薪」，意思就是說你們的才華總是要像木材累積一樣，越積越多，慢慢的累積，才會把才華學問累積起來。「願從垂白日」二句，就是說我希望在我快要衰老髮白的時候，能夠看見很多「勝藍人」。所謂「青出於藍勝於藍」，他的註解里就這麼講到：

垂白：鮑明遠詩，結髮躍馬，垂白對講書。

勝藍：《荀子》，「青出於藍而青於藍」，蓋即勝藍之義。

所以希望能夠在年老的時候，看見我們這幾個同學，成爲他非常看重，非常喜歡，繼承、發揚他學問的年輕弟子。他講這句話，心裡非常的高興。

「倚馬言徒多」，我們有的人寫文章，是靠著馬邊，一下子就寫到幾千字、幾萬字。多與快有它的特長，但是多與快，可能內容方面就不見得好。「雕蟲技亦神」，至於駢體文是一種非常精緻的文章，有點像是在玉器上，或是在各種名貴的器材上，雕刻蟲子一樣，一點一筆慢慢的鉤、慢慢的刻。這樣的文章其實就是駢體文的特色。「雕蟲技亦神」，就是說我們如果寫那種精緻的文章，花很大的功夫努力的寫，能夠有這方面的成就，也是了不起的。

當時惕軒師知道我們三人當中，我寫文章是很快的，或以此相戒。張仁青先生駢體文寫得很漂亮，一篇文章可能要苦思兩三天才能寫出區區幾百、幾千字，非常神奇，難能可貴。

最後的一句話：「百城黃卷在」，黃卷就是古書，百城就是指很多古書，現在都擺在圖書館裡，「寢饋莫辭頻」，就是說你們睡覺的時候，或者吃飯的時候，都要想到要努力讀書。「莫辭頻」就是不要推辭，用功作學問，不斷的去作。

我們既然是這麼優秀，又能夠有機會跟著他求學問，他非常期望著我們能夠好好的把握時機來把學問做好；讀中華文化、文學方面，最精緻、美好的東西，從我們先師或者大師的手中發揚光大。這都是當時的一段機緣。

㈢「三張」在師大時的「復古運動」

在大學的時候，我不善於辭章；思想方面的文章，我是經常寫的。那時我跟仁青、夢機三個人，曾經好幾年主持人文學社的學生學術團體，我們經常印學報，我們一學期出了一次或兩次，發行全校。在這裡面，我們三個人的文章可說是登了很多。

仁青是非常好古篤學的青年，他曾經有一句對聯自勉：

書不讀民國以後，

志常在山水之間。

意思是說：凡是民國以後的書，我都不讀，只讀古代有價值的經典；而志向呢，卻是淡薄世俗的名利富貴，只愛自然界的青山綠水。

我個人最初的文章也是用白話文寫的，是破了《人文學報》的例子，因爲《人文學報》是非常傳統的、非常復古的一個刊物，所以是不接受白話文的，只是因爲我的那些論文涉及到思想，涉及到文化，涉及到必須要講很多次，一點一點講清楚的，所以當時破例登了我好幾篇有關這方面的文章。

當時我們在師大的時候，還曾經發動一個復古運動，這個復古運動是我在《人文學報》的新第二十九期，所寫的一篇宣言引發的，曾經引起一定程度的討論，毛子水先生的《新天地》雜誌曾經用社論來討論這件事，監察委員袁晴暉先生寫了好幾萬字的文章與我討論。我年輕氣盛，自然也不甘示弱，立即以文章回應。後來袁先生見著成惕軒老師就提著我說：「您那個學生不錯，雖然學術見解與我不一樣，但是很懂敬老尊賢和禮讓的」。成先生聽了很高興，告訴我爸爸，我是由爸爸那兒知道這件事的。

那時也就是把我們三個人的理念，同時在那篇文章上揭發，並且也引起很大的討論波瀾，這就是我們以前的往事。

成惕軒老師另外似乎還曾經送給我們一首詩，可惜內容記不得了。但是，其中有兩句開場的話，我還記得：「自慚識途馬，願見絕塵駒，生其勉之」。意思是說：他自己慚愧，不夠資格當識途老馬，但是卻很願意看見我們這幾位年輕有活力會跑的小馬，不斷的衝上前去，爲文化與學術的傳承，負起應盡的責任與使命。

成老師在考試院主掌國家的人才選拔，非常愛惜人才。所以對於我們三個人就特別的愛護有加。

他曾經有一個文章叫做〈憐才好善篇〉，仁青曾經爲這篇文章做過註解。在本文中，他把國家的人才選拔，看成是非常神聖的事。每當主持考試的時候，都要焚香祈禱，誠惶誠恐，唯恐漏掉了眞正的人才，辜負了別人的十載寒窗，對不起天地鬼神。

成老師的著作不肯輕易送人，可是卻曾經送我們一些他的法書，並且十分客氣的叮嚀我們不要隨便丟掉。因爲東西雖然很寶貴，在無知的人手中可能就會順手丟棄。其實，每一張成老師的作品，即使是影印的，都是他最愛的心血結晶。

在唸大學的時候，我經常與張仁青同進同出，甚至在他作《歷代駢文選》的時候，我和他常常一起在師大的小館子吃午飯。仁青經常在等飯的時候，努力的校對他的文稿。仁青師兄是駢文大師成先生在當代的唯一傳人。

夢機的詩，在年經的一輩當中，可以說是無出其右。他是李漁叔先生的重要傳人。

當年夢機在大學的時候，也曾經寫過一些詩來懷念我跟張仁青，〈秋日懷仁青成秋〉，內容是：

> 屯煙嶺上翠成堆，閒散孤雲自往回。
> 底事故人千里外，經秋不見一鴻來。

意思是他在大屯山上，孤獨的看著朦朧煙霧，綠樹青翠，一堆一堆的呈現在眼前，懶散悠閒的孤雲獨自的來回浮動。這時他想到我們兩位好朋友，在千里之外，經過了整個秋天，爲什麼一點消息、一封書信也沒有寄來呢？

仁青作駢體文，在當時、在當今，可以說是不作第二人想；而看得懂的老師、朋友，恐怕並不多，我算是能看得懂、能欣賞的少數同學之一。後來，我在新竹師院也教駢文，這除了仁青把他給學生評改過的習作寄給我看之外，我也看了一些仁青教學生作對子的評改資料，戴培之先生的《駢文習作評改》，李漁叔先生評點的《笠翁韻對》，還有李周龍先生、徐芹庭先生提供給我的卓見，都對我有相當大的助益。

(四)我與成老師、張仁青的特殊關係及印象

我個人跟惕軒師不但是有師生情誼，而且惕軒師也是先父張國維先生的高考同年。民國三十年左右，在四川重慶，政府舉辦高等考試時，他們一同考取的。他們後來都從政，幾十年的友誼，愈老愈篤。在我父親去世的時候，成老師特別寫了一幅輓聯，內容是：

國維年兄副審計長　千古：

維君贊一代宏規，簿籍鉤稽，未許蠹侵妨上計；

有子為五經博士，箕裘紹述，固知燕翼本貽謀。

弟成惕軒敬輓

意思說您作審計工作，做到副審計長，這是贊助了這一代偉大的、宏偉的規模，典章法則。把政府的簿籍文件，拿過來仔細的考察、校對，追個究竟。審計的工作就是要防止政府有所謂貪污、舞弊、浪

費的情形，所以我父親作的這個工作，目的是不允許蠹蟲一樣的壞官、壞事，侵害國家的經濟、國家的財政，以至妨礙國家最偉大的生計、根本。

下一聯講到我，他說「有子爲五經博士」，當他寫這幅輓聯的時候，我已經拿到國家文學博士。他說你的兒子是五經博士，國家博士相當於漢朝的五經博士。因爲我研究的是《詩經》，我拿到的是國家博士，所以這樣寫，眞是非常恰當。「箕裘紹述」，也就是說能夠有一個有成就的兒子，來繼承一個有成就的父親的事業。這是《禮記》〈學記〉裡的典故：「良工之子，必學爲箕，良冶之子，必學爲裘」，那就是說兒子能夠看著父親的事業，看著父親的做人做事、成功的榜樣，繼承發揚，所以兒子同父親都能夠延續不斷這個事業。

「固知燕翼本貽謀」，我確實知道保護、照顧以及恩惠的延展，完全是由作父親的教導、策劃，讓他的兒子有這樣好的成就。

這幅輓聯，上聯是講到先父在審計方面的貢獻，先父在審計部服務了幾十年，可以說一輩子絕大多數的時間都獻給了國家；後面是講到我自己是五經博士，講到我的成就，實在愧不敢當。

成先生跟我們講駢體文時，是我第一次認識他，我很清楚的知道，當初仁青教授能夠在駢文方面有如此卓越的成就，完全是成先生與他之間的因緣。

這事的詳情細節，我知道得非常清楚。民國四十九年九月，仁青一進大學，就開始猛讀駢文，努力寫作。曾在師大的《人文學報》發表幾篇駢文，被成先生看到，就主動到教室找到仁青，初次見面即爲之狂喜。其後在成先生的輔導下，仁青的駢文突飛猛進，一日千里。當今學術界能夠寫一手漂亮的駢體文，除仁青外，實在找不出第二位。

成先生在世時是駢文大師，而且是考試院考試委員，所以駢體文是不隨便寫的，除非有特別需要或重大節慶。政府官員如果想請成先生寫文章，那恐怕要特任級以上的身分才能如願。

另外還有一件事情也值得一提，那就是成先生有時太忙，便往往委由仁青代筆。仁青當年究竟替成先生代寫過多少篇駢文，恐怕仁青也數不清了。

另外仁青也替很多高級文官、武官代筆寫應用之文，因爲很多有身分的人，不會寫文章，而我們會寫文章的人卻沒有那個身分，沒有那個地位，所以經常代筆。仁青在大學唸書時，就經常替這些文武大官寫一些應用的文章，後來竟因此而成爲應用文的一代宗師，這種「不虞之譽」可以說是意外的收穫。

成先生給我印象最深的就是他的溫文儒雅。上課時一副溫呑呑的樣子，行動緩緩慢慢的，講話不疾不徐，讓人覺得像棉花一樣，柔柔的感覺；他的身體滿好，態度親切，對我們的期望是有的，卻沒有任何的壓力或要求。

他給我們講駢體文，歷時一年，從來沒有嚴格要求我們一定要做到什麼樣的水準，才讓我們通過。而只是教我們基本的對仗，欣賞幾篇駢體文。學期考試時，只要我們寫一篇文白不拘的作文，讓我們對駢體文有眞正的認識，並且作平實的論斷就可以了。

(五)成老師對我的特別啓發及恩惠

成先生有一個很特別的好處，就是說他很少自己講自己的成就，或者是講別人的短處，所以以前有一句話「毋道人之短，毋說己之長」，成先生完全做到。因此當時張夢機也曾經說過一個笑話，他說我們學校有一個魯實先先生，就跟成先生相反。魯先生的學問造詣成就非常的高，因此經常是看不慣一般學術界的這個人，那個人。常常說這個人不行，那個人不行。這種一方面是剛直，一方面是天眞的個性，不知不覺就得罪了別人。因此他在學術界裡面就顯得非常孤單、孤立。

但是成先生卻不然，他能夠做到孔子的「溫良恭儉讓」。他從來不誇張自己的成就，也從來不貶低別人，所以夢機說成先生眞正的可愛，就是他跟魯先生相反。成先生在學術界的人緣很好，朋友也很多，這是他給我們的另一個觀感。

我在師大畢業的那一年，魯先生為我題了一首錄自象山先生的詩：

舉首攀南斗，翻身倚北辰。

探頭天外望，那有這般人。

魯先生給我題的這首詩，「舉首攀南斗」，就是一個人要立大志，作大學問跟事業，抬起頭來要能夠攀得上天上的南斗星，把天上的南斗星拉下來。「翻身倚北辰」，再翻過身來靠著天上的北極星，這個人要作掀天揭地的大學問、大事業。「探頭天外望」，把頭探到天外再去望一望，表示已經有通天的本事了。「那有這般人」，除了我以外，還有誰能夠像我這樣呢？

魯先生眞的是才華洋溢。當初我們在師大求學的時候，有很多國學界的大師，魯先生是一位。他教我《書經》，也教過我甲骨文。我對他也可說是很瞭解，而且也非常喜歡他的個性。

魯先生當時確實是以大師級的教授自任，而他本身也確實是一個大師，但是往往因爲太直爽，貶人揚己，就得罪很多人。當初魯先生上課的時候，有一次特別笑著問我們說：「各位同學對我的作人方面有什麼意見嗎？」有一個同學就說：「魯先生啊！您的學問確實是不錯，可是您如果能做到孔子的『溫良恭儉讓』，那你就更偉大了！」魯先生笑著說：「如果我能做到孔子的『溫良恭儉讓』，那我不就跟孔子一樣了嗎？」

我在師範大學唸書的時候，曾經在李辰冬先生的文學批評、文學史課上，寫了一篇學期報告，對他的《詩經》研究，提出質疑。筆鋒犀利強悍，凌厲無比。最後以「吾愛吾師，吾更愛眞理」作結。發表在《中國世紀》月刊上。師大許多老師都知道的。魯先生看了不斷叫好，但是系主任程發軔先生卻不是味道。畢業時程先生給我的題字是：「溫故而知新，敦厚以崇禮」。就是要我務實，奠定學問的基礎，對於師長，不可以那麼強悍，得理不饒人，有失溫柔敦厚的禮教。

事實上魯先生自己也知道比不上孔子，可是他的這個教訓，確實對我很有作用。爲什麼呢？就是說成先生那種修養，那種溫文爾雅，那種謙虛和藹，因爲我的個性，當年實在沒有學到。於是我後來不知不覺就走了魯先生的路。當我經過多少年的奮鬥，拿到博士，拿到教授之後，不知不覺也有那種露才揚己，甚至輕人貴己，自以爲了不起的感覺。其實那不是故意的。而是見識豐富以後的自然反應，不幸卻因此得罪了很多朋友。

所以我曾經在一次會議上講，那是一個魯實先先生紀念研討會，在中央大學。我說我的個性當中，有一部份眞的很像魯實先先生。現在回過頭來看，成惕軒先生當時那種風範，如果我能早一點學到的話，可能就不會重蹈魯先生的覆轍，也不會受那麼厲害的折磨。

我前一陣子還跟學生講：「你們不要覺得古書那麼容易讀，我直到現在才把《論語》的〈學而篇〉中的一句讀通了、讀懂了。是那一句呢？」就是「人不知而不慍，不亦君子乎？」當一個人學識學問，不是累積到很深很高的時候，他還不太容易讓人覺得他驕傲，還不大容易讓人覺得他自大、看不起別人，但是一個人，當他的學識才華豐富到一種程度，像魯先生那樣的情形，他不知不覺，甚至連壓都壓不住自己，而有了這種情形。

但是再往前走，就是孔子的境界，溫良恭儉讓，而溫良恭儉讓，是學識修養到了爐火純青的程度，又不會露才揚己，又不會輕視一般人，又不會隨便攻擊別人，這個時候雖然還是有眞性情，但是已經進入爐火純青，非常圓融的境界。

我對成先生的感觸，覺得他那時的成就，至少在作人爲學上，眞是已經達到最高一層、爐火純青的境界。

民國五十三年七月，我由師大國文系畢業，家父請成老師向系主任進言，讓我能到高一點水準的學校教書，程發軔主任支吾猶疑，未爽快的答應。成老師笑著對他說：「你少給我打太極拳」，這事是仁青後來告訴我的。九月我到新竹中學，校長辛志平是位堅毅篤行的教育家，我在那裡一面教書，一面準備考研究所，和辛校長相處融洽。翌年順利考上文化大學中國文學研究所。

(六)「三張」的過去與現況

當年張仁青、張成秋、張夢機三個人，都是跟隨著成惕軒先生求學，後來我們每個人都有不同的發展，各自擁有一片小天地。

仁青於民國五十三年七月自臺灣師大畢業後，即被分發到宜蘭省立蘭陽女子高中擔任國文科教席，歷時二年。五十五年考入母校國文研究所，以三年時間完成《中國駢文發展史》論文，獲得碩士學位，由於成績特優，依例留校當講師，並在所裡兼任行政工作。二年後脫穎而出，考入該所博士班深造，又以七年時間完成煌煌六十萬言的論文——《魏晉南北朝文學思想史》榮獲國家文學博士，時為民國六十七年。二十餘年來，先後在臺灣大學、中央大學、文化大學、銘傳大學、中央警察大學任教，並經常應聘到香港新亞研究所、珠海大學擔任客座教授，現職是國立中山大學中國文學系專任教授，港臺菁英，多荷裁成，遐邇蜚聲，令人欽慕。

仁青賦性高邁不羈，耿介絕俗，儼然一副六朝名士派頭。早在弱冠之年，即以「同塵」為其字，蓋欲師法老聃之和光同塵，央華內斂。既又自署「梅山逸士」，揆其用意，似有終身敝屣軒冕，娛志縹緗之意，卓然稱一代高士。生平著述甚勤，遠邁等倫。多年來曾經開設二十餘門課程供學生選修，舉凡古典文學，幾於無所不包。例如本學年所開課程是：⑴中國韻文研究⑵六朝文學研究⑶駢體文⑷詩經⑸詞曲選⑹李白詩⑺杜甫詩⑻盛唐詩⑼北宋詞⑽世說新語⑾宋詩選讀⑿歷代女子名作選讀。每星期要教那麼多門課，可能是全世界最忙碌的教授，應該列入金氏紀錄。

至於已經出版問世之著作則有《駢文學》、《駢文觀止》、《中國唯美文學之對偶藝術》、《唐詩采珍》、《中國文學思想史》（譯著）等二十四種。已發表之單篇學術論文則多達百餘篇，分別刊載於港臺大陸各學報。其餘平日吟詠酬世之駢文、散文、詩詞、對聯等，則全部收入其《揚芬樓詩文集》，正在整理中，待梓。

夢機榮獲國家文學博士後即到中央大學教書，也是一個非常有名的教授。他當過中央大學的中文系主任、中文研究所所長、總務長，十分得志。不過福跟禍可說是互相倚伏的，夢機在官運上可以說非常亨通，但是大概因爲經常應酬，吃得太好，動的太少，以至於多年以前不幸腦中風，現在仍在新店養病。學校尊敬他，仍然請他作專任教授，並令學生到他家上課。這是夢機後來的發展。

我跟仁青、夢機同樣都是成惕軒先生教的，可說是得意弟子吧！我個人是從民國五十七年中國文化大學碩士學位拿到之後來到新竹師專，專心教書。

民國六十年考取文化大學博士班，六十五年拿到國家文學博士。在同一時間，我也拿到教授資格。我當時是一邊在新竹師範學院當教師，一邊到文大讀博士班，可以說是一種幸運、一種機緣。在同樣年紀的教師當中，能夠以非常快的速度，同時拿到教授和博士學位，大概是很少的。

光陰荏苒，一晃就是幾十年。我在新竹師院，一面教書，一面研究學問，一面在圖書館當閱覽組長。日子雖然平凡，但是在教學中，眞是滿有樂趣的。「學不厭，教不倦」，我個人實在不敢自比孔子，但是孔子一生獻身教育的偉大精神，我是深深有所體驗的。

前幾天，學校校慶，我有幸被頒發在校服務三十週年獎狀。有人說，那有什麼稀奇？但我自己反省，如果這三十年，只是在這裡得過且過，混日子、混薪水，那當然沒有什麼；但是，如果是灌注了生命與熱情，始終積極奮發，那就不是一件簡單的事了。

我自己反省：三十年來，我教過的學生，數以千計；而學生之中，絕大多數當小學老師、或是主任、或是校長；他們都要影響無數個未來的國民。我個人在課堂上隨便講的一些話，在無形之中，可能會有或多或少的影響。

我個人這幾十年在新竹師院來說，自從拿到博士到現在已經二十三年了，沒有一天停止努力奮發，所以對先師成惕軒先生，對老同學仁青、夢機，可以說是沒有辜負當初師大三張的盛名。

我們「三張」的學問，仁青與夢機是屬於辭章，我則屬於義理，也就是學術思想本身的問題，特別是哲學的問題。所以我所肩負的責任與使命，是眞正屬於中國學術思想本身的承先啓後。我們正統派的學問，到清末民初時，是北京大學的章太炎、劉師培、黃季剛三位大師。後來大陸變色，大師的三位弟子先後來台。就是林尹、高明、潘重規。他們三位第二代大師，是台灣傳統派國學的重要角色。台灣這幾十年，傳統派的國學家、甚至新派的中文學者，出了許多碩士、博士，大概都是他們三位老師的教澤。所以應該給他們封號，叫做「博士之父」。

我個人的子學，特別是《老子》，乃啓蒙自張起鈞先生，他是北平快要淪陷時，由政府特派專機接出來的最後一批學者，與錢思亮、梅貽奇同機的。及至進了研究所，才由林尹老師那裡接受了老莊、群經，由廖維藩老師那裡接受了中國思想流變史，由高明老師那裡接受了《易經》、治學方法，由潘重規、王靜芝老師那裡接受了《詩經》。《易經》是中國學術的極致，最近十幾年來，我的心血都是投注在這上面。

有人甚至開玩笑的說：「你們什麼三張啊？三張白紙！」其實別人怎麼批評，我都不在乎，我們對我們自己總是有自信。今天我們一個人的成就，不是看別人的褒或是貶，其實有的人怎麼樣的褒跟貶，對我們增加不了什麼，也減少不了什麼，主要是我們自己要腳踏實地的作學問，我們對我們自己有自信，我們對我們的老師，對我們的同輩，我們都能夠說是一點都不會感覺到慚愧。因爲我們確實盡到一個作學者該盡的本分。

現在我們三個人都已經老了，差不多都是將近六十歲的人了。回首前塵，三十多年前的往事，眞是很有意思。每個人的人海浮沈，或是地位升降，就像一場夢一樣。仁青課務太忙，又常往香港、大陸演講，我們已經很久沒見面了。夢機正在養病，居處遙遠，也沒有機會拜望他。

前一段時間知道夢機在古典文學研究會會刊上寫過一些詩，感懷身世。我讀後深受感動，就寫了一封信，向他表示關懷，他回信給我說：

頃由系辦轉來大函及詩作，浣讀再三，如見故人。未審近況如何？不勝懸念。弟自罹患殘疾以來，今且八年，雙足幾殘，口齒不清，目前進步甚緩，仍然跬步難行。日惟以詩自娛，消磨時日。至其工拙，非所計也。

回憶上庠，往事歷歷，嘆懷俱在，只不知此樂何日可再？思之不禁惘然！……

當年的師大三張，比較起來，我個人還是最有福氣的。最近思考其中的原因，才發現是因爲當年我曾向我所信仰的上帝，表示了絕對的忠貞，無保留的徹底奉獻。夢機也是基督徒，與我是同一個教會的。李漁叔老師，當年也皈依了基督，可能受了一點夢機的影響。夢機當年扶著漁叔師受洗的時候，我也在現場親見的。只有仁青，到現在仍然堅持無神之論。……唉，往事歷歷，人老了就會囉裡囉唆個沒完，惹人討厭，就此擱筆吧！

《楚望樓詩》的忠愛之指

陳慶煌

一

《楚望樓詩》係故考試委員成惕軒教授所撰，其書收錄有民國三十年辛巳（西元一九四一年）迄七十六年丁卯（西元一九八七年），共四十七年內所寫的詩篇，計一千四百五十六首，於民國七十八年二月，由臺灣商務印書館初版發行。

該詩集計分四卷，其第一卷原爲《藏山閣詩》，併入時，特錄存其原序及當時賢達名流的題字。係民國三十年辛巳歲首成氏三十二生朝，至四十年辛卯（西元一九五一年）歲首成氏四十二生日，共十年內的作品，凡六百有二首。卷二收民國三十九年庚寅（西元一九五〇年）至四十七年戊戌（西元一九五八年），共九年內的作品，凡三百有七首；原先曾由臺灣正中書局梓版刊行，書名即稱爲《楚望樓詩》。卷三收民國四十八年己亥（西元一九五九年）至五十八年己酉（西元一九六九年），共十一年內的作品，凡二百七十五首。卷四則收入民國五十九年庚戌（西元一九七〇年）至七十六年丁卯，共十八年內的作品，凡二百七十二首。

即此四卷，大致可依次將成先生的詩風分爲四期。其第一卷即屬少壯期的作品，由於此際國家遭逢內憂外患，因而寫作的素材特豐，所成就的詩篇也最夥。尤其難得的是，成先生在此少壯時期，所晉接的人士，皆屬文壇耆宿、政界名流；而且本身對文字錘鍊的工夫，已達爐火純青之境。衆所皆知；安史之亂，造就杜甫成爲詩史；那麼換句話說：八年抗戰造就了成先生的文名與詩名，亦不爲過。其第二、第三卷屬於壯年及中年期的作品，至於第四卷則爲晚年期的作品。成先生自入壯年後，詩篇逐年遞減，除感時、紀事、遊眺者外，漸多題贈、酬應之作。其原因大概是先生在此三期內，主要係以駢體文字來從事寫作；另外則是先生一向下筆矜慎，刪汰極嚴，其〈自叙〉即明言：「百篇之中，十去其七。」至於垂暮之年作品的漸少，當與其公務繁冗，退休後又體力日衰，不無關聯。

今觀其全集，蓋以敦倫紀、厚風俗、贊頌國家、宏揚民族氣節爲主要內涵。當中有關歷史性的詩篇頗多，尤具時代意義。茲不揣謭陋，謹述其詩中有關「忠愛」之指意，以就教於鴻雅博達；在探論之前，容先紹介其生平概略如次：

二

成先生名惕軒，字康廬，號楚望。湖北省陽新縣龍港鎭黃橋里人。生於民國前一年夏曆辛亥正月初四日，亦即國曆二月二日；歿於七十八年國曆六月二十三日，以其出生在辛亥立春前二日，依例可以增加一歲，故享壽八十春秋。

成先生之所以能蔚爲一代文宗，除了天生異稟外；童年時，其府君炳南公，爲了他的啓蒙教育而特別構築碧柳山房，厚幣延師，嚴加督課，於是奠定良好的國學根基，也是重要原因。在他十六歲那年，考入武昌文化初級中學攻讀；由於唐祖培季申校長對其文章深爲器重，因而轉介於國立武漢大學哲學教授唐大圓先生，後來由大圓教授再介於太虛上人。又每常赴黃土坡，向羅田大儒王葆心季薌先生請益，執弟子禮甚殷，是故其學益進，眞有一日千里之概。

民國二十年，長江氾濫成災，這時成先生正二十二歲，他目睹滾滾洪濤，惻然傷之，於是撰〈災黎賦〉以寄慨；軍需學校張校長孝仲將軍誦而稱美不已，邀赴南京，聘其主持雜誌編務，而且還兼課諸生。在南京陷倭前，隨學校疏散到四川巴縣；三十歲那年，於重慶高考及第。以詩文獲慈谿陳布雷先生所賞異，薦任國防最高委員會同簡任秘書。三十八歲時，改任考試院簡任秘書，旋調參事。八年後，轉總統府參事。五十一歲，特任考試院第三屆考試委員，並蟬聯至第六屆，主持衡文拔士工作，前後凡二十四年。公餘曾兼任國史館纂修、中華學術院詩學研究所副所長、正陽法學院、中國文化大學、國立政治大學、臺灣師範大學、中央大學等校教授，歷時近四十年。其辭世前一年所遺〈自題〉絕句云：「歲在戊辰龍去否？日斜庚子鵩來初；賈生才調康成學，慚愧平生兩不如！」以謙語而寓最高的自負，的確是他一生最眞實的寫照。

按先生少時即志在中興，是以特重經術；即使是摛文敷藻，亦皆有關於國計民生。試觀其三十二歲生日所作的〈弧矢吟〉：「阿世恥華言，飾治貴經術」；「報國且摛文，君看濡大筆」；〈送君簡赴平〉：「文章關世運，歌哭爲蒼生」，自可了然其胸襟偉抱。當先生于役白門時，曾謁蘄春黃侃季剛先生於大石橋寓邸，袖詩請贄，中有句云：「萬劫河山歸蟻戰，一樓風雨付龍吟」；季剛先生亟稱之，旋賜手書，致引「仲宣樓頭春色深，青眼高歌望吾子」等語。季剛生平不輕易許人，能獎掖如斯，殊屬難得。而在成先生三十二歲，居重慶時，李參政仙根曾爲其相手紋，即推之爲燕許大國手。四年後，當勝利復員時，他受托爲陪都百萬市民撰洋洋灑灑數千言的〈還都頌〉，由參議會恭呈委座。自是，每值國有盛典，必出大製作以鼓吹休明。從來事以文傳，文因事重；然而先生華國高文，信足抗節前賢，絲毫無愧色了。

三

成先生無論作詩或論詩，素標「忠愛」。「忠愛」一辭，在《楚望樓詩》中屢見不鮮。如〈授詩示同學諸子〉所云：「抗跡前賢吾豈敢？但將『忠愛』鑄詞華」，即是最好的例證。又如〈高闈〉：「豈爲科名爭鴈塔，要憑『忠愛』結鵷行」；〈鶡里曾氏十一世詩題辭〉：「『忠愛』鑄騷魂，定復我邦族」；〈過韜園先生墓園作〉：「喬木存『忠愛』，惓惓十六州」；以及〈題吳女史游美近作〉：「多君一卷存『忠愛』，左海爭傳記事詩」，也是可作爲旁證。

今考《楚望樓詩》中最具忠愛之恉，與國家民族關係最爲密切的，應屬於收入該集卷一前半部之《入蜀集》。成先生在〈乙酉七夕倭降別紀〉詩前有序云：「近歲廬（前）、易（君左）諸君，頗致力於新民族詩之創作。僕則以爲吾國五言古詩，領域最廣；用之紀事亦無不可。因刺取時事，陶鑄新辭，成〈建國〉以次十篇。篇各五、六百言，朋輩見之，多戲呼爲『建國體』。」由於日本謀侵占我領土，發動戰爭；我政府於南京淪陷前，遷都重慶，全國上下同體時艱，合力抗倭，以捍衛社稷。是時，成先生任職國防最高委員會，本書生報國之熱誠，因而奮勉寫成〈雙十篇〉、〈建國篇〉、〈建人篇〉、〈建軍篇〉、〈七七篇〉、〈飛虎篇〉及〈受降篇〉等一系列的偉大製作。試觀其〈題入蜀集〉詩中所云：「堂堂健筆鯨能掣，落落清標鶴不如；濁世雅音那易得？風簷展誦意爲舒。」當不難想見其風發的志意和氣概。然而成先生之所以有此仁者的胸懷，首見於其〈憫亂〉詩云：

> 我欲爲鳳凰，振翮翔九霄；以『德』王羽族，直徙東方梟。又欲爲祥麟，馳騁遍八荒；以『仁』化百獸，率舞來虎狼。更欲爲蛟龍，揚鬐滄海湄；以『威』懾鱗介，翦盡鯨與鯢。傷哉世昏亂，人道亦已息；寰宇發殺機，群狙恃其力。有德豈有鄰？無仁乃無敵。麟兮遊非時，鳳兮至何寂？潛龍嗟勿用，當路驕虺蜴；側身天地間，百憂涕橫集。大同企孔丘，兼愛懷墨翟；滔滔誰與歸？斯人不可即。

先生於抗戰初期，即有此宏願：思藉「德」、「仁」等人道精神感化世人，然而人道本身的力量畢竟有限，因此成先生又提出了以「威」來制暴的呼籲。可惜我國防武力又不振，舉世昏亂，要想實現孔丘、墨翟的大同、兼愛理想世界，談何容易？

民國三十二年（西元一九四三年）雙十國慶，實爲蔣中正先生就任國民政府主席之期。是時，抗日戰爭已進入第七年，由於先前日軍野心勃勃，分頭襲擊美國珍珠港、進攻香港，因而引發英、美的對其宣戰，並主動放棄在華特權。我國此際已與美、英、蘇同列爲世界四強之一，政通人和；欣逢佳節，衢歌巷舞，歡聲洋溢，成先生乃撰〈雙十篇〉以紀盛典云：

日月煥光華，萬方歌有慶；時逢大有秋，國啓中興運。建邦數雙十，猗歟今獨盛；吉日際昌期，明良發高詠。元首領元戎，巖廊布新政；所貴主在民，功軼堯與舜。教戰逾六年，堂堂峙堅陣；聲威被四表，桴鼓遠相應。義幟得同仇，哀兵知必勝；東虜漫西侵，中原行北定。島櫻紅可憐，鯨囚等獸困；哀彼民力殫，室已等懸磬。掎角恃群狙，狡焉日思逞；霜風摧柏林，大秦先不競。合圍勢已成，四面楚歌聽；艨艟蔽海昏，士馬入秋勁。會驅萬貔貅，直剪諸梟獍；吾華列四強，修睦重講信。勞哉領袖身，八方資坐鎮；吐握急求賢，十年勤教訓。感此告邦人，報國要隨分；文官不愛錢，武夫可蹈刃。金石結精誠，風雷一號令；先公而後私，前徽企廉藺。靖難賴同心，圖強爭一瞬；甲兵天府雄，城郭蜀山峻。沃野多寶藏，金臺集英俊；人傑炳地靈，眞成二難并。鳥道闢康莊，乾坤看整頓；朱旗高絳天，勝節紀山郡。衣冠趨明堂，萬國盡來覲；列炬照千門，柏枝青掩映。鐃吹沸重霄，歡聲屋爲震；即茲驗輿情，鬱久志彌奮。毋忘在莒艱，已卜收京近；樓船待東歸，江波碧如鏡。妖氛蕩扶桑，楛矢貢肅愼；大酺賀太平，屈指明年更。

意謂：蔣委員長領導抗日已逾六年，今正式就任國府主席之位，適值雙十節，吉日昌期，萬方稱慶。日寇窮兵黷武，民力已盡；彼雖與西方的德、義互爲掎角，但墨索里尼被囚，義大利無條件投降後，立即反過來對德宣戰。合圍之勢已成，德、日等國形同困獸之鬥。我國今列四強之一，凡我同胞，應謹記岳武穆：「文官不愛錢，武將不怕死」遺訓，克盡本分，同心靖難。重慶天府，地靈人傑，值此國慶佳節，萬邦來覲，民心振奮，收京之日爲期不遠。其中「毋忘在莒」一語，雖係典出《春秋左氏傳》所載齊桓公早年爲公子時避難莒國的一段史事；但卻是後來—民國四十一年元月，蔣公題渤金門太武山巖靈感的根源所在。

由於日寇之所以敢侵略我疆域，荼毒我生靈，主要是因我國力不如人。故而成先生特爲巖廊獻計，主張一切以建國爲先。其〈建國篇〉云：

布衣昌衛祚，篳路啓楚疆；蕃興鑑前史，端在人謀臧。建國今百端，至計資巖廊；元首宵旰勞，所冀臻富強。中山演法乳，民主森憲章；曰五大建設，遺教何煌煌。十年務生聚，多士儲序庠；經濟與軍事，凝合爲國防。日新勵盤銘，鴻業良未央；願以告儔類，報國罄所長。或爲青郊農，稻麥貯萬箱；或爲黌舍英，風教敦五常。或職司軍旅，固圉完金湯；或殫精伎藝，制天回陰陽。或孳貨於地，富擅鹽鐵場；或服賈於外，奇操東西洋。凡有利邦族，行矣毋怠荒；旁挹歐與美，上纘羲與黃。萬眾一心志，其力不可量；修塗騁長轡，誰能限王良。紀年以億萬，履端迎百祥；春雷起沉陸，劫運銷紅羊。光華旦復旦，麗旭懸東方。

意即：蔣委員長宵旰圖治，奉行　國父遺教，以求富強。故凡我同胞，不分農、教、軍、工，或是商賈，必須同一心志，恪守本職，開物成務，毋怠毋荒；如此不僅劫運能銷，連光華也可復旦了。

又因爲建人乃建國之本，於是成先生復寫成〈建人篇〉，以諗國人。其所以題作「建人」，亦即樹人的意思。原詩爲：

大漢方中興，百廢待修舉；建國先建人，往事可徵古。軒后致風牧，虞廷重元愷；郁郁乎成周，庠序遍都鄙。天府登才賢，三年一大比；下逮蕞爾鄭，鄉校戒摧毀。卓哉漢與唐，昌學達治體；圜橋蒞車駕，瀛洲耀冠履。匡國萃群彥，於焉開盛軌；爲政在得人，千載有恆理。何況締新邦，鴻業運初啓；大廈急棟梁，良材搜杞梓。養士宜有方，樹人豈容己；眾志聚成城，萬流匯諸海。不惟念菁莪，直當採葑菲；我願陳數義，作歌寄微旨。三物先述德，六藝首崇禮；周官記考工，漢志列方技。所望今司徒，陶鑄羅眾美；講舍警荒嬉，上繼子韓子。文翁蜀郡守，子游武城宰；聲教獨斐然，絃歌眞莞爾。所望邦邑賢，勵志振衰靡；勿使餼羊廢，定看威鳳起。耆儒數鄭胡，淑世功堪紀；宋曰治事齋，漢云通德里。所望山澤臞，衛道無自詭；將相出其門，有爲亦若是。仲尼論燔肉，穆生爭酒醴；蒲輪迓申公，金臺招郭隗。所望樞府魁，握髮兼倒屣；英雄入彀中，興邦庶可幾。我更有餘辭，願言勗多士；篤學期致用，行己貴有恥。有志事竟成，端視力行耳；鵰鶚正張翼，魴魚復赬尾。奮發當自今，河清不我俟；莫嘆臣饑朔，莫羨舟逃蠡。勠力爲神州，我生國不死；萬物方向榮，和風燦紅紫。持以喻新邦，春臺在尺咫。

意指：歷朝爲政，首在得人，蓋中興以人才爲本，而人才有賴平時的培養，因此要效法文翁守蜀郡、子游宰武城時的廣設學校，聲教斐然。更要以對待申培公、郭隗的優禮來延聘如鄭康成、胡安定這樣德高望重又博學淹通的明師宿儒。當然課程科系，門類要多，纔能陶鑄眾美；不過一切仍以修身爲首要，因此必須崇禮尚德，行己有恥；並懸韓文公：「業精於勤荒於嬉」的格言，作爲鍼砭，期能學以致用。此外，又深深冀望中央能有禮賢下士之心，使所有雄才都能當路在勢，國家庶幾可以復興。最後又勸國人，當此內憂外患交迫之際，不要逃避、不要埋怨、大家同心協力，抱定「我生國不死」的信心，堅忍卓絕，奮鬥到底，光明必然在望。

成先生又以爲：古代視兵戎爲國家的大事，孔子所重的就是足食足兵；更何況對日抗戰尤須經武，於是本著「建國必先建軍」之義，撰成了〈建軍篇〉，原詩云：

人類生有欲，物競擇自天；勝敗見優劣，進化理固然。立國於天地，武備詎能捐？昔在軒轅世，義戰輝阪泉；蚩尤終授首，文物啓山川。堯舜以德王，氛祲猶蔓延；兩階舞干戈，有苗竄窮邊。下逮周秦漢，聲教敷八埏；楛矢來肅愼，梯航接朝鮮。率土示賓服，武功照簡編；戰則固吾圉，耕則歸其田。兵農制合一，厥善莫大焉；板屋頌秦襄，車攻美周宣。及今歌大風，如聞士控弦；惜哉晉南渡，胡禍中百年。禁亂失魁傑，寰宇淪腥羶；有唐大一統，隋實開其先。府兵萃精銳，臨陣百當千；群雄死鹿下，諸酋伏馬前。可汗上尊號，名並天日懸；彍騎寖弛廢，徵募互遞嬗。兵力既不競，趙氏斯播遷；北族尚驍勇，騎射宿所研。明祖乘其敝，揮戈定幽燕；流寇晚驛騷，清遂規幅員。綠營蕩無紀，王氣亦就湮；興亡視青史，兵甲貴利堅。強者甌不缺，弱者瓦難全；就中積苛蔽，號令君獨尊。國父起南服，革命張民權；將兵先將將，黃埔毓豪賢。用復我邦族，直扶危與顛；蔣公紹遺緒，志業恢戎旃。朔南靖多難，懋績昭坤乾；經武瘁心力，士馬何精妍。更有青年軍，後起方連翩，貔貅踰十萬，奮勇爭著鞭。平原習車騎，橫海待樓船；禦倭今八載，殘日薄虞淵。勝算操自我，行當奏凱旋；萬國締和平，六合無烽煙。營衛且勿毀，其豆休相煎，興亡視鴻烈，請誦建軍篇。

意謂：一個國家之所以能立足在世界上，必須仰賴國防。從前黃帝與炎帝之後戰於阪泉之野，完全是爲了正義，纔得以光耀天下。舜舞干戚，有苗乃服。到了周、秦、漢等朝，行兵農合一制，國力漸強，聲威遠播。可惜晉室南渡以後，蒙受胡禍將近百年。隋朝改採府兵制，士卒精銳。有唐承之，遂成大一統之局，諸酋同上「天可汗」的尊號。宋太祖趙匡胤以杯酒釋兵權，用徵、募兩種兵制互爲遞嬗，兵力不競，遂被蒙元所取代。蒙古族驍勇善騎射，明太祖乘其敝，揮戈而定鼎天下；後來，流寇四起，引來滿人入關。清末因綠營軍紀蕩然，王氣就湮。於是國父號召革命志士，驅逐韃虜，創立民國。特令蔣中正先生建軍黃埔，完成東征、北伐，使國家獲得統一。爲了抵禦外侮，更以「一寸山河一寸血，十萬青年十萬軍」的口號，鼓舞愛國志士加入青年軍；八年的艱苦抗戰，終於得到勝利。詩的結尾，成先生殷殷寄語；雖然天下太平，戰爭不再發生，但我國軍的營衛切不可輕易撤銷；而且國共間的歧見也應該化解。要之，歷代政治的興盛或衰亡，端視兵甲的利堅而定。

中日戰端，雖爆發於民國二十年（西元一九三一年）九月十八日夜日軍突襲我東北，侵占瀋陽的九一八事件；然而我全民抗戰，高揚義旗，其實應從民國二十六年（西元一九三七年）七月七日的盧溝橋事變算起。成先生的〈七七篇〉有序云：「盧溝月影，黯清曜於層霄；櫻島花魂，幻殘紅於落照。歲華七易，海水群飛。極目山河，幸秦關之無恙；寄懷篇什，祝禹域以重光。」原詩云：

七七號良辰，雙星會河涘；縱云曆日殊，總覺兒女喜。神州屬多艱，志士齊奮起；抑彼黃姑歡，雪我黎庶恥。燕私何足言，鴻烈正堪紀；曰歲在戊寅，驕陽肆秋始。群盜紛驛騷，中原遍瘡痏；島倭乘厥危，鐵騎犯東鄙。我軍與交綏，義戰局斯啓；易水劍光寒，燕山鼓聲死。鎖鑰隳北門，王城半如燬；咄哉海上鯨，鷙毒甚豺虺。恃其兵器精，奔突勢靡已；秣陵吾所都，萬方繫瞻視。恐被虜塵污，暫教神器徙；朱旗照漢皋，鐵鎖沉江底。計欲誘群狙，聚殲山谷裏；寇果中吾謀，深入陷泥滓。楚峰高矗天，斷無飛越理；建瓴況上游，夔巫在尺咫。三峽固金湯，青天開玉壘；蠶叢煥舊邦，鵷序趨多士。條教肅樞庭，精誠動遐邇；地利兼人和，中興日可俟。回憶寇張時，驕妄殆無比；三月議亡華，出言抑何侈。我戰則愈強，忽忽七年矣；多助得瀛寰，勢成角相犄。關東馬不前，海南龜曳尾；鼠竊寧久長，驢技祇如此。三旬書格苗，六月歌采芑；會策熊與羆，盡驅蛇若豕。樓船下益州，江波碧千里；收京告太平，入望金山紫。田園歸去來，城郭依稀是；一笑向銀河，雙星慰延佇。

意乃：夏曆七月初七日，本係天上牛女雙星鵲橋相會好夜晚；卻想不到國曆七月七日島倭竟假演習爲名，砲擊我宛平，爆發盧溝橋事變。十日後，蔣委員長終於宣布；此係中國「和平未到絕望時期，決不放棄和平；犧牲未到最後關頭，決不輕言犧牲」的最後關頭。詎意八月十三日，日寇又進犯我松滬。在十二月十三日，南京淪陷前，我中央政府遷都重慶。憑著楚峰的高聳，三峽的天險，終於誘敵深入，而陷於泥淖之中。使其「三月亡華」的狂言，終成泡影。而我國軍則愈戰愈強，與入侵者已成犄角之勢。鼠輩竊行豈容久長？黔驢之技不過如此而已。不久，我大軍終當自西川順長江東下收復南京，向紫金山中山陵寢謁告天下太平。歸回田園，城郭依舊；那時，銀河上牛郎織女也將欣慰而延佇移時了。

按此詩收尾：「一笑向銀河，雙星慰延佇。」成先生另於〈乙酉七夕倭降別紀〉詩前有敘云：「蓋以盧溝事變，肇自二十六年七月七日，爰於篇什之中，隱寄凱旋之意。今日本適於舊曆七夕（國曆八月十四日）來降，巧合若斯，不可謂非聖戰中之佳話也。」說明得非常清楚，可供參考。

民國三十年（西元一九四一年）夏，美軍陳納德中將，以服務中土，積有歲年，於是返美組織志願空軍，亦即世人所稱的「飛虎隊」，來華助戰，正義所向，頓挫蝦夷。翌年三月，旋受命改組爲第十四航空隊。殲除敵寇，迭奏膚功。成先生以爲：「其有裨於抗倭軍事前途，尤爲深鉅。比聞解職歸休之訊，殊切臨風惜別之情。金碧山頭，如聞軋軋；蔚藍天外，不盡依依。」於是撰成〈飛虎篇〉云：

兵器日以蕃，古今戰異術；固國豈谿山，層空露罅隙。制地不制天，其險渾若失；嗟我遘多難，經武功未畢。寇從東海來，鴟鴞毀我室；文物雜摧燒，田廬半灰滅。眞見海生桑，直疑天雨血；西方有美人，念此心惻惻。被髮而纓冠，願赴人之急；奇兵自天降，萬里遠從役。風雲護九霄，雷霆奮一擊；疾如鳶戾天，猛若虎生翼。泠然御長風，去天纔咫尺；鋒銳孰敢攖？士一以當十。遇者立披靡，窮寇氣爲懾；潛襲類狗偷，圍殲難兔逸。東還遺片羽，滅此誓朝食；重雲結爲羅，妖鳥豈容入。空際峙長城，鯨氛看漸戢；凡茲摧廓功，端賴飛虎力。當其搏鬥時，天日黯無色；眼中龍血黃，頭上陣雲黑。魔壘決雌雄，胡雛爭辟易；群飛不剌天，一敗乃奔北。驀地隕流星，紛紛榱棟折；多少穴居人，聞之皆震慄。移時毒霧斂，江清復月白；退鷁飛不前，荒鷲匿無跡。士庶得安恬，山川自寧謐；四海共一家，五年如一日。盛績志不忘，合並燕然勒。昔聞有天馬，其來自西極；葡萄入漢家，區宇定於一。而今有飛虎，義勇昭異域；車書兆大同，功成當可必。他年紀青史，請爲書特筆；聖戰肇抗倭，多助欣有獲。堂堂飛虎隊，遠道來鄰國；射日墮金烏，聲威殊炳赫。借問主者誰？將軍陳納德。

意謂：由於科學的日新月異，武器發展越來越精良；因而戰術也相對地改變了。過去可以憑谿山的險要鞏固國防，但今日卻得看是否擁有制空權了。可歎我邦家多難，全國方待統一之際，日寇即乘隙進犯，文物被奪，田廬成灰。幸有美利堅志士，心懷惻隱，急人之難，組成飛虎航空隊，萬里前來助我捍衛領空。當窮寇來襲時，陣雲密佈，天日無色，飛虎隊以一當十，所向披靡，於是鯨氛漸戢，使我山川寧謐，士庶重獲安恬。將來修纂國史時，自有專篇記載。

民國三十四年（西元一九四五年）七月二十六日，美國總統杜魯門、英國首相邱吉爾，於德國柏林西南波茨坦專區首府集議之頃，商得我國民政府蔣主席同意，提出三國領袖聯合公告，促倭國無條件投降。全文計列十有三款，義正詞嚴，眞乃人類歷史上最具劃時代性的偉大文獻。殘寇將平，凱歌不遠，因而成先生寫就〈受降篇〉云：

昔有張仁愿，塞外振威名；一爲朔方守，三築受降城。群虜盡慴伏，邊塵迥不驚；迄今想遺烈，青史何崢嶸。輓近値凌替，蠶食肆東瀛；倭奴怨報德，黷武恃戰爭。毒燄冉冉下，胡馬蕭蕭鳴；煙塵起東北，綠野農廢耕。千村付焦土，一路餘哭聲；城似嘉定屠，卒並長平坑。血淵與尸岳，殘酷非人情；我乃起禦侮，前驅揚旆旌。豈曰無裳衣，與子歌偕行；當軸秉英斷，圖治方勵精。八年遏頑寇，持之以艱貞；敵巧我則拙，敵僞我則誠。朝朝警薪膽，步步披棘荊；危舟濟滄海，要使波濤平。撥霧見蒼昊，日即於光明；得道有多助，義幟輝連營。煌煌聯合國，共訂葵邱盟；元惡除務盡，死灰防復萌。德義旣授首，島櫻寧獨榮；神鷹空際翔，艨艟眼中橫。一擊便千里，巨力孰與京？欣聞波茨坦，議定中美英。迫倭速就範，條款一一陳；王師自遠來，合以壺漿迎。不然掃庭穴，巢覆卵同傾；因思古人語，謀國賴老成。蜂蠆尚有毒，怒獅那可攖？嗟彼首禍者，罪惡早貫盈。百死奚足恤？所苦蚩蚩氓；我爲倭民計，兩害當從輕。與其戰而死，曷若降而生？時乎不可再，倒戈刺長鯨。庶免陸沉厄，重睹國命更；陰霾豁九州，薰風被八紘。層樓遲佳訊，寰宇銷甲兵；舉頭紅日落，一笑黃河清。

意爲：在唐代武后時，張仁愿奉命爲朔方太守，曾築東、西、中三座受降城，用來防禦突厥，於是邊境安堵，功著竹帛。豈知今日倭奴好戰，殘酷成性，侵犯我國土，荼毒我生靈，血流成淵，屍積如山。我同胞忍無可忍，乃同仇敵愾，起而禦侮。本著拙誠以對抗巧僞的頑寇，歷經八年臥薪嘗膽，披荊斬棘的艱苦歲月，終於撥雲見日，得道多助，與美、英、蘇舉行頓巴敦橡園會議，確定戰後世界永久和平安全機構草案；並公布聯合國組織草案。德國既已步義大利後塵向盟國無條件投降，倭奴豈能倖免？中、美、英三國領袖從波茨坦發表聯合公告，提出十三條款，強迫日本速速就範，否則直搗庭穴，覆巢之下恐無完卵。彼寇首惡貫滿盈，死無足恤，所苦者乃其百姓，宜早覺醒，庶免亡國滅種的厄運。

按波茨坦聯合公告發表十天後，美軍第一枚原子彈投於廣島；八月九日，第二枚原子彈投於長崎。由於日人死傷慘重，軍閥無奈，次日祇好接受條款的約束，履行無條件投降。成先生當時因佐委座戎幕，洞曉整個中國戰區以及世界局勢的脈動。故能如其所預言，不超過二星期，即九州陰霾盡掃，甲兵可銷，「舉頭紅日落，一笑黃河清」。到了八月十日那天傍晚，當勝利的消息傳來，舉國歡騰，重慶市民尤其興奮。據成先生〈渝都凱唱〉詩前敘云：是時「鐃歌競作，爆竹爭喧；壯馬朱輪，飆馳道左。垂髫白髮，雀躍街頭；萬象紛陳，動人心目。」於是就在秋窗燈下，寫成了七言絕句數章，諸如：「手指長江話歸計，明朝買棹過巴東」等句，即為當年避難異鄉遊子心聲的最眞實寫照。究其中心思想，也離不開「忠愛」二字。

在成先生晚年時期，凡有關感懷國事之作，較多採用七言律詩的體制來抒寫；而所表現的手法也由早年「建國體」五言古風—賦的鋪陳直敘，改換成了比興。因此，詩境也更趨於委婉溫厚。如〈瀛邊〉云：

玁玁商飆戒早秋，荒荒白日黯神州；極知惡草仍滋蔓，不謂明珠竟暗投。牛耳幾人矜霸業，鳩媒一例誤靈脩；瀛邊小立波初定，終信還都仗習流。

按此詩題下有附註云：「民國六十年七月十六日，美總統尼克森訪問北平。」首聯先從時令、地點敘起，藉一個容易觸發人們悲感的初秋天氣，與暗淡悽慘的中國大陸景況，襯托出其沉鬱的心緒。頷聯批判尼克森的訪問僞政權，乃是不智之舉。頸聯則除了微諷尼氏媚共，無異自失其在自由民主世界的領導地位外；更對他派遣國務卿季辛吉赴北平密談，損人誤國，予以譴責。末聯則化悲憤爲力量，結出我復興基地全國軍民同胞「莊敬自強，處變不驚」的眞義；並且堅定了「反攻必勝，復國必成」的信心。

民國六十年（西元一九七一年）十月二十日，美國國務卿季辛吉再度赴北平，謀與我斷交，於是成先生將其滿腔忠憤，寫成了〈青史〉云：

五禁葵丘道已微，霸才翻覺到今稀；分庭鷹鴿喧浮議，起陸龍蛇競殺機。篝火不聞誅大盜，陣雲未信解重圍；帝秦策誤辛垣衍，青史他年罪有歸。

起聯較前詩「牛耳幾人矜霸業」一句，更進一層地慨歎今日以超級強國見稱的美國政府中，富才略、有遠見的謀士爲甚麼如此缺乏？對於蓄意赤化世界的侵略者，竟也絲毫無約束或嚇阻力量。頷聯指美國議壇鷹、鴿兩派，或主戰、或主和，喧聒不休，始終拿不出一套對付共黨有效的辦法；以致讓囂張好戰的共黨，趁機坐大，擴張滲透顚覆的陰謀，而危害自由世界。頸聯進一步指出美國對於慣用妖術惑衆的共黨，不能訴諸武力，予以痛擊，甚至殲滅；卻想藉談判的方式來解決問題，終必養虎貽患，無法求世界永久的和平。尾聯把姑息養奸的過失，歸之於季辛吉，將來歷史不會饒恕他決策的錯誤。

民國六十一年（西元一九七二年）秋，日本政府不顧二次大戰後，蔣公對其民族再造之恩，竟然與我斷交，於是成先生又濡其大筆，撰成〈櫻花〉云：

千株紅亂路三叉，隔霧驚看日又斜；枉自芳華矜絕代，未知飄蕩屬誰家？叢開慣倚參霄樹，易謝終成墮溷花；祇恐枝頭春意盡，隨風化作赤城霞！

此詩乍看句句在詠櫻花，其暗地裡卻是規諷日本。蓋櫻花原為日本的國花，它像徵著日本的國格。起聯對日本政府的首鼠兩端，給予一種身迷歧路，日暮途窮的鄙夷。頷聯更以惋惜的口吻，指出日本當局趨炎附勢，隨大國轉移，了無定見。頸聯承接上聯詩意，警告日本諂事強鄰，傍人門戶，將來一定不會有好下場。收尾深慮日本政府薰蕕莫辨，自陷歧途，終將好景無常，為共黨所赤化。成先生藉花喻國，託形寫意，深得詩經比興的優良傳統。

自美國總統尼克森因水門案件，在民國六十三年（西元一九七四年）八月九日宣布下台；翌日，副總統福特即繼任第三十八任總統。隔年十一月二十九日，福特亦重蹈覆轍，往訪北平。六十五年（西元一九七六年）十一月三日，美國大選揭曉，卡特擊敗福特，於次年元月三日入主白宮，國務卿也由季辛吉換成了范錫。但美國執政當局仍對中共心存幻想，繼續從事所謂「關係正常化」策略；於是六十六年（西元一九七七年）七月八日，又派遣范錫訪問北平。成先生有感於世局的險惡，因此寫成

〈西槎〉云：

星辰昨夜晦秋旻，報道西槎叩析津；火燼黃圖仍幻劫，風迴碧海漫揚塵。殘民闖獻終無幸，立國軒農自有眞；八億含靈誰敢侮？堂堂天畀自由身。

按首聯「析津」，即藉遼時所置轄有今北平及其附近諸縣的析津府，暗指范錫在秋夜飛往北平訪問。頷聯轉寫中國大陸久歷兵燹之災，現仍未已，希望美國當局能幡然改圖，使之歸於平息。頸聯係謂殘民以逞的暴政，在我正統思想下，必遭國人唾棄，絕無倖免。末聯詩筆一振，繳回前意，指我八億同胞，天賦自由民權，誰敢出賣我具有五千年悠久歷史文化的中華民族！⑤

以上數首，句句有來歷，篇篇無空文，都具有深切的現實意義和歷史價值。除了囊括盛唐杜工部的沉鬱頓挫之外，又頗受晚唐李義山深微密緻詩風的影響。尤其難得的是：這些諷喻詩，成先生仍然一本其「忠愛」的至忱而寫出的啊！

四

《楚望樓詩》的忠愛志趣，完全係自然地流露在字裏行間，俯拾即是；由於篇幅所限，未容多所闡釋，茲謹依「忠黨國」、「忠職守」、「愛同胞」、「愛家庭」四者，臚列如下：⑥

(一)忠黨國

澄清會有日，敢向大江誓。（秋感・乙酉三十六歲作於重慶）

青郊正賴玄靈護，默爇心香禱太平。（謁中山墓．丁亥三十八歲作於南京）

用夷變夏寧天意？濟濟群賢憂國事……勝負昭然事可知，河山還我復奚疑？（涵初先生出峽圖歌．戊子三十九歲作）

願挽陸沉堅眾志，止戈重返九州春。（十年）

平居懷故國，今夕問何年？（南行至金華度歲）

中興一念堂堂在，嶽降河清會有期。（神皋）

儻憑願力回天地，合起英髦護國家。（民國四十二年高考典試作於臺北）

誓摧鐵幕補金甌，四萬萬人齊奮起。（義士；乙未四十六歲作）

報國家可毀。（默君先生以所藏古玉捐獻政府作詩紀之，丙申四十七歲作）

觸我九州沉陸痛，排淮瀹濟更何年？（葛樂禮颱風肆虐，癸卯五十四歲作）

驅彼群醜虜，還我佳山河。（青年節勉青年從軍，庚戌六十一歲成）

(二)忠職守

生恐一時遺白屋，從知萬選屬青錢；眼中人定伊誰是？天下憂宜我輩先。（民國三十七年高等考試被命典試賦呈同闈諸公．戊子三十九歲在南京作）

歌舞西湖又一時，興亡轉轂耐人思；吾曹要勵澄清志，放鶴騎驢兩未宜。（過杭州）

經國幾曾參政事，立身差未負儒冠。（調試院參事．己丑四十歲在廣西作）

廉介勵官守，吏治斯蒸蒸。（民國五十年司法節作，時五十二歲在臺北）

漸教世重科名價，敢負天分化育權。（高闈典試二十年紀以長句時民國五十八六年八月也）

安得化身千萬億，手扶赤子上春臺。（贈雲石・庚戌六十一歲作）

掄才報國平生志，要看華林月再圓。（承諸友惠和高闈紀事詩仍用前韻賦謝，戊午六十九歲作。按作者有註云：昔「南京考試院，舊有衡鑑樓在華林圖書館旁，為高等考試閱卷之所。」）

㈢愛同胞

荒郊似聽窮黎泣，劇郡寧容黠虜窺。（憶衡陽・甲申三十五歲作於重慶）

歌哭為蒼生，史筆期無負。（送君簡赴平・乙酉三十六歲作於重慶）

長懷飢溺心，看天淚難制。（秋感）

默倚層樓人待旦，萬方飢溺總關情。（長空）

箇中似有飢民淚，化作遙空雨萬絲。（江上）

收京要溥同胞愛，莫負來蘇渴望人。（入都口占・丙戌三十七歲作於南京。）

願持飢溺意，一例視冤親。（此身）

何時廈萬間？一齊寒士色。（雪中雜述）

筆花一夜占春光，……要與斯民解倒懸。（獻歲）

何限生黎烽燧裏？焚香我為禱太平。（十年・丁亥三十八歲作）

近事嗟河決，彌天付血腥，流亡誰更繪，鄭筆已無靈。（夜坐念水災．戊子三十九歲作）

萬千間廈吾曹事，未信他年願竟違。（九秋）

極目今神州，蒼生苦塗炭。（早起．庚寅四十一歲作於臺北）

願挈多士起衰敝，乘時共濟生民艱。（默君先生示闈中長歌即次其韻．壬辰四十三歲作）

期將胞與意，拯此溺飢身。（己亥初秋台員中南部大水．時年五十歲）

平生胞與意，無計遏橫流。（民國七十年七月十八日典試闈中夜聞溝子口大水）

(四)愛家庭

靈椿痛凋謝，廬墓阻烽煙……表阡愧未能，萬感集中夜。（弧矢吟．三十二歲生日作於重慶）

群盜滿故山，慈闈隔兵火；……板輿奉清娛，潘生眞勝我；……春寒身上衣，思之淚潛墮。（同上）

江南兵火阻歸船，苦累戡親望眼穿；……坐聽諸雛喧笑語，幾時攜拜北堂前。（生日．時癸未年三十四歲）

夢回赤燕村前路，腸斷黃牛峽裏人。（清明．有序云：「巴渝旅食，六度清明，計自喪亂以來，未獲展謁先君墓田者，蓋逾八稔矣。杜鵑如泣，村燕未歸，感賦俚辭，用申哀慕。」）

老母嗟行役，遙天隔戰場；今宵如有夢，萬一過龍塘。（忽忽．甲申三十五歲作）

萬里訊傳鯨斬未？幾封書寄鴈歸遲。（憶衡陽．有序云：「烽火三湘，親朋萬里。寄書不達，念尺鯉於江潭；小立沉吟，望蜚鴻於天外。」）

破虜倘償橫海願，辭親猶累倚閭勞。（峽外）

關河十載隔慈顏，夢繞江南處處山；準擬樓船東下日，親扶鳩杖告生還。（元日．乙酉三十六歲）

十載夔門游子淚，江頭日日盼歸舟。（重瀛．丙戌三十七歲作）

十年歸阻龍溪棹，苦累慈親日倚門。（南飛曲有序云：「三十五年四月二十二日，由渝之京，於飛行中得絕句八章，寫示海內親友。」）

青鳥虛緘札，黃牛足險灘，吾生有天相，知汝定平安。（遲素瓊消息不至．按此係成先生隨政府勝利還都南京後，佇候夫人徐文淑素瓊女士，携子女來京相聚所作。）

蜀水吳山路幾千？移家此日累君偏；提攜苦念諸雛小，信息翻輸旅鴈先。（聞素瓊舟過宜昌喜賦）

慈烏戀子號長夜，客燕移巢少定居；遺鮓戲雛無一可，年年此日總愁予。（楚雲．按此係丁亥三十八歲生日之辰，成先生以人在南京，未克晨昏定省，盡孝萱堂，愴然而作。）

倚閭今白髮，日日念征衣；似此兒安用？依然客未歸。晨昏虛漢臘，風雨負春暉；夢裏慈烏翼，何時一奮飛。（龍川書來憮然有作）

十年兵火供離亂，一角溪亭挂夢魂；行馬任輸東閣貴，慈烏已負北堂恩。（家山）

密密手中慈母線，迢迢天上老人星；懸知鶴髮千莖白，苦憶龍山一角青。（歲盡）

誰遣獨勞輸燕息，我緣多難負烏私；……楚尾吳頭風雪裏，未成迎養況歸遲。（壽母辭，按民國三十六年丁亥十二月，逢成母紀太夫人七十大壽，詩前成先生有序云：「板輿東閣，嗟迎養之未能；萱草北堂，欲告歸而屢誤。風雨如晦，關河阻修；載瞻白雲，百感交集。因念十五年來，校書中祕，簪筆詞林，曾應邦人燕喜之求，不乏天保岡陵之詠；乃獨於慈親稱慶之日，篝燈永夕，竟未獲一罄其辭。良以吾母相先君，振門業，鞠子女，恤孤寒，其稟賦之慈仁，經歷之艱苦，有非楮墨所能盡，而不肖德薄能鮮，志業靡成，壽言之作，蓋猶有待。今謹書俚句，遠奉高堂。歲暮天寒，徒寄春暉於眷戀；風恬樹靜，願聞竹報之平安。」）

加餐但祝慈親健，說餅還憐稚子嬌。（中秋日作．戊子三十九歲在南京）

因君念慈母，白髮遠江鄉。（撰可風堂記寄惠威同年）

夢裏雞聲南閣子，燈前鶴髮北堂人。（爐邊）

平生倔強無多淚，不爲悲愁向客彈；誰分思親憂國外，今朝償汝萬汍瀾。（芬兒哀辭．己丑四十歲。居廣西梧州百日，成先生八歲孿生長女中芬，忽得高熱症，殤於七月十七日，瘞負郭北山松林下。）

貽我連理枝，報君古井水；我行雖云遐，我心則孔邇。世事倘可爲？奮飛自今始；經國資雄文，燕許慕前軌。終當還故山，功成歌燕喜；四海共昇平，百年相爾汝！（東行寄素瓊．按此係民國三十八年歲杪，成先生攜長子中英，隨政府由成都遷臺途中所作。）

老母避兵違燕喜，將軍破虜望龍驤。（人日．庚寅四十一歲在臺北作）

養親莫待椎牛悔，說與風簷士子知。（壬辰高闈典試巡視臺北試場因念兒時趨庭故事感賦此篇兼貽多士．按是年成先生四十三歲）

早持貞白恢門祚，直借丹青厲孝忠；隕我披圖無限淚，慈雲今亦隔西東。（題周慶光教授故山別母圖，己亥五十歲作）

江南月與海東雲，歷歷巢痕驗世棼；百事綢繆都勝我，四時將護總勞君。朱顏不駐新銅鏡，白首長甘舊布裙；投老幸餘鴻廡在，晚窗相對話晴曛。（壽內子素瓊．甲子七十五歲作）

從上舉諸詩句，語語眞實，在在可以展現成先生的忠愛志趣，而且這一切皆發自他的肺腑；如果我們進而再觀其「此心未許纖塵玷，坐對盈盈一水清」；「心源不滓在無邪」；「平生清自許，肯負在山泉？」「鄙吝都從一念生，蟠胸涇渭要分明；君看濁水溪頭過，何礙心源自在清」；以及「此心不許塵污染」等詩句，⑦不難想像成先生人格的高潔。因而其詩篇中所流露的忠愛思想，當係自然而然的事了。

五

《東坡詩話》曾說過：「古今詩人衆矣，而子美獨爲首者，豈非以其流落飢寒，終身不用，而一飯未嘗忘君也歟？」⑧愚以爲：詩聖杜甫之所以每飯不忘家國，其實就是一種「忠愛」情操的沛然從胸中流出，所謂待境而生，不煩繩削即自然相符；而成先生《楚望樓詩》所以獨具忠愛之恉，正與此不謀而合，如出一轍。

又：唐人白居易在〈與元九書〉中所提及的「上……以詩補察時政，下……以歌洩導人情」；「

文章合爲時而著，歌詩合爲事而作。」即堅持文學的第一義在反映時事，表現人生。而《楚望樓詩》即特重此一以「興寄」和「諷喻」爲主的載道、經世的優良傳統。尤其今日文壇所最欠缺的正是成先生這種具有時代意義，足以激發民族意識，陶冶愛國情操，端正社會視聽與重視家庭倫理的詩篇。

此外，我們應知成先生的大忠大愛可以說是由孝擴充而來的。由於他生逢國家多事之秋，十八歲即離開家鄉，到武昌苦讀，二十三歲更遠赴南京就業。四年後，又遇上了八年的艱苦抗戰，隨軍校疏散到四川；與慈親睽違，竟達十年之久。三十七歲時，隨政府勝利還都南京；三十九歲那年，又因局勢逆轉，不遑寧處，由南京經杭州、過金華、蒞衡陽、抵廣州、留梧州、赴成都；隔年歲杪，又由成都隨政府播遷臺灣，於是遂與老母永隔，而長抱終天之痛。從成先生一生的行跡來看，可說是「移孝作忠」，再由「大忠」擴充爲「大愛」。上爲忠黨國，下乃忠職守，外即愛同胞，內則愛家庭。這樣就構成了《楚辭樓詩》的思想主體。所以說：《楚望樓詩》的主要志趣，應該不外「忠愛」二字了。

【註　釋】

① 按此卷前半部曾出單行本，取名《入蜀集》。

② 按成先生庚寅年的作品，大致爲〈京雒〉、〈滄溟〉、〈早起〉、〈涉江〉、〈答和木下彪教授四首〉、〈神皋〉等。又此卷前半部亦曾出單行本，命書名爲《南冥集》。

③ 按成先生幼名良貴，學名笛仙，初仕時又名滌軒，後正名爲惕軒。

④ 按成先生在民國三十六年六月八日郵寄國防部預備幹部局江應龍參謀函中，曾附書《華國新聲》一本，其內容當包涵此「建國體」等詩篇。又：本論文中所引成先生的詩篇或佳句，凡有關忠愛思想者，皆以黑點標明其右，讀者稍加尋繹，當可了然，無勞辭費。

⑤ 參陳弘治教授〈論成惕軒委員詩中的時代意義〉，文收《成惕軒先生紀念集》（臺北文史哲出版社，一九九〇），頁四〇四—四一三。

⑥ 以下所引諸詩句，皆依成先生寫作年代的先後次序而列。在每一年中作品的第一首，皆註有干支、作者年歲及居住地點。關於作者年歲部分，係以虛歲計算。

⑦ 按以上諸詩句，依次錄自〈溪頭次楊亮老韻〉、〈抑鳳〉、〈華岡詩學研究所作〉、〈龍潤〉及〈東鯤紀游〉之五、六等作品。

⑧ 語見《草堂詩話》卷一所引。文收《百種詩話類編》（臺北．藝文印書館，一九七四），上冊，頁三三八下欄。

（按：張之淦先生賜函云：「康廬諸著，足下於其駢文，則析尋其句法、結構；於其詩作，則探繹其意趣、精神。兩俱深研獨至，足以闡發淵微。尤其篤於師門風義，求之今世，爲極難能也。無任佩挹，且復歡喜讚歎！」）

臺閣文學的集大成

——論楚望樓駢文屬對之工巧

陳慶煌

壹、前　言

自中原鼎沸，樞府遷臺，吟詠之風，雖然仍持續不斷，但對於駢文一藝，①求其文備衆體，無所不宜，蘊積溫厚，拳拳忠愛，字裡行間，時時流露故國喬木之思者，則非陽新成惕軒先生莫屬。②先生一生所作駢文，數逾三百，嘗選錄二一五篇，名爲：《楚望樓駢體文》，分成內篇、外篇及續編三輯，刊行於世。民國八十年七月文史哲出版社發行的《成惕軒先生紀念集》，在翰墨遺著類，有駢文十七篇；而《周棄子先生集》及《望海樓詩集》等，又各有駢文序一篇，共計留存二三四篇。

先生駢文係綆汲千載，牢籠百家，不宗一體，不法一派，講求寫作技巧，重視時代精神，無論形式、內容，並見充實。於是六朝渾厚之氣、三唐蘊藉之風、兩宋澹雅之致，兼而有之。更且所作必經月鍛季煉，未嘗輕發，故能一字不可移易。值此白話文學當道，固有國粹日微之秋，個人不敢奢言提倡，但實有加以研究的必要。

夷考駢文是一種文藝而兼音樂的特殊文體，其特徵凡五：一是裁對，即多用對句，便於記誦，易啓人感。二是隸事，即鋪張典故。三是敷藻，即力求文辭的華美。四是和聲，即協諧音律；其句中通常係雙平雙仄相間，句與句間必爲「仄平平仄」或「平仄仄平」的馬蹄韻，③因而氣韻曼妙，搖曳生姿。五是調句，即靈動句法；以四言與六言的句調作基本。由於屬對係駢文構成的第一要件，因爲一篇駢文必由許多聯對組合而成，故聯對乃是駢文的芻形。換言之，欲學駢文必先從屬對開始；而屬對之際，又必須同時兼顧到：聯對本身所使用的典故、辭采、句型及聲調，甚至還要講究段與段間的貫串、聯繫等。那麼就以屬對爲重心，然後再兼及其他，試圖對楚望樓駢文作一全面的擘探。

貳、駢文屬對之方法與特色

駢文必須屬對，屬對又稱裁對、或對仗、對句、對偶，以及排偶等；④無對仗則不足以言駢文。然而散文有時也須藉對偶來強化語氣，使其筆力靖凝，滋味曲包。不過散文對仗的方法與駢文有別。在修辭學上，凡是用字數相等、句法相似的兩個句子，成雙作對、排列成功的，即稱爲對仗。駢文的對仗，限制較嚴，舉凡意義、聲調、詞性、物性、數目、虛實等均須相對纔合規格。而散文的對仗就沒這麼多的限制，它在聲調、詞性、物性、數目、虛實等方面，均不必細究，衹要意義相對即可。至於所謂意義相對，並非兩句意義一定要相反；有時兩句意義相同亦可，甚至兩句不足以達意，又益以三句、四句、五句……而成排比句法，亦無不可。⑤

駢文的屬對是與一般聯語有所分別的，通常聯語都是出句以仄聲收韻，對句以平聲收韻；而成「平仄仄平」的收韻方式。駢文除了採行這種方式之外，更有上比以平聲收韻，下比以仄聲收韻；而為「仄平平仄」的馬蹄韻行文。似此平仄相間、聲調諧暢、音響絕妙的一種文藝而兼音樂之特殊文體，確實具有莫大的吸引力與可讀性。

又：駢文家因深受齊梁以後四六文「字協平仄，音調馬蹄」規格的限制，所以雙行的意念特別牢固，所作文章，大抵編字不隻，鍾句皆雙，修短取均，偶語充牣。故應該一言就可以說明白的，往往增為二言；祇需兩句話行文的，必分成四句。而且排比屬對，也儘可能地求其工穩貼切，予人在視覺上的美感，此即駢文最大的特色。⑥

叁、楚望樓駢文屬對之工巧

楚望樓駢文，對仗精工、排偶穩切，隸事必雙、使典皆偶，藻飾儷辭、靈動有致，調成偶句、平仄相對，段落綰統、遙相對應，可謂冠冕一代。迴環雒誦，則異彩紛呈，聲調鏗鏘，情思奔湧，真是神乎其技矣。茲分別論述之：

一、對仗精工．排偶穩切

劉勰《文心雕龍．麗辭篇》曾列出四種對偶的名稱，並舉例說明「言對」為易，「事對」為難，「反對」為優，「正對」為劣的對仗原則。六朝以降，藝事日精，對仗的方法，愈衍愈多，初唐上官儀有六對之說、釋皎然有八對之論，而日僧空海《文鏡秘府論》且擴充爲二十九種，可謂洋洋大觀矣。茲參酌衆家之說，臚列十九種共二十六類的對仗方法，並舉楚望樓駢文中的偶句爲例證如次：⑦

㈠**單句對**（又名單對，即單句相對。）

振蟄龍於巨壑；
躍怒馬於芳郊。（金門頌）

菤葹堅不死之心；
松柏葆後凋之操。（薪夢廬詩文稿序）

邁九萬里之鵬摶；
睨百二城如蟻聚。（美槎探月記）

㈡**當句對**（又名本句對、句中對、連環對或四柱對，即每邊各自爲對）

黃沙白草，委駿骨於窮郊；
碧海青天，印蟾心於永夜。（太岳詩草序）

曲屏團扇，時驚舞鶴之姿；
尺楮寸縑，總愜籠鵝之賞。（王愷和書法選集序）

西薇東菊，孤芳未合移栽；
後海先河，一脈寧容倒注。（讀清史儒林傳）

㈢隔句對（又名雙句對、偶句對、偶對，即第一句與第三句對，第二句與第四句對。）

世其家學，伯魚衍詩禮之傳；

少無宦情，元龍具湖海之氣。（瀛邊片羽序）

桓景遘災，竟乏囊萸之效；

山陽重過，但聞鄰笛之聲。（悼盧聲伯教授）

丹心炯若，豈惟江漢之來朝；

元首康哉，定與嵩衡而並壽。（總統蔣公七秩晉七壽頌）

㈣正名對（又名正對、切對、的名對、同類對、合璧對，即同類之物相對。）

伯溫瑰意，時寓賣柑之言；

廣平石心，無礙賦梅之興。（姜著我生一抹序）

奉先林壑，曾傳工部之吟；

香積雲峰，宜入右丞之畫。（法藏寺題記）

風塵涕淚，杜少陵無此亂離；

詞賦江關，庾子山同其蕭瑟。（南冥集跋）

㈤反對

1. 有無

注源頭之活水，潤物無聲；
溥域內之甘霖，舞雩有慶。（臺員喜雨記）
五花染翰，將軍號曹霸無雙；
千騎傳神，知己問孫陽有幾？（葉醉白畫馬題辭）
草廬無三顧之雅，既愧武侯；
相門有再上之書，卻羞韓愈。（致某君書）

2.同異

事殊嘉橘之踰淮；
義等他山之攻玉。（考銓文彙初編序）
博望之通西域，異此鴻猷；
仲升之護北庭，侔其駿烈。（吳忠信先生七秩壽序）
攢眉赴約，曾同枰外之觀棋；
拜手摛辭，何異佛頭之著糞。（春人詩選序）

3.內外

杜鵑枝外，咽笳吹於三更；
銅馬聲中，莽關河其萬里。（山房對月記）

牙旗小駐，碧雞金馬之間；
漢幟高揚，瘴雨蠻煙以外。（黃杰先生六秩壽序）
參主客於圖中；
寄酸鹹於味外。（不足畏齋詩序）

4.大小

託小隊於郊垌；
生大風於闤闠。（葉醉白畫馬題辭）
占大有以年豐；
喜小陽之春好。（鍾主計長時益七秩雙壽序）

5.高下

維嵩比峻，祥開武嶺之雲；
如海能容，清挹剡川之水。（嵩海頌）
掣鯨魚於碧海，力抗千鈞；
奮鵬鶚於層霄，氣凌八表。（韜園續集序）
上乖黃鵠之遠志；
下寒白鷗之舊盟。（寄兩兒書）

6.新舊

借風詩舊格；
寫時代新聲。（澹園詩序）
草長鶯飛，念江南兮故國；
雨餘驢背，成劍外之新吟。（潔園展禊圖跋）
岱宗含未了之青，山川依舊；
冬日領長留之愛，條教猶新。（沈鴻烈先生七秩壽序）

7.時空

渺矣黃壚，嗟九原之不作；
汗諸青簡，歷千載以如新。（聖水聞見錄序）
萬里麻鞋，幸脫虎狼之窟；
廿年槐市，懶隨鵷鷺之班。（晚悔樓詞序）
六十年間，波雲萬變；
八千里外，人月雙圓。（張知本先生七秩晉三暨重游泮水紀念序）

8.人我

閔叔居晉，肯令豬肝累人；

惠施相梁，毋以鴟吻嚇我。（玄廬賸稿序）

接人境以弗喧；

望吾廬而增愛。（壺樓記）

翦取吳淞江水，作我湯池；

忍令華夏衣冠，同其左衽。（黃杰先生六秩壽序）

㈥異名對（又稱異類對、平頭對、普通平對，即不同類之物相對。）

鋒銷故國，重盟汾水之梟鷗；

運啓明時，更補唐風之蟋蟀。（韜園續集序）

避災乏桓景之力；

嗚咽動秦淮之水。（纕蘅詩鈔序）

城登安定，寄欲迴天地之心；

友哭劉蕡，灑一問乾坤之淚。（李商隱評論序）

㈦虛字對

春秋佳日，則握蘭與佩萸；

亭館清游，或浮瓜而沈李。（纕蘅詩鈔序）

舉能擢秀，周官之舊典昭然；

對策分科，唐代之弘規遠矣。（考銓文彙初編序）

賸堤柳以棲鴉，淒其隨苑；

撫煙蘿而駐馬，別矣吳山。（山房對月記）

(八)數字對（又名數目對。）

名高淶水，作生佛千百萬家；

位極汾陽，歷中書二十四考。（于右任先生八秩壽序）

三千人唯一心，卜王師之必勝；

三十年爲一世，紀邦命之方新。（蔣總統經國先生生日賀辭）

泰平有象，遞承十六字心傳；

德爵俱崇，定卜千百年眉壽。（嚴前總統靜波先生八秩壽頌）

數從龍二十八將，合畫英姿；

指回雁七十二峰，特鍾間氣。（黃達雲上將八秩壽頌）

(九)假借對（又名借對或假對，分借義與借音兩類。）

銀蟾無恙，定溥清暉於億萬斯年；

綠螘堪邀，且尋舊約於三五之夜。（美槎探月記）

按：此借「銀」色之「白」，與「綠」字相對，屬借義對。

桑麻綠野，不聞七鬯之驚；

燈火珠橋，重睹昇平之樂。（余漢謀先生六秩壽序）

按：此借「珠」爲「朱」，與「綠」字相對，屬借音對。

歷歷書聲，難忘青燈於舊館；

迢迢鄉夢，遂成雪鬢之孤兒。（告皇考皇妣文）

按：此借「雪」色之「白」，與「青」字相對，屬借義對。

㈩**連珠對**（又名疊字對。）

空空玉斧，伐丹桂以何從？

穆穆金波，問素娥其安在？（美槎探月記）

密密手中之線，縫已經年；

迢迢夢裡之山，歸疑隔夕。（故山別母圖題詠序）

因喬木而念故家，依依陵闕；

對大風而思猛士，眷眷關河。（虎嘯龍吟集題辭）

⑪**雙擬對**

會稽毫素，巨匠有義之獻之；

成紀丹青，將軍曰大李小李。（紅並樓詩序）

梅號國花，愛花毋忘於愛國；

經傳詩教，昌教莫善於昌詩。（梅花詩專輯序）

一枝一葉，不滅不增；

一飛一鳴，維妙維肖。（徐谷庵畫展啓）

㈩錯綜對（又名蹉對、顚倒對、交股對或犄角對；蓋欲相錯成文，以求語勢的矯健，聲調的鏗鏘。）

白雪深處，歌陟屺以慕慈親；

碧血堆中，奮登舟而依國父。（嵩海頌）

按：下比「堆中」，必須顚倒，始能與上比相對；但因語順之故，祇好將就。

擕將片石，儻容天補媧皇；

拾得丸泥，豈但關封函谷。（美槎探月記）

按：此對末句依語順應作「媧皇補天」、「函谷封關」，其所以顚倒爲之者，徐了協諧平仄格律外，主要在求語勢的矯健。

澣纓濯足，毋須水取滄浪；

沈李浮瓜，即此泉開趵突。（鑿井啓）

按：此對末句依語順當作「取滄浪水」、「開趵突泉」，其所以顚倒爲之者，除了協諧平仄格律外，主要在求語勢的矯健，詞意的新奇。

(十三)彩色對

青排戶闥，頻添物外之吟情；
綠滿階除，便足眼前之生意。（咫園記）
天開玄圃，訝紅塵之不飛；
客醒邯鄲，任黃粱其未熟。（遊指南宮記）
雪笠煙笻，指青山而獨往；
河聲嶽色，眷白水以中興。（退齋詩存序）
梅子黃時之雨，秀句頻賡；
蕉陰綠處之天，清源自濬。（瀛邊片羽序）
謝朓青山，時來紙上；
裴公綠野，並入毫端。（楚望樓駢體文自序）

(十四)方位對

斬棘披荊，首躍東征之馬；
滌瑕蕩穢，旋揮北向之戈。（嵩海頌）
前身弘景，慣聽閣上之松風；

異代文通，重拾夢中之花筆。（瀛海同聲選集序）

慈烏南國，低回遊子之心；
鐵馬西風，慷慨征夫之淚。（退齋詩存序）

(十五)**流水對**（又名串對、走馬對或順接對，凡上下聯意義相貫串，如流水而不可分割者屬之。以下所列者，係從寬認定。）

借紙上驍騰之氣；
寫胸中鬱勃之情。（葉醉白畫馬題辭）

推不忍人之心；
行期無刑之政。（張知本先生七秩晉三暨重游泮水紀念序）

當世局萬歧之會；
堅中流一柱之心。（慈庵頌）

(十六)**錦屏對**

寰瀛萬邦之所矚目；
中原萬姓之所嚮心，
臺員萬家之所託命。（金門頌）

雄遇以發其情，

雄直以張其氣，

雄麗以騁其辭。（俠廬詩序）

按錦屏對又名鼎足對或扇面對，即三句成一對。此在曲中較爲常見。在駢文中，則屬排比句法。楚望樓駢文中亦有四句成一對的排比句子，如：

可以適獨飲，

可以寄微吟，

可以恣冥搜，

可以縱遐眺。（壺樓記）

(十七)**聯綿對**（此蓋指聯綴成義的聯綿字之對仗而言，下舉對句中，字旁有標黑點者即是。）

關河蕭瑟，難禁宋玉之秋；

兒女綢繆，空繫鄜州之月。（晚悔樓詞序）

麻鞋赴闕，淒涼同谷之歌；

椎髻浮家，蕭瑟小園之賦。（紅並樓詩序）

絳霄寥廓，送無盡之鐘聲；

嘉樹扶疏，添有情之畫本。（蕭寺秋游記）

(十八)**疊韻對**（凡字之韻母相同者爲疊韻。）

倚浩淼之滄溟；

跨穹窿之懸磴。（澎湖跨海大橋落成紀念碑）

按：「浩淼」疊韻，「穹窿」疊韻。

㈨雙聲疊韻對

秋風鵰鶚，馬東籬慷慨之情；

暮雨蟬蛩，董西廂纏綿之意。（迴波閣曲稿序）

按：「慷慨」雙聲，「纏綿」疊韻。

楚望樓駢文屬對，精工穩切，變化多方，頗難歸類；以上純屬筆者興之所至，隨手摘錄而已。雖大海一瀾，未窮涯涘；然所列皆字斟句酌，百鍊千錘，氣韻天成，絕無蕪累之瑕；觀賞則有璧合珠聯之采，諷誦則有敲金戛玉之聲，眞不愧是一代作手。

二、隸事必雙．使典皆偶

徵引典籍故實以比附今事，爲駢文屬對要件之一；⑧其作用在於藉簡潔的文字，表達豐富的內涵。使作品充滿著神秘性、象徵性與趣味性，以增加讀者在心靈方面的美感，從而提高其藝術價值。成惕軒先生在《中國文學裡的用典問題》文中，曾提出：用典可以減少文字上的累贅、爲議論找根據、便於比況和寄託、藉以充足文氣而增高雅之美。其見解可謂闡幽抉隱，屈曲洞達。成先生又說：「凡用某一典故，必先洞悉其內容，明瞭其意義，絕對不可一知半解，稍涉粗疏，或者張冠李戴，妄加引用。」

「凡以故事擬人，必須雅稱其人的行誼與身分。若擬於不倫，聚非其類，即可構成文中極大的瑕疵。」「稱人才學之高，動曰『五車』、『八斗』，縕人詩文之美，動曰『繡虎』、『雕龍』；不惟浮泛不切，夸飾失常，且已變成『人云亦云』的陳腔濫調。」⑨若非深體有得，何克言此？茲舉其作品以爲例證：

毀家紓難，爭輸卜式之財；

報國請纓，甘化萇弘之血。（還都頌）

按：此對上比出自《左氏，莊公三十年傳》：「鬥穀於菟爲令尹，自毀其家，以紓楚國之難。」及《史記・平準書》：「卜式者，河南人也，以田畜爲事。……入山牧（羊）十餘歲，羊致千餘頭，買田宅。……是時漢方數使將擊匈奴，卜式上書，願輸家之半縣官助邊。」下比出自《漢書・終軍傳》：「軍自請，願受長纓，必羈南越王而致之闕下。」與《莊子・外物篇》：「萇弘死於蜀，藏其血，三年而化爲碧。」成玄英《疏》：「萇弘遭譖，被放歸蜀；自恨忠而遭譖，遂刳腸而死。蜀人感之，以匱盛其血，三年而化爲碧玉，乃精誠之至也。」

識舊時之雞犬，定比新豐；

數開國之魚鳧，無忘蜀道。（還都頌）

按：此對上比出自劉歆《西京雜記》：「太上皇徙長安，居深宮，悽愴不樂，高祖竊因左右問其故。以平生所好皆屠販少年，酤酒賣餅，鬥雞蹴踘，以此爲懽，今皆無此，故以不樂，高祖乃作新豐，移諸故人實之，太上皇乃悅。故新豐多無賴，無衣冠子弟故也。高祖少時，常祭枌榆之社，及移新豐，亦還立焉。高帝既作新豐，並移舊社，衢巷棟宇，物色惟舊，士女老幼，相攜路首，各知其室，放犬羊雞鴨於通塗，亦競識其家，其匠人胡寬所營也。」下比出自《華陽國志》：「蜀先稱王有蠶叢，次王曰柏灌，次王曰魚鳧。魚鳧王田於湔山，忽得仙道，蜀人思之，爲立祠。」及李白《蜀道難》古樂府：「噫吁嚱，危乎高哉！蜀道之難，難於上青天。蠶叢及魚鳧，開國何茫然！」

一彈丸地，而嚴樹夷夏之防；
一衣帶水，而顯分涇渭之界。（金門頌）

按：此對上比出自庾信《哀江南賦》：「城猶彈丸。」及《孔子家語・相魯篇》：「裔不謀夏，夷不亂華。」下比出自《南史・陳後主紀》：「隋文帝……曰：『我爲百姓父母，豈可限一衣帶水不拯乎？』」與《魏書・蕭寶夤傳》：「寶夤上表曰：『……涇渭同波，薰蕕共器。』」

樓船密布，水犀盛習流之軍；
雲陣橫開，天馬多行空之將。（金門頌）

按：此對上比出自《史記・平準書》：「大修昆明池，……治樓船，高十餘丈，旗幟加其上，甚壯。」與《國語・越語》：「勾踐致其衆而誓之曰：『今夫差衣水犀之甲者億有三千，不患其志行之少恥也，而患其衆之不足也。』」以及《史記・越世家》：「勾踐……發習流二千人伐吳。」下比出自徐陵〈關山月〉詩：「星旗映疏勒，雲陣上祁連。」與《史記・樂書》：「（武帝）伐大宛，得千里馬，馬名蒲梢次，作以爲歌，歌詩曰：『天馬來兮從西極，經萬里兮歸有德，承靈威兮降外國，涉流沙兮四夷服。』」

此際籌添海屋，正看旗翼之雙明；

來年甲洗天河，更頌車書之一統。（嵩海頌）

按：此對上比出自《東坡志林》：「有三老人相遇問年，一曰：『海水變桑田，吾輒下一籌，今滿十籌矣。』」與《荀子・富國篇》：「安於磐石，壽於旗、翼。」下比出自杜甫〈洗兵馬行〉：「安得壯士挽天河？淨洗甲兵長不用。」與《中庸》：「今天下車同軌，書同文，行同倫。」朱子《中庸章句》：「三者皆同，言天下一統也。」

彌天騰鼓角之聲；

大地碎山河之影。（山房對月記）

按：此對從杜甫〈閣夜〉詩頷聯：「五更鼓角聲悲壯，三峽星河影動搖。」蛻化而來。而杜詩又暗用《後漢書・文苑傳》：「（禰）衡方爲漁陽參撾，蹀躞而前，容態有異，聲節悲壯，聽者莫不慷慨。」及《漢武故事》：「星辰動搖，東方朔謂民勞之應。」可謂渾成之至，有如羚羊挂角，無跡可求。

門容駟馬，于公以陰德著稱；

堂報三鱣，楊氏之清風足式。（來鳳簃記）

按：此對上比出自《漢書・于定國傳》：「其父于公爲縣獄史，郡決曹，決獄平，羅文法者于公所決皆不恨，郡中爲之生立祠，號曰于公祠。……其閭門壞，父老方共治之，于公謂曰：『少高大閭門，令容駟馬高蓋車。我治獄多陰德，未嘗有所冤，子孫必有興者。』至子定國爲丞相，封侯傳世云。」下比出自《後漢書．楊震列傳》：「震……明經博覽，無不窮究。諸儒爲之語曰：『關西孔子楊伯起。』常客居於湖，不荅州郡禮命數十年，衆人謂之晚暮，而震志愈篤。後有冠雀銜三鱣魚飛集講堂前，都講取魚進曰：『蛇鱣者，卿大夫服之象也；數三者，法三臺也。先生自此升矣。』年五十，乃始仕州郡。……爲太尉。」

雞犬相狎，聲聞於比鄰；
牛羊下來，影交於日夕。（遊指南宮記）

按：此對上比出自《老子》：「雞犬相聞。」與杜甫〈將赴成都草堂途中有作先寄嚴鄭公〉詩：「休怪兒童延俗客，不教鵝鴨惱比鄰。」下比出自《詩經．王風．君子于役》：「日之夕矣，牛羊下來。」

鍾來間氣，是重耳之山川；
博極群書，本長頭之胄裔。（臺灣詩壇爲賈韜園八秩生日展覽書畫啓）

按：此對用典精切工巧，不僅切合籍貫，也切合姓氏。由於賈景德先生乃山西間世一出的人才，而該地即晉國的舊壤，因此上比就提出：「是重耳之山川。」又以其學識淹通，遂舉東漢大儒賈逵相媲美。賈逵既是他的先宗，而且因身長八尺二寸，少游太學，諸儒皆爲之語曰：「問事不休賈長頭。」用「長頭」來對「重耳」，眞是天造地設，完全吻合，確屬絕妙的巧對。

黃侃《文心雕龍札記．麗辭篇》主張：「引言用事，以達意切情爲宗。」今觀上列楚望樓駢文諸對，或用事、或用詞、或事詞合用，無不機神獨運，妙造毫顛；且復出以典雅之筆，抒精密之思、誠摯之情，句無虛語，語無冗字，眞可以輘轢百代，令人歎爲觀止。

三、藻飾儷辭．靈動有致

《禮記．表記》說：「情欲信，辭欲巧。」駢文既是唯美文學的一種，屬對自然不可不講究藻采的妍麗芬華，予人在視覺與嗅覺方面的美感。楚望樓駢文多半係鏤思鉥膽之作，因而讀者纔能獲得視覺與嗅覺甚至觸覺等多重美感。茲遴舉數例，以覘其概：

丸泥函谷，一夫便足當關；

天塹長江，千騎不容飛渡。（還都頌）

按：此對上比出自《後漢書．隗囂傳》：「囂將王元……說囂曰：『……今天水完富，士馬最強，……元請以一丸泥爲大王東封函谷關，此萬世一時也。』」與《魏書．崔浩傳》：「函谷關號曰天險，一人荷戈，萬夫不得進。」及李白〈蜀道難〉古樂府：「劍閣崢嶸而崔嵬，一夫當關萬夫莫開。」下比則出自《南史．孔範傳》：「隋師將濟江，群官請爲備防，後主未決。範奏曰：『長江天塹，古來限隔南北，虜軍豈能飛度。』」妙在成先生將「泥」、「塹」二個名詞變成動詞來使用，整個句子就顯得生動有致。而「便足」與「不容」二語，也對得極爲穩切自然。

夢裡金焦，橫青峰之兩點；

樽前溟渤，湧碧浪以千層。（蕭寺秋遊記）

按：此聯蓋以金山、焦山與溟海、渤海相對仗，由於作者隨政府退處臺瀛，所以樽前即可面對千層碧浪在洶湧；至於金、焦呢？祇能在夢中依稀浮現兩點青青峰巒罷了。因爲能緊緊抓住兩個不同環境的地理特徵，再靈巧地用「夢裡」和「樽前」襯托出今昔之感，鄉愁自然就逼人而來了。

涇螢與墜露爭飛；
澤雁共寒蘆一色。（山房對月記）

按：此對蓋仿照庾信〈馬射賦〉：「落花與芝蓋齊飛，楊柳共春旗一色。」和王勃〈秋日登洪府滕王閣餞別序〉：「落霞與孤鶩齊飛，秋水共長天一色」而作的。孔廣森〈與朱滄湄書〉謂王勃之句：「若刪去『與』、『共』字，便成俗響。」頗有見地。原句的美，正是靠「與」、「共」兩虛字旋轉其間，文氣纔暢，曼聲吟哦，更饒佳趣，如果刪去這二個虛字，韻味就全失了，何止「俗響」而已。因爲文章的聲調，有時是以激越爲美，有時卻以疏宕爲佳；這二句的美，完全在疏宕。

龍蟠虎踞，盛開一代風雲；
草長鶯飛，消盡六朝金粉。（山房對月記）

按：此對上比出自張敦頤《六朝事跡》：「諸葛亮論金陵地形云：『鍾阜龍蟠，石城虎踞，眞帝王之宅也。』」及《後漢書・耿純傳》：「因說（李）軼曰：『以龍虎之姿，遭風雲之時，奮迅拔起，期月之間，兄弟稱王。』」下比出自：《文選・丘遲與陳伯之書》：「暮春三月，江南草長；雜花生樹，群鶯亂飛。」與王實甫《西廂記》：「香消了六朝金粉，清減了三楚精神。」及洪亮吉〈冬青樹樂府序〉：

「江山半壁，非仙人劫外之棋；金粉六朝，盡才子傷心之賦。」由於作者的深厚學養，寥寥數語，就將南都今昔之感，盛衰之異，概括無遺。

朱絃翠袖，歌垂楊曉岸之詞；
綠醑華燈，度玉樹後庭之曲。（山房對月記）

按：此對上比出自俞文豹《吹劍錄》：「東坡在玉堂日，有幕士善歌，因問：『我詞何如柳七？』對曰：『柳郎中詞，祇合十七、八女郎，執紅牙板，歌楊柳岸曉風殘月。……』」下比出自《隋書・五行志》：「禎明初，後主作新歌，辭甚哀怨，令後宮美人習而歌之。其辭曰：『玉樹後庭花，花開不復久。』時人以爲歌讖，此其不久兆也。」成先生藉此二典來寫抗日勝利後，其在滬、杭二地中秋對月所感。柔情綺膩，無限動人。

竹露密綴於簷際，墮地彌清；
蕉雲半捲於牆陰，黏天亦綠。（壺樓記）

按：此對除下比有取秦觀〈滿庭芳〉：「山抹微雲，天黏衰草」外，餘皆自出機杼。將顆顆密綴在壺樓簷際的竹露，以及朵朵半捲在壺樓牆陰的蕉雲，纂組得相當別緻。尤其是分別接上：「墮地彌清」、「黏天亦綠」之句，使整個畫面頓時呈現了生命的動感。其體物之工，刻鏤之細，摛辭之美，可謂不讓前賢。

成先生治學嚴謹，其文稿未經長期經營，絕不輕易付梓。由於捐館後，治喪委員會曾將他的遺稿編入紀念集中，纔得一睹其爐鍾的過程，玆舉數例以明之：

狂遏赤潮，萬丈峙中流之柱；
輝增白日，兩間揚正義之旗。（總統蔣公八秩晉二嵩慶全國民衆團體呈獻書畫祝嘏致敬文）

輝增白日，兩間揚正義之旗；
力障狂瀾，萬丈峙中流之柱。（公祭總統蔣公文）

按：後聯用「揚」字，較前聯的「張」字更進一層，有旗正飄飄的動感。用「力障狂瀾」與「輝增白日」相對，也較原來的「狂遏赤潮」穩當。又將上下聯互調位置，使馬蹄韻由「平仄仄平」變成「仄平平仄」，更覺聲調鏗鏘有力。

鷹揚尚父，開成周八百載之昌期；
鳳噦崑岡，振中華五千年之文化。（總統蔣公八秩晉二嵩慶全國民衆團體呈獻書畫祝嘏致敬文）

鷹揚牧野，樹成周八百載邦基；
鳳噦崑岡，振華夏五千年文化。（總統蔣公八秩晉四壽頌）

按：後聯將前聯「尚父」改爲「牧野」，「昌期」易成「邦基」，較能切合蔣公一生起義、東征、北伐、抗戰、建國的革命志業；將「中華」換成「華夏」，纔合於平仄格律；省去兩個「之」字，更覺緊湊有力。

綜正德利用厚生於一貫，精闡聖言；

揭倫理民主科學之三端，篤行遺教。（總統蔣公連任第五任總統頌辭）

闡正德利用厚生之要義，心物無偏；

揭倫理民主科學之宏綱，知行並重。（公祭總統蔣公文）

按：後聯將前聯的「綜」變作「闡」；「一貫，三端」易爲「要義，宏綱」；「精闡聖言，篤行遺教。」改成「心物無偏，知行並重。」更顯得具體而明切。

天無二日，識漢家正統之歸；

春在三臺，繫禹域來蘇之望。（蔣總統經國先生生日賀辭）

天無二日，羲輪弘繼照之光；

春在三臺，禹域切來蘇之望。（慶祝蔣總統經國先生當選第七任總統頌辭）

按：後聯將前聯原本爲賀總統生日，代國立政治大學同學會而寫的：「識漢家正統之歸」，改爲：「羲輪弘繼照之光」，較適合用來作爲慶祝經國先生蟬聯總統的頌辭。而將下比：「繫禹域來蘇之望」，機動地調整爲：「禹域切來蘇之望」，足證其爐錘工夫的精湛。

庭聞聖學；

天授雄才。（蔣總統經國先生生日賀辭）

庭聞聖學，爲兆姓張四維；

天授雄才，以一誠御萬變。（慶祝蔣總統經國先生當選第七任總統頌辭）

按：後聯係就前聯原有的基礎上，另外又各加工：「爲兆姓張四維」及「以一誠御萬變」之句，不僅聲律諧美，而文意也更加的完整了。

輕車蒞止，種隨地之甘棠；
曉陌巡行，覩大田之多稼。（蔣總統經國先生生日賀辭）

曉陌巡行，覩大田之多稼；
輕車蒞止，種隨地之甘棠；（慶祝蔣總統經國先生當選第七任總統頌辭）

按：後聯雖祇將前聯的上下比互調位置，但就整個詞序而言，反更覺得順遂。尤其以「甘棠」句爲結語，更能凸顯出經國先生的德政來。

威弧待展，定勒河山還我之銘；
壽宇同登，且賡棫樸作人之詠。（蔣總統經國先生生日賀辭）

鴻樞闡化，同歌棫樸之作人；
鳳曆徵祥，定紀河山之還我。（慶祝蔣總統經國先生當選第七任總統頌辭）

按：後聯係就原本爲賀總統生日而作的前聯：「威弧待展，壽宇同登。」改爲：「鴻樞闡化，鳳曆徵祥。」如此纔可作爲慶祝當選總統的頌辭。至於其下所接的句子，因爲平仄關係，祇好上下比互調位置，由於各減去一字，經過些許的錘鍊，句子反而更加緊湊；尤其是將「定紀河山之還我」，安插在後結處，益發覺得意義深遠。

四、調成偶句·平仄相對

駢文到了六朝末葉，遂漸漸地衍化而爲四六句型；及初唐四傑出，乃確然大定。從此作四六文的人愈來愈多，似乎有取代之勢。所以論駢文的句型，實際上即四六文的句型。

四六文的句型相當多，不過歷代名家所通用的，大概七、八十種而已。由於一篇四六文係由許多聯對組合而成，因而其句型實際上即爲對聯的句型。一篇之中，或單對、或偶對，單偶參用，流宕有致。今擇楚望樓駢文中各種不同句型的對偶，分別列舉如次，並在重要字眼的右側註明其平仄聲，凡字旁有「。」者爲平韻，有「•」者爲仄韻，有「△」者爲拗韻。

㈠三言句型

蕩赤氛；
拯黔首。（金門頌）

㈡四言句型

四門清穆；
萬象昭蘇。（公祭總統蔣公文）

㈢五言句型

勾踐之會稽；
田單之即墨。（金門頌）

(四)六言句型

屹立武夷山外，
屏障太平洋西。(金門頌)

(五)七言句型

料羅遠通夫萬舶，
太武高矗於九霄。(金門頌)

(六)八言句型

一本溫柔敦厚之旨，
務申興觀群怨之情。(蓴鷗詩稿序)

(七)九言句型

本希文先憂後樂之懷，
負禹稷己溺己飢之任。(軍需學校第八、九、十各期學生合刊同學錄序)

(八)十一言句型

奉三民五權爲建國之宏規，
揭四維八德作樹人之恆準。(蔣經國先生當選第六任總統頌辭)

(九)四四句型

曰興曰革，唯善是從；

自北自南，無思不服。（公祭總統蔣公文）

㈩四五句型

澄江鼓枻，快馬當之風；

太學談經，指雞鳴之埭。（故山別母圖題詠序）

㈩㈠四六句型

羿弓射日，鷩烏行見西沈；

羲網橫江，巨鯨豈容東遁。（上委座電）

㈩㈡四七句型

建軍黃埔，六花清夏甸之塵；

懸法白門，萬柳壯春旗之色。（公祭總統蔣公文）

㈩㈢四八句型

君其命駕，試觀米家書畫之船；

我爲操觚，竊比杜子丹青之引。（吳翼予畫展啓）

㈩㈣四九句型

星槎上漢，毋令張博望獨步於前；

人境結廬，且俟黃公度歸來之後。（劬廬續稿序）

(十五)四十句型

血淚九州，極凶殘於古炮烙刑之外；
河山兩戒，區仁暴於一衣帶水之間。（春人詩選序）

(十六)五四句型

五百年名世，實應昌期；
八千歲爲春，剛臨吉旦。（總統蔣公七秩晉七壽頌）

(十七)五五句型

或郊寒島瘦，相角於兩雄；
或鮑逸庾清，各工夫一體。（玄廬賸稿序）

(十八)五六句型

望五雲天際，煥南極之一星；
過群玉山頭，壽大椿以千歲。（總統蔣公七秩晉七壽頌）

(十九)六四句型

蔚三春之桃李，絳帳增華；
滋九畹以蘭荃，青衿嚮化。（薪夢廬詩文稿序）

(廿)六五句型

倚門○倚閭○之狀●，盡入●於鮫綃○；
陟屺●陟岵●之情○，畢宣○於繭紙●。（故山別母圖題詠序）

(廿一)六六句型

正喜雲霞○出海●，曜越甲●之五千○；
還看日月●經天○，賡堯年○於億萬●。（蔣經國先生當選第六任總統頌辭）

(廿二)六七句型

范公爲秀才日●，便能先天下之憂○；
班生當傭書時○，即有通西域之志●。（獻歲辭）

(廿三)六八句型

希文○舉秀才日○，早存○萬家○憂樂●之心○；
孟博●任按察時○，便矢●四海○澄清○之願●。（許曉初先生七秩壽序）

(廿四)七四句型

當禹域●艱難○之會●，薪膽●曾甘○；
秉堯階○揖讓●之風○，羹牆○宛在●。（嚴前總統靜波先生八秩壽頌）

(廿五)七六句型

擬元結中興之頌，圓山即是浯溪；
賡王融禊飲之篇，曲水何如瀛海。（蓴漚詩稿序）

(廿六)七七句型

五千年黃魂弗墜，爲匹夫匹婦復仇；
三萬里赤縣其蘇，看好水好山還我。（金門頌）

(廿七)八四句型

或奏秦王七德之舞，以揚夏聲；
或展韋偃雙松之圖，以滌塵慮。（臺中圖書館落成紀念碑）

(廿八)八八句型

回首虎踞龍盤之勝，竟成狗偷鼠竊之場；
屈指東遷南渡以來，更深北狄西戎之難。（獻歲辭）

(廿九)九四句型

公劉於干戈啓行之際，爰裹餱糧；
管子於榮辱知勉之先，必實倉廩。（獻歲辭）

(卅)九七句型

讀詩未有劉長卿一句，已呼阮籍爲老兵；

筆語未有駱賓王一字，已罵宋玉爲罪人。（歷代駢文選序）

按：此四句係《全唐詩話》所載皇甫湜語，因屬排比句子，故韻未調馬蹄。

㈢九八句型

當世局盤錯紛拏之會，非砥柱無以遏橫梳；

值國家否泰剝復之交，必雄才始能開新運。（蔣經國先生當選第六任總統頌辭）

㈢十四句型

闡正德利用厚生之要義，心物無偏；

揭倫理民主科學之宏綱，知行並重。（公祭總統蔣公文）

㈢三三七句型

百夫長，千夫長，披荊程屢試之能；

東面征，南面征，破竹壯先登之勢，（闕漢騫先生七秩壽序）

㈣四四五句型

其爲文也，楚艷漢侈，綜美於前修；

其爲詩也，庾清韓豪，兼工於眾體。（魚千里齋隨筆序）

㈤四四八句型

寰球棣通，梯航輻湊，而國際貿易之局開；

城市星羅，舟車日利，而域內懋遷之途盛。（獻歲辭）

(三六)四五八句型

時當禦侮，則歌傳出塞，如聞金戈鐵馬之聲；

地屬興戎，則望切收京，恥隕紫陌銅駝之涕。（韜園續集序）

(三七)五四六句型

愛人兼愛樹，勿翦勿伐，義早炳於歌詩；

樹木同樹人，十年百年，時僅分乎久暫。（校園雙桂記）

(三八)七五四句型

弗養子輿之浩氣，則淫辭詖行，莫格其非；

既聞柳下之高風，則鄙士薄夫，克新其德。（古代中國文化與中國知識份子序）

在成先生的三十八種句型中，最常用的，完全同於六朝名家的有四、五、六、七、四四、四六、四七、六四、六六等九種句型；間也頗參初唐以後駢文家所習用的四五、五四、五六、六五、六七、七四、七六等七種，遂成楚望樓駢文十六種標準對仗句法。以此交錯運用，故文章形式極富變化，靈動有致，能予人在聽覺方面的美感。讀之，不覺情爲之移，神爲之王；手舞足蹈，猶其餘事也。至於其他二十二種句法，則是仿宋人筆法，語氣較爲和緩；因爲成先生乃駢文大家，須備衆體，行文所需，故不得不多方嘗試，終能成其大。讀者若能讀其全集，當見其全篇既饒奇偶變化之美，更有一氣呵成之妙；眞乃爲深具六朝遺風，唯美而不失至情至性之文學也。

五、段落綰統．遙相對應

抑有晉者，楚望樓駢文除了表現在句與句間的屬對技巧外，甚至段與段之間，也每常藉對仗來綰統，結上生下，聯絡貫串，遙遙呼應；使文勢不斷，益發顯得整齊有致，而且層次井然，眉目清楚。諸如：

〈山房對月記〉二至六段的末句，依次爲：

此漢皋之月也。

此南都之月也。

此巴山之月也。

此滬杭之月也。

此蓬壺之月也。

〈紅並樓詩序〉二至四段的末句，依次爲：

此鄉邦文獻之足以拓其詩境者。

此家學涵濡之足以厚其詩力者。

此世途涉歷之足以肆其詩才者。

〈論文德〉二、三段的末句，依次爲：

此文之德足以制心者。

此文之德足以激義者。

〈于右任先生八秩壽序〉首段末尾提出：「請擷數端，用詔當世。」而二至九段的末句，則依次爲：

是曰魁儒之特識。

是曰革命之耆勳。

是曰靖國之元戎。

是曰樞垣之憲長。

是曰鄉治之前驅。

是曰報壇之先進。

是曰書林之巨擘。

是曰吟社之詩豪。

〈獻歲辭〉二至六段的末句，依次爲：

是有望於將士之奮發者一。

是有望於農業之發展者二。

是有望於工業之振興者三。

是有望於商業之改進者四。

是有望於學子之努力者五。

民初文士林紓在《畏廬論文》曾提及：「爲人重晚節，行文看結穴。」上舉五篇駢文，每段的收尾，幾乎都用一冷雋之筆，閒閒點醒，即深得此法。尤其是完全以對仗或排比的方式出之，綰統之妙，屬對之工，眞可謂爲慧心獨運，別開生面了。

肆、結論

綜上當不難理解楚望樓駢文屬對的苦心孤詣，其卓越獨特的技巧，長久以來能爲朝野賢達所共仰，蓋良有以也。惟嘗鼎一臠，難概其餘；欲窺宗廟之美，百官之富，還是直接研讀其全集纔好。最後略抒些許心得，藉爲本文之殿：

一

成先生少時曾在武昌黃土坡問字於羅田大儒王葆心季薌舉人，王氏淹通義理、考據、詞章之學，成《晦堂叢書》若干種，而《古文辭通義》，尤其著焉。成先生駢文之所以能凝重而流美，典奧而疏逸，極縱橫開闔之變化，不受浙派影響而直追六朝本源，蓋得力於此。

二

成先生原欲運籌帷幄，爲國家決勝千里之外，不以文人自限，觀其少時在《時事新報》等報章雜誌所發表的〈實邊芻議〉、〈漢唐兵制之研討〉，復任職於國防最高委員會，當不難想像。

三

成先生窮研載籍，發為文章，主要在於正人心，敦世道。讀其在民國二十六年所作的〈獻歲辭〉：「群策群力，無取新黨、舊黨之爭；同氣同聲，永弭清流、濁流之禍。」即可了然。

四

成先生每篇駢文皆有一、二警策的偶句，或是一段千古不磨之見，絕無時下一般文人的酸腐語。明代歸有光曾說：「文章非識不足以厚其本，非才不足以利其用；才識俱備，文字自會高人。」才情與識力二者，就成先生而言，應該是兼而有之。

五

成先生雖然擅長四六唯美文學，但卻言之有物，言之有序，絕不以辭害義。為此甚至可以不顧音律的是否協諧，或是對仗的是否精工。⑩

六

成先生由於文名遠播，⑪因此求品題者極多，甚至連長者也都冀望得其一序，以便紙貴洛陽，流芳不朽。不過成先生為人撰書序，一定要先讀完該書原稿，方肯下筆。對於介眉文字，向來標有三不應：一是名節有玷之人，二是為富不仁之徒，三是曲學阿世之士。既應，則必多方考證其實據，然後纔敢遣辭綴句。即此，可見其治學態度的嚴謹。

七

成先生駢文雖然不使僻典，不摒新詞，期無悖於「文貴因時」之義；但由於夙負有爲風雅傳統而寫駢文的歷史使命感，故而不降格以求賞音。另一方面，因駢文拘限的條件很多，應用的範圍卻小，所以他也不責創作於青年。

八

成先生由於歷經家國的盛衰亂離，因而有刊於重慶都郵街紀念碑上的〈還都頌〉，以及渡海後所撰的〈金門頌〉、〈山房對月記〉等偉作。四十年來，中樞如有大制作，幾乎都倚仗其如椽之筆。一生所作，應以民國六十四年，也就是他六十六歲時，爲嚴總統而撰的〈公祭總統　蔣公文〉，最具代表性，已達四六唯美文學的極峰，可以說是歷史上最後一位臺閣文學的集大成者。

九

成先生自幼即負范仲淹悲天憫人的胸懷，因此遂有〈災黎賦〉之作。及司校士掄才之任，又以韓、歐自期；見人有一善足採，一藝稱工，無不加以拔擢，助其日進。高明仲華先生曾說：一個人有才情並不難，六朝文人擅長駢文的大都才情很好，而品德也好的就寥寥無幾。像成先生這樣才情與品德並茂的，充分地表現出中國傳統文化的忠孝仁愛的精神，眞是萬中難以得一。⑫於是更加相信，成先生之所以被尊爲一代文宗，良非偶然。

十

成先生被公認爲長厚正派君子，其詩文從不作輕佻語。安本分、盡本職，鞠躬盡瘁，死而後已。清代中興名臣胡文忠公林翼奏疏有言：「得才士百，不若得醇士一；庶幾觀感奮興，廉頑懦立。」若當局舊日能更加禮遇此曠世難逢的醇士，使其教化得風行天下，或許今日的政壇及社會風氣不致敗壞如斯。

【附註】

① 駢文義本唐柳宗元〈乞巧文〉：「駢四儷六，錦心繡口」一語。清曾燠輯《國朝駢體正宗》十二卷，以駢體名文，蓋昉此。至於李商隱自定其所撰的駢文爲：《樊南四六甲乙集》，應該算是最早以四六命名的了。

② 成先生幼名良貴，學名笛仙，初仕名滌軒，後改日惕軒，字康廬，號楚望；湖北省陽新縣龍港鎮人。民前二年生，民國七十八年卒，享壽八十歲。總統特榮褒先生：「器識沈毅，志慮貞純；篤學善文，聲華早著。歷任國防最高委員會簡任秘書，考試院、總統府參事，並連任四屆考試委員。奉公給事，勞瘁弗辭；典試衡文，甄拔多士。公餘都講上庠，潛心著作；潤色鴻業，永挹清芬。茲聞溘逝，軫悼良深；應予明令褒揚，以彰曩績。」

③ 所謂馬蹄韻，即上聯末句與下聯首句的句腳，其平仄皆重複以相黏，使文氣聲律有疾徐高下，抑揚抗墜之節，一如馬蹄在騁躍時的踩踏方式般。

④ 按：對仗的「仗」字，其意義蓋自「儀仗」而來，儀仗爲兩兩相對，給人視覺上的美感；故兩兩相對的辭句

稱對仗，也叫作對句。又因其是排比的偶句，所以又名排偶。

⑤ 參見張仁青博士《駢文學》頁三五，文史哲出版社民國七十三年三月初版。又張氏謂：排比與對偶的分別有三：一、對偶必須字數相等，排比不拘；二、對偶必須兩兩相對，排比亦不拘；三、對偶力避字同意同，排比則以字同意同為常態。

⑥ 參見註⑤所揭書頁一七五。

⑦ 按：以下所錄的聯句有三分之二皆採「仄平平仄」的馬蹄韻，足見此為成先生最擅長的格式。茲為方便讀者檢索其原典出處及注釋，悉依《楚望樓駢體文》內篇、外篇、續編及《成惕軒先生紀念集》的目錄編列。唯一美中不足的是：成先生每篇駢文的末尾，原都標有寫作年月的；在裒成專集時，卻完全刪除了。

⑧ 按：凡行文不用一典而純以白描出之者，通常被視為駢文中的別裁、別體，而非正統。如陸贄的駢文不收於陳均編的《唐駢體文鈔》與王志堅纂的《四六法海》，即為明證。

⑨ 見臺灣商務印書館《東方雜誌》復刊第一卷第十一期。後又收入成先生所著的《汲古新議》中。

⑩ 如〈瀛洲校士記〉：「燕趙慷慨悲歌之氣，祇作秋聲；賈生長治久安之策，徒供流涕。」「策」字拗律。

⑪ 按：先生自幼資稟優異，穎慧絕倫，早擅江夏無雙之譽。湖北文化初級中學唐祖培校長素重其文章，特轉介於國立武漢大學唐大圓教授，後由大圓教授再介於太虛上人。其在二十二歲時所寫的〈災黎賦〉，被軍需學校校長張孝仲將軍賞為國學奇才，即委以上尉編譯官；高考獲雋，擢升少校。以蔣委員長亟需大制作，又蒙陳布雷先生特達之知，逾格超遷，一躍而為國防最高委員會同少將簡任秘書。潘重規先生曾說：「早在大陸

時，便聽先師黃季剛先生提到鄉人中成惕軒文筆高妙。」又說他在武昌任教時讀其〈災黎賦〉，已覺健筆不讓汪容甫〈哀鹽船文〉。足證成先生在二十二歲時，已聲名大噪。到了三十七歲時，所作〈還都頌〉，由重慶市參議會議長胡子昂代表陪都百萬市民面對蔣委員長逐字恭讀，委員長頻頻頷首，以示贊許。可見其文章已如中天之麗日，名滿天下矣。

⑿ 見高先生所撰〈我對惕軒的懷念〉，文收《成惕軒先生紀念集》頁三〇六。又前註所引潘重規先生撰〈悼念成惕軒兄〉，文見紀念集頁二九九。

（按：本論文係民國八十四年九月臺北文史哲出版社印行《文學與美學》第五集——臺閣文學的集大成——節錄本。伏嘉謨先生評爲：「內涵精審，風義師門。」並贈詩云：「惕老駢辭曠代師，獨能精析發瑰奇；程門風義唯君篤，築室襟期更望誰!?」）

千秋遺韻

——讀楚望樓駢體文

陳慶煌

昔者王國維在《宋元戲曲考》自序中，嘗以駢文與楚騷、漢賦、唐詩、宋詞、元曲並列，以其皆號稱一代的絕學，允宜等視而齊觀。他說：「凡一代有一代之文學，楚之騷、漢之賦、六代之駢語、唐之詩、宋之詞、元之曲，皆所謂一代之文學。而後世莫能繼焉者也。」王氏舉六朝的駢語，固不足以概括中國駢文之全，而謂駢文價值之高，絕不在騷賦詩詞曲之下，則無庸置疑。

自中原鼎沸，樞府南遷，吟詠之士頗衆，擊鉢唱酬的風氣，一直持續不衰。然於駢文一藝，求其文備衆體，無所不宜，蘊積溫厚，拳拳忠愛，字裏行間，時時流露故國喬木之思者，則非先師陽新成惕軒先生莫屬。數十年間，先生所作已逾三百餘首。嘗選錄二一五首，顏曰：《楚望樓駢體文》，析爲內篇、外篇及續編三輯，交其及門弟子張仁青、陳弘治、李周龍、莊雅州、林茂雄及陳慶煌等博士合注。內篇分四卷：首卷爲頌，次卷爲序，三卷爲記，末卷爲書、啓、跋、傳等；外篇不分卷，所錄皆酬應之作。民國六十二年九月及十一月，陸續在臺灣中華書局出版。續編則除序、跋、啓、碑、壽序及雜文外，爲崇國家元首，特將有關之頌辭、賀辭、祭文、傳記等，別爲一類，列諸卷首，於民國七十三年五月，由臺灣商務印書館刊行。

先生自少於時俗好尚，一不屑意，而刻苦銳進於學，慨然有以文章經國之意。弱冠遊學武昌，更加肆力群經，殫精百氏。民國二十年，湖南、湖北等省均大水成災，哀鴻遍野，因作二千字的〈愁霖賦〉，一稱〈災黎賦〉以悲之。藝林耆宿爭相推重，而有後賢之畏。抗日軍興，旅居重慶，口誅奸回，筆伐強寇，時論多所稱美。

先生畢業於中央政治學校高等科一期，高等文官考試獲雋。歷任國防最高委員會簡任秘書、考試院參事、總統府參事、考試院考試委員。主持國家考試國文衡鑑之任垂四十年。公餘之暇，嘗在各大學講授駢文課程；由於襟抱恢宏，性情肫摯，提攜後進，不遺餘力。士有一長足採，一藝可取，無不獎飾有加，廣爲延譽，曾撰〈憐才好善篇〉，頗致慨於世風澆薄，亟思有以補救。文中所謂：「自維樗散，頗識材難；雖輸〈歐陽脩〉內翰之能文，竊慕昌黎之薦士。三十年來，身忝試官，分當掄舉；故於憐才好善一事，尤所兢兢。每當闈棘初張，榜花待放，焚香默告，冀毋負於穹蒼；落卷搜看，懼偶失乎寒素。良以山多玉韞，海易珠遺，葉底啁啾，何處不聞窮鳥？雲端隱現，此中或遘眞龍。但令杞梓呈材，珊瑚入網；不迷五色之日，無積後來之薪。則致用庶得其人，成功奚必自我？」蓋皆由衷之言。其愛才若渴的心境，恂恂長者的風範，實在是當今各級主持教育工作者，所應效法，並引以爲借鏡的。

民國五十八年七月十七日，美國阿波羅十一號太空船，假農神五號火箭升空。於二十一日，阿姆斯壯步下登月小艇，二十五日復駕太空船重返地球，圓滿達成人類登月的歷史任務。先生忻聞佳訊，爰揮椽筆，以古典駢四儷六之文，寫成〈美槎探月記〉，用紀其盛。此中如：「當其迅御長風，上窮碧落，健並行空之馬，神疑噓氣之龍；邁九萬里之鵬摶，睨百二城如蟻聚。張騫鑿空，昔讓雄姿；郭璞游仙，今非幻境。已而影移仙舸，光漾晶盤；夔足一投，鴻爪初印。如哥倫布之登新陸，如武陵人之履仙源。如七寶樓臺，彈指而即現；如九天閶闔，因風而洞開。萬靈效其馳驅，群動為之竦息。空空玉斧，伐丹桂以何從？穆穆金波，問素娥其安在？攜將片石，儻容天補媧皇；拾得丸泥，豈但關封函谷。狀哉斯舉！可謂瀛表希聞，天荒獨破者矣。」將現代事物名詞融入作品之中，或以雅麗之辭藻稱述當今的尖端科技，新穎雋爽，生面別開。

其他作品，典重的有民國三十五年五月，代陪都重慶黨政各機關所作的〈還都頌〉，一名〈抗日勝利紀功碑〉文中如：「奮熊羆之多士，殪蛇豕於中原；合彼蒼兕之軍，還我黃龍之府。」「丸泥函谷，一夫便足當關；天塹長江，千騎不容飛渡。」「赫然一怒，張我六師；菡葵丘以主盟，儆棘門之兒戲。」「毀家紓難，爭輸卜式之財；報國請纓，甘化萇弘之血。」皆係擲地有聲之句。遒勁的有民國五十六年十月為全國各級民眾團體所作的〈嵩海頌〉，文中如：「斬棘披荊，首躍東征之馬；滌瑕蕩穢，旋揮北向之戈。綏定中原，削平群寇；開民主自由之局，曜青天白日之旗。」都是難得好句。清圓的有民國五十年八月所作的〈山房對月記〉，蓋寫三十年來，行役四方，在漢皋、南都、巴山、滬杭、蓬壺等地所見之月。文中如：「溼螢與墜露爭飛，澤鴈共寒蘆一色。挽瀾無計，橫槊誰歌？極人事之蕭條，嗟江山之搖落。」「龍蟠虎踞，盛開一代風雲；草長鶯飛，消盡六朝金粉。眷懷名蹟，刻意清游；嘗坐花以攬澄輝，或瀹茗而消永夕焉。」「鄉心五處，思白傅之弟兄；皓魄連宵，憶鄜州之兒女。詎遣晶盤出海？盛淚遙年；但期銀漢分潮，洗兵來日。」若非親歷人世離合悲歡之迹，加上生花的妙筆，又怎能寫得出呢？哀婉的有〈呂姑祠記〉，此係詠清末甲午之亂時，遼陽女子呂鳳春守貞不嫁的事。文中如：「蹈刃非難，臨威弗屈；寄足羊腸之上，全軀虎口之餘。集千荼萬蓼於厥躬，甘九死一生而無悔。已而焚芝勢迫，仰藥心堅；鶯粟一丸，駝鈴五夜。遂絕如絲之命，用全不字之貞。嗚呼！可謂烈矣。」眞乃字字句句皆血淚所匯成。輕倩的有民國三十九年所作的〈遊指南宮記〉，文中如：「民俗樸淳，風物清美。雞犬相狎，聲聞於比鄰；牛羊下來，影交於日夕。稻黃千頃，桑綠四圍；樂郊可求，伊人宛在。」「天開玄圃，訝紅塵之不飛；客醒邯鄲，任黃粱其未熟。」令人讀後，如品芳蘭，其香可掬，淡遠之至。妍潤的有〈荔莊吟稿序〉，文中如：「舉頭日近，不見長安；對兩戒之山河，寫萬家之哀樂。遼東之鶴已逝，莽莽窮邊；汝南之雞不鳴，漫漫長夜。恥爭春艷，松被雪以彌蒼；甘抱冬心，橘踰淮而不化。」亦非高手莫辦。

若乃清辭戛玉，高響入雲的，則有〈花延年室詩序〉；文中謂李漁叔詩萃三李之長，有青蓮的驚才逸韻、玉溪的淵思麗藻，以及越縵的清標雅操。試觀：「清湘濯魄，發爲物外之清吟；仙李蟠根，化作君身之仙骨。」「眷言濠濮，築魚千里之小池；妙解名理，騁雞三足之雄辯」等句，應可觀其屬對之妙。氣體清華，使事貼切的，則有〈南雍今昔記〉；此係爲國立中央大學創校五十六周年而作。試觀：「南都乃定鼎之區，首崇太學；北極有占星之閣，下建精廬。絃誦相聞，則雞鳴埭近；憩游所及，則牛首山高。會文輔仁，孔氏樂多賢友；傳道授業，荀卿最爲老師。」「禮堂矗立，四方瞻通德之門；廣座列陣，萬卷擁嫏嬛之室。」「前修未遠，來軫方遒。已中棟樑，數六朝之松古；載栽桃李，比一縣之花多」等句，即可明其用典之工。藻采精拔，神情宕逸的，則有〈壺樓記〉；此係民國五十八年正月，爲其在寓邸空地所蓋的藏書小樓而寫的。試觀：「靈鵲送喜，叢鶰發春；屋因樹以無華，泉在山而不濁。」「攬二分之月色，不減揚州；對萬點之花光，渾疑杜曲。竹露密綴於簷際，墮地彌清，蕉雲半卷於牆陰，黏天亦綠。」「接人境以弗喧，望吾廬而增愛。」「可以適獨飲，可以寄微吟，可以恣冥搜，可以縱遐眺；境隨心曠，神與天遊」等句，當可見其腹笥之豐。詞勻色稱，氣靜機圓的，則有〈李商隱評論序〉；此係爲淮安顧季高而寫的。試觀：「義山發名科第，屈志藩僚，依違牛、李之間，寥落龍、雲之外。仕不足以行所學，遇不足以稱其能。擇木求試，人之情也。烏得謂之負才偷合耶？……試觀集中所載，如城登安定，寄欲迴天地之心；友哭劉蕡，灑一問乾坤之淚。牽牛駐馬，取戒於色荒；腐螢暮鴉，致慨於游豫。蒼茫覽古，窈窕思賢；若斯之倫，更僕難數」一段，略可諗其學養之深。峭雅古腴，姿致蔚然的，則有〈楚望樓詩自序〉；試觀：「是知人心如面，天籟自鳴。詩以言志，志因人而萬殊；詩發乎情，情隨境以俱變。對春江之花月，綺思爭新；聽秋壑之松風，幽懷靡罄。增華有作，專美爲難。何必前賢不畏後生，今士定輸往哲也」數語，亦可窺其人情之美。遊思綿邈，與會飆舉的，則有與江絜生諸人往遊竹南靈隱精舍而作的〈蕭寺秋遊記〉；試觀：「夢裏金、焦，橫青峰之兩點；樽前溟、渤，湧碧浪以千層。」「貯源頭之活水，方寸皆春；過眼底之浮雲，纖微不滓。絳霄寥廓，送無盡之鐘聲；嘉樹扶疏，添有情之畫本。而天人交契，物我兩忘之境，乃獲於此一剎那中遇之。」「平生三徑之約，幸無愧於羊、求；他年五嶽之游，還共期於禽、尚」諸句，蓋可知其才華之高。

此外，若民國六十四年四月，代嚴總統暨治喪大員撰的〈公祭總統蔣公文〉之古樸雄渾，鏗鏘悲涼；如：「建軍黃埔，六花清夏甸之塵；懸法白門，萬柳壯春旗之色。」「戢三島之鯨氛，毋夷王幕；更八年之鳳曆，載履康衢。龜陰反見奪之田，牛耳司會盟之局；四門清穆，萬象昭蘇。」「輝增白日，兩間揚正義之旗；力障狂瀾，萬丈峙中流之柱」等，誠可謂千錘百鍊，一字不可移易。民國六十六年十月所撰〈悼盧聲伯教授文〉：「桓景遘災，竟乏囊萸之效；山陽重過，但聞鄰笛之聲。」眞是追念故人，一往情深。民國五十三年冬爲蔣母王太夫人百歲誕辰紀念而作的〈慈庵頌〉：「敬姜無逸，徽懋績於魯卿，周室肇興，紀徽音於文母。夷考治平之往跡，多資聖善之良規，是以萱背寫憂，恩懷罔極，柏舟茹苦，節表靡他。鳴機託之畫圖，陟屺增其詠歎，必使化齊民於至孝，推錫類之大仁，乃爲無忝所生，善繼其志焉。」洵乃情文相生，華實並茂。又：代中華文化復興運動推行委員會撰的〈嚴前總統靜波先生八秩壽頌〉：「當禹域艱難之會，薪膽曾甘；秉堯階揖讓之風，羹牆宛在。朝乾夕惕，葆其無息之誠；淵默雷聲，持厥不言之教。位以尊而愈謙，事無廢而不舉。谷量牛馬，更千畝之芃芃；

廷肅鵷鸞，宜四門之穆穆。」可謂擺落町畦，高朗秀出。民國三十九年所作的〈藏山閣詩自序〉：「放翁入蜀，特富篇章；子美憂時，遂傳詩史。」「印鴻爪於紙上，攝駒影於隙中；藉免卷帙之散亡，兼待異時之刪定。」不愧筆力靖凝，風韻跌宕。另：〈金門頌〉：「一彈丸地，而嚴樹夷夏之防；一衣帶水，而顯分涇渭之界。」「樓船密布，水犀盛習流之軍；雲陣橫開，天馬多行空之將。無南與北，壹袍澤以同仇；自西徂東，紛梯航其畢至。雷霆萬鈞之勇，待發於哀兵；乾坤再造之功，必收於義戰。則此蕞爾之域，屹立武彝山外，屏障太平洋西。直將蕩赤氛，拯黔首；導和平於久遠，化黑暗爲光明。雖謂之曰：『自由人類之司南，大同世界之礎石。』無不可也。」「海嶠先春，神皋際曉；振蟄龍於巨壑，躍怒馬於芳郊。大風起而漢幟揚，篝火興而秦網抉。五千年黃魂弗墜，爲匹夫匹婦復仇；三萬里赤縣其蘇，看好水好山還我。」確爲瑰異崇閎，輳轢駿邁。而所寫民國四十九年移寓的邸舍〈來鳳簃記〉：「舍前有鳳凰木一，圓蓋侔桑，貞柯儷柏。霜根貫石，力任撼於萬蜉；黛色凌空，高疑躋夫十雉。」「昔門容駟馬，于公以陰德著稱；堂報三鱣，楊氏之清風足式。遙思往哲，彌警中懷；眄彼崇條，弘余本願。增屋愛於來許，且及窮烏；覽德輝而下之，還期威鳳。」則氣息淵醰，風神散朗。至於民國六十七年中元節的〈告皇考皇妣文〉：「塞翁失馬，本禍福之相尋；濠叟觀魚，宜是非之悉泯。」「自別親闈，便膠世網；老人星遠，游子衣單。花帶愁看，萬點濺櫻鵑之淚，梗常秋泛，一廛興蓴鱠之思。歷歷書聲，難忘青燈於舊館；迢迢鄉夢，遂成雪鬢之孤兒。」則清雅肅穆，無限精誠。凡此皆嘔心瀝血，鏤肝鉥膽而出者，洵爲藏之名山，傳諸其人的偉構。

要之，先生的駢文，雖係綆汲千載，牢籠百家，不宗一體，不法一派；但講求寫作的技巧，重視時代的精神，無論形式、內容，並皆充實。因此六朝的渾厚，三唐的蘊藉，兩宋的澹雅，均於是乎在。而且所作必經月鍛季煉，未嘗輕發，故能一字不可移易。當此新潮陵蕩，國粹日微之時，唯有先生苦心孤詣，獨揚宗風，使此最足以表現中國文字優美的駢文，猶能傳諸於世，不致作廣陵散，居功至偉。

抑有進者，數千年來，駢散之爭，雖代有所出，而駢文在中國文學史上，自有其不可動搖的地位。蓋駢文的衰落，誠不免於雕琢陳腐、迂晦艱澀之譏；然駢文之佳者，也何嘗無眞摯清新、明白曉鬯的作品？徐陵、庾信諸篇，抒情眞摯，造語清新；至於陸贄的奏議，則曉暢如白話。當知駢文到了最高境界，與散文本無二致；而散文凝重行氣之處，尤須多借助於駢行。若謂我們無能力去創作則可，假使棄之如敝屣，則大可不必。我們宜多多研讀，多多欣賞，蓋駢文最能代表中國文字的特性，也最能代表中國文學的優點，以之美化人生，美化社會，實有其必要。因此，我們對今後駢文的發展，應以成先生所說的最爲通洽圓融，茲援引〈學林二三事〉之言如下，以爲小文之殿云。

「駢文是中國文學裏面特有的一種美文，自漢、魏迄今，它已具有將近兩千年的歷史。儘管有人訾議它，抨擊它，甚至主張廢除它，但它仍能孤芳自葆，一脈相承，而且還有少數人在不斷地去鑽研和學習。不過我們今天處在這個工業社會分秒必爭的時代，人人講功用，事事重效率，駢文是無法適應這些現實的要求。同時，駢文既須注意聲律和對仗，又因隸事使典，不能不博覽陳編，廣徵故實。拘限的條件很多，應用的範圍卻小。故供藝林之賞析，要自無妨；若責創作於青年，則殊不必。」

（按：本文係參張博士仁青《駢文學》而撰，初發表於中央日報「文藝評論」第六十五期；嗣特擴充增詳，刊載於國史館《中華民國褒揚令集續編第三集》，藉發恩師潛德幽光於萬一。）

文章華國的成先生

嚴定暹

時序推移，又屆清明時節！六年以來，每逢四月，大家莫不以肅穆的心情，追懷先總統蔣公的偉業豐功，深仁厚澤。當代駢文大家、考試委員成惕軒先生曾這樣的對筆者說：「　蔣公的光輝，將永遠地照耀著全中國，　蔣公的精神，將永遠地領導著我們。」

企待撰寫第二篇「還都頌」

成先生深以數十年來，能以文字紀述先總統　蔣公的偉大功業爲榮。最令他引以爲榮的是民國三十五年五月，應陪都重慶黨政各機關之請，撰「抗日勝利紀功碑」一文，歷述　蔣公革命和抗戰史實，以申贊頌之忱。當時中樞自四川還都南京，故此文又名之曰「還都頌」。成先生表示：此生最大的心願，是於來日以三民主義統一中國時，能爲今總統蔣經國先生再寫一篇新的「還都頌」。

以闡揚　蔣公行誼為榮

除「還都頌」外，成先生說明爲先總統　蔣公寫的駢體文字，還有「介壽堂頌」、「公祭總統蔣公文」和「　蔣公銅像記」。

「介壽堂頌」

「介壽堂頌」，是民國三十五年，中央政治學校於南京復校，校友會爲著不忘　蔣公的教澤，乃修建此堂，由成先生撰頌詞，以表崇敬。其中有如下的一段：

自昔世風之淳澆，驗於文教之隆替。投戈講藝，光武爰致中興；築館宏文，有唐斯臻上理。公參稽成憲，力振絃歌；陶鑄群英，首飭黌宇。標德智體群爲四目，審本末先後於一心。感於士騖浮囂，人趨邪侈。以力相競，恣爲蝸角之爭；唯利是圖，不惜雞鳴而起。故匡之以四維。學違所用，業罔求精。閉户造車，轅轍每乖於中路；還珠買櫝，皮毛徒襲乎他人。故樂之以六藝。數典而忘厥祖，厚己而薄其群。袖手興亡，謂夷夏爲不足辨；忘情理亂，若秦越之不相關。故曉之以邦族大義。人可勝天，器非求舊。寶藏未闢，正宜假以鑪錘；故步自封，終必淪於榛莽。故勗之以科學新知。他如攝身心，強體魄。崇樸儉，習勤勞。雙手貢其萬能，精神勝夫物質。納小我於大我，一平時與戰時。莫不義協時中，功收善誘。啓聾發聵，弘晨鐘暮鼓之聲；成德達材，溥時雨春風之化。

將　蔣公的「明德布教之盛心，興學育才之丕業，撮其旨要，播諸篇章」，曾獲得慈谿陳布雷先生親筆書函的評賞。

「公祭總統　蔣公文」

民國六十四年四月，　蔣公不幸逝世，國喪領袖，民失師保，「遏音」之痛，歷久不衰。中央派治喪大員，奉安遺體，權厝慈湖。成先生承命爲哀祭之文，全文曾經各報分別披露，並經國語日報注釋刊行，茲不具引。

「蔣公銅像記」

至於「　蔣公銅像記」，則係三軍大學全體師生，於　蔣公逝世周年之後，爲了永懷領袖，特塑立銅像於校園，以供瞻仰。成先生於此記中，特就先總統　蔣公對軍事上之重要昭示，加以敘述：

外禦其侮，師克在和，必合三軍爲一大家庭，患難與共，生死以之，斯成所向無敵之勁旅，是曰以軍作家。利器日新，奇技競出，制勝之道，勵學爲先；而陶鑄軍魂，又賴智信仁勇嚴，以植其本，是曰術德兼修。戰略戰術之運用，貴在裕資源，肅政風，發揮以武力爲中心之總體戰，萬眾一鵠，唯義之趨，國命始克光大於無極，是曰整體觀念。上列三事，皆。公平日舉以訓勉將校者。勝義昭宣，如揭日月。持較戚俞蕩寇之略，曾胡治兵之語，不惟隱相契合，抑且後出轉精。嗚呼！天縱英明，皜皜乎不可尚已。

成先生並謂：　蔣公的人格太偉大，學養太深厚，勳業太崇高，區區文字所述，實不足闡揚　蔣公的行誼於萬一耳。

「敬事」精神是誠的表現

成惕軒先生，湖北陽新縣人，高等文官考試及格，中央政治學校高等科第一期畢業。曾任國防最高委員會秘書、考試院參事、總統府參事。私立正陽法學院、私立中國文化學院、國立臺灣師範大學、國立中央大學教授。現任考試院考試委員暨國立政治大學中文研究所兼任教授。

自民國三十七年秋季，成先生以文字見知於考試院周副院長鍾嶽，被推舉爲高等考試典試委員，迄今未曾間斷。故成先生雖至四十九年纔出任考試委員，而擔任高考典委則已歷時三十五年之久。在這漫長的歲月中，成先生所擔任的科目是高考國文，每年闈中評閱試卷，總是懃懃懇懇，十分慎重，不敢掉以輕心。他嘗嘗說：我心如秤，不可因造次而失其輕重；我心如尺，不可因疏忽而誤其長短；我心如鏡，不可因好惡而易其妍媸。考試所要求的是公平公正，而如何做到公平公正，則有賴於執事者的「敬事」精神，「敬事」也就是一個人誠意的表現。

不反對白話，凡文但求「達」「是」而已

筆者請教他對於試卷用文言和用白話的看法。成先生說：雖然寫了幾十年的駢文，但他從不反對白話，而且認爲有些文體用白話來寫，表達更佳，效果更大。孔子曰：「辭達而已矣」，韓昌黎曰：「文無難易，惟其是耳」。他很重視「達」和「是」，任何一本國文試卷，祇要內容正確，而辭又能

達意，不管是白話還是文言，他都會給予同樣應得的分數。

同時，成先生說：他從來不出艱深冷僻的試題，他所出的題目，都是文義非常顯明，讓人一望而知其意義的。有一年舉行高等考試，由國文組某教授命題，因題旨較深，不易抒寫，事後有若干考生猜測此題是成先生所出，寄了一封詛祝百端的信給他，成先生閱後，一笑置之，不以爲忤。且以考生遇到「難題」，無法考中，唯口出怨言，仍是具有一份尊重考試的心，希望其能再接再勵，有志竟成。而負責命題的人，自然對此應倍加警惕和多多改進。

鼓勵青年考試獻身仕途

成先生很重視考試制度，也很愛護考試及格的人。平日接觸到許多清寒而上進的青年，他都鼓勵其努力讀書，參加考試，因而獻身仕途，具有成就者，頗不乏人。他在「憐才好善篇」裏說道：

三十年來，身忝試官，分當掄舉。故於憐才好善一事，尤所兢兢。每當闈棘初張，榜花待放。焚香默告，冀毋負於穹蒼；落卷搜看，懼偶失乎寒素。良以山多玉韞，海易珠遺。葉式啁啾，何處不聞窮鳥；雲端隱現，此中或遘眞龍。但令杞梓呈材，珊瑚入網。不迷五色之日，無積後來之薪。則致用庶得其人，成功奚必自我。

從這一段話裏，充分表現出成先生莊敬不苟和求才若渴的精神。

闈場中的一段佳話

他向筆者講了一個很有意義的故事：民國三十九年，臺灣舉行第一次高等考試，閱及一本國文卷子，內容充實，見解極佳，文字復繁簡適中，立言得體，因批定爲一百分。自考試院創辦考試以來，國文得分之高，殆無踰於此者。時張懷九（知本）和張默君兩先生，同在闈中，爭相傳閱，許以衡鑑爲得其平。榜發，則長沙曾君霽虹，果以優等及第；未幾來謁，乃一白袷少年，年未三十，今已任考試院參事有年，積學有成，文名籍甚。這難道不是一段闈場中的佳話嗎？成先生講完此一故事時，喜悅之情，藹然見於詞色。旋又述及在臺灣師範大學兼課之事。

駢文講席之開端

成先生說：民國四十六年夏，師大國文系程發軔主任，親自造訪，請其兼任駢文教席；嗣後政治大學中文研究所成立，開設駢文研究課程，亦請兼授。其間復兼授中央大學中文系駢文，並擔任師大張仁青君所撰「魏晉南北朝文學思想」之博士論文指導。此間各大學之有駢文一課，實由師大開其端；今張君仁青且以文學講授於國立中山大學矣。

現代駢文應賦予真實內容和時代意義

筆者因請成先生談一談對駢文的觀感。他說：駢文本是一種「有聲有色」的美文，在中國傳統文學方面具有很長的歷史。但由於使用典故，雕琢詞華，寫來既較困難，用途也不甚廣，更有某些作者只知堆砌故事，餖飣成篇，因此遭受到的批評最多，也最厲害。個人認爲今天大學中文系或中文研究所的同學，儘可不寫駢文，但對駢文的起源、演變和衰弊情形，應該有一輪廓式的瞭解；同時，對於一篇好的駢文或壞的駢文，也應具有欣賞和鑑別的能力。至於極少數願寫駢文的人，首當注意的是多讀書，其次寫作時應「以達意明事爲主」（孔廣森語），並可取材新事物，選用新名詞，賦予駢文以眞實內容和時代意義。

最後成先生說：我國讚美智識份子，總是喜歡用「品學俱優」或「敦品勵學」這兩句話，「品」字都排在「學」字之前，可見一個人還是做人第一，也就是人品第一。先總統　蔣公重視「四維」和「六藝」，要我們術德兼修，知行合一，做一個堂堂正正的人，這眞是語重心長，值得每個讀書人的深思和反省。

臺樓一角．著述豐富

成惕軒先生，年屆七旬，身體健康，公餘手不釋卷，著述甚多。其已出版者計有：「尚書與古代政治」、「考銓叢論」、「汲古新議」、「汲古新議續集」、「藏山閣詩」、「楚望樓詩」、「楚望樓駢體文內篇」、「楚望樓駢體文外篇」等多種。

臺樓是成惕軒先生讀書的所在，成先生曾引導筆者參觀他的書室，縹緗坐擁，樂在其中。筆者於訪問兩小時後握別，在杜鵑花和鳳凰木青紅掩映的小園前，回望壺樓，曷勝嚮往！

「成」門立雪五十載　北海扈陵億萬斯年

謝樹華

一、需校夤緣師生情深

民國二十九年二月，軍需學校學生班十五期，在故鄉湖南衡陽招生。當時正值長沙大火之後，日本侵華敵焰，猶復高張不止，不知伊於胡底。

我們熱血青年，同仇敵愾，油然而生投筆從戎之心。現需校招生，受訓期間兩年，實爲一大良機。因此稟陳雙親許可，前往報考。僥倖錄取，得遂宿願，走上報國請纓之路。

衡陽招生，錄取三十人，報到二十五人，一行循湘江水路，乘船過洞庭湖，入湖北公安而過宜都抵宜昌，改搭民生公司巨輪經三峽而抵重慶陪都，學校即在巴縣蔡家場，報到入校。

依照當時各軍事學校規定，新生均須就近送軍校，或步、砲等兵科學校接受入伍生訓練，爲期四個月。因此，我們被派到中央陸軍軍官學校成都軍校所在地附近之新都入伍生團受訓，至八月底完訓，當年九月回到需校就讀。

回到學校正式上課後，國文一課，即係由成老師擔任。提起老師出任需校國文教官，更有一段淵源插曲，彌足珍貴。

原來，民國二十年，湖北水災泛濫，遍地災鴻，老師在報上發表救災賑濟文章，文情並茂，感人肺腑。當爲時在南京之前軍需學校校長，湖北枝江籍之張叙忠（字孝仲）軍需總監（中將）所親覩，特別器重老師之才華，遂設法輾轉延聘老師由湖北至南京擔任教席。

我因投筆從戎，自感學植淺薄，因之決心奮發向學，尤對國文，更認爲國人立身之基本。故對老師授課，春風化雨，受益至深，時存「一日爲師，終身爲父」之心志。由民國二十九年溯源起，以迨老師七十八年逝世，其間歷時五十載，程門立雪，半個世紀如一日，此恩此德此情，實爲我三生之大幸，永遠不忘，彌久彌殷。

二、重慶京滬天涯比鄰

需校學生班十五期，於三十一年二月畢業。我當時分發至軍政部陸軍經理雜誌社，擔任中尉（本期同學奉軍事委員會核定，以中尉分發）助理編輯，地點重慶林森路鎮守使街。而老師時任國防最高委員會秘書，地址在林森路軍事委員會內後側，軍委會前門警衛森嚴，左右及後側門，出入較爲容易。

我因擔任文字工作，頗爲輕鬆，且請教老師機會復多，正不殊在校時期。由於辦公地點，相距咫尺，走路五分鐘即到，故時相往來過從，獲教請益，仰之彌高，鑽之彌深。

後來，老師轉入考試院任秘書，地址重慶鄉下歌樂山。不久後，我也轉至軍事委員會國際問題研究所，擔任第一組對日情報作戰少校研究員。國際問題研究所所本部在重慶曾家岩，第一組則在李子壩建設新村，瀕臨嘉陵江濱。

眞是無巧不成書，老師在歌樂山上班，師母與中英兄妹等眷屬，正卜居在李子壩，與建設新村相隔一條重慶通往化龍橋小龍坎鄉下大馬路。因此每逢假日或下班時間後，我由辦公處所或宿舍，穿越馬路，即到老師寓處，依然團聚相處，樂也融融。

三十四年八月，日本無條件投降，我們勝利還都南京。中央及考試院等五院單位先行，國研所則遲至三十五年六月，始行還都，並隨即奉令結束。我當時投身我國駐日佔領軍六十七師戴堅師長之聯勤總部獨立第一兵站支部，隨同赴日擔任佔領之兵站勤務，不料徐蚌會戰失敗，戴師長陣亡，佔領軍取消日本之行。於是回歸聯勤總部財務學校，出任中校事務室主任。當年對日作戰，國際問題研究所卓著戰功，英美盟軍翹首是從，如蘆溝橋事變，珍珠港事變，以及日本御前會議決定接受盟國無條件投降等等，國研所均即早期提供研究及軍事情報。而今未遂佔領日本宿願，壯志難伸，徒喚奈何。

勝利後，在京滬一帶工作，常多進京機會，輒利用機會，趨謁老師，定省請安，相見倍感歡洽。

三、臺灣重聚永不分離

三十八年，大陸局勢急轉直下，南京政府首先南遷廣州，續由廣州遷至四川成都。考試院隨同中央政府行動。老師與師母，亦隨受深切播遷之苦。

財務學校與聯勤總部之經理學校，副官學校，時在上海江灣，於三十八年元月初，同時奉命南遷福建廈門、漳州，至七月間，以局勢惡化，宣告結束。

我在廈門辦理學校結束事猶未了，九月中旬，對岸嵩嶼便告失守，原擬轉赴廣州報到，亦因無法成行。於是挈同家眷及少數官兵，搭乘撤退船隻，於九月二十七日抵基隆上岸，臨時至臺北保安司令部辦理臺灣入境事宜。

抵臺後，先向聯勤財務署臺北辦事處報到，以當時兵慌馬亂，拒未接受。因之迫於生計，在基隆高砂市場擺香菸攤過活。

對於老師行蹤，時深關切。十一月間，在中央日報副刊上，喜見老師鴻文，因透過中央日報聯繫，欣悉老師隨同試院來臺，從此相逢聚首。老師爲迎接師母，由香港船運來基，辦理入境事，每次均在我香菸攤棚中相聚，商議一切，此情此景，猶歷歷如昨。

四十二年四月，我考取臺灣省政府民防委員會民防政戰工作，分發中南部服務，然至北部公出機會仍多，故又藉書信、電話與出差，向老師暨師母與中英兄妹等，諸多過從，情同手足，歡愉之至。

老師於十年前患病時，我以百年後事，不揣冒昧，向師母陳情建議。緣內人鍾幼漣女士於七十四年三月過世，在臺北工作之兒女，以就近照顧掃墓，特在臺北縣三芝鄉北海墓園購買墓地，並建雙穴，以待我未來報到之用，此一用心，孝思可嘉。

由於北海墓園，山水優勝，面對大陸臺灣海峽，西望大陸，不勝懷念之情。黨國元老，監察院于故院長右任老先生，生前吩咐葬骨北投七星山上，有云：「葬我於高山之上兮，望我故鄉；故鄉不可見兮，我要痛哭」，殊爲悲壯。

所以我向師母建議，購築北海墓穴，以爲千秋萬代之用，微言未議，倖獲採納。從此，在我未來歸葬北海後，將永久永遠，花前月下，晨曦夜幕，隨扈陵寢，長相左右，永不分離，廝守到底。

以上所陳，均爲過去五十年來之油條經，殊無新意，至請賢達鑒諒，是所拜禱。

最後，謹將老師所題贈之詩屏，恭錄於次，以誌景仰與栽培之深恩厚澤。

「鸞鏡留春鬢未華，百年紅粲並頭花

烏衣欣見諸郎起，江左清芬屬謝家

樹華仁弟於抗戰勝利後，結褵邗上，余曾寄賀小詩，播遷以來，稿久佚矣。頃居海壖，偶過　君寓，則鸞琴在御，歡動和聲，犀角滿前，粲爲英物，重貽斯什，紀賓敬之克諧，卜世澤之彌遠焉！

丁酉（民國四十六年五月成惕軒）」

長文短句共生輝

——「成惕軒先生紀念集」讀後感述

曹之冠

最近忽接到台北市文史哲出版社寄贈一冊「成惕軒先生紀念集」，這是一冊近五百面天藍色暗花，由孔德成先生題署燙金封面的廿四開本的巨集。不才如我，怎麼有幸收到這部巨集呢？

這要說到七十八年國學大師成惕公逝世後，我寫了一篇悼念文章——「一經點墨耀千秋」、載在湖北文獻九十四期，惕公是近代駢文泰斗，前後在考試院主持高闈四十年，不知為國掄取多少人才，他的學生在當今文教政壇上負重責大任者所指皆是，現任考試委員就有好幾位，他們這些高足為懷念老師，就於惕公逝世後即籌印紀念集來追懷這位大師，我的拙作很有幸的，就收入這本巨集內，感到很光榮。

我本來根本就不知道這回事，憶於七十九年六月二十三日前兩天，忽地接到一位素昧平生的吳志超先生電話，通知我廿三日上午到徐州路台大集會堂，參加惕公逝世周年紀念會，我上午九時到達會場，吳先生在案旁見我簽名——曹之冠，即跟我握手說，你懷念成先生的大文，已收入籌印中的紀念集，先送一冊由曾霽虹先生爲老師撰書的墓碑文，俟紀念集印好後，再行寄贈。

這次惕公紀念會，算是群賢畢至，我只認識幾位德高望重鄉長、劉先雲、胡秋原、江應龍諸位先生，及陽新曹森、曹昭蘇、蕭欽幾位同鄉，隨後在紀念會的演講中，認識好多位大名的時賢，惕公的哲嗣中英，中傑博士，也因此而得識。中午我還應邀在天成飯店午宴，與好多位名家杯酒言歡，相與認識，且有成爲文友，過從愉快。

時逾兩年，斯集並未寄來，幾乎把這事忘了，前天忽地收到本集，經我晝夜選讀多篇，已明知其內容，包括輓幛、輓聯、紀念論文，遺墨、遺著、哀思錄等，前三種係當今政要，生前友好，或學生們追悼惕公之作，後三種係惕公自著，及家人哀思輯錄。這些作品，除了惕公遺墨遺著、字字珠璣，深具極高價值外，其它篇章皆爲高品質之作，僅以吾鄂諸篇來講，先雲公，秋原公，和江應龍教授等鴻文佳聯，皆爲情摯感人，上乘傑構，不才小文，能忝列其後頁，深感與有榮焉。同時也肯定這部紀念集，無論長文短句，都因惕公大名，相與生輝，永垂不朽。

我讀完多篇紀念文章中，發現惕公不但正式主持高闈認眞爲國拔擢人才，也對不少寒微之士，只要學有根基，安分守己者，特別發揮愛心，多與教誨照顧，致使後來頗有成就，令人感恩敬佩。

可惜，我早年懾於惕公文高望隆，沒有勇氣去求教於他，給我掃開茅塞。直至六十八年，寫好一部書稿——「我住長江頭」，未經任何人推介，幾經躊躇，鼓起好大勇氣，攜著書稿去拜見他，請他斧正寫序，但承他轉介陶希聖先生爲我寫好。（詳情請參閱湖北文獻九十一、九十四期兩篇悼文可知）事隔十年，在惕公逝世前，雖曾數次謁見，承他三次爲拙著題署題詞，但不敢多事打擾，爲我改詩改文，否則，多承他教誨，指點迷津，或許今天的文筆會好一點。可惜，我沒有這樣去求他，未能拔我於寒微，如今後悔莫及，也是遺憾。

成惕公公祭之日，我親與祭奠，行禮照片，已留印斯集，並先書送一幅輓聯，掛在禮堂側壁曰：「孔門許生徒，三度題詞光兩岸；國學稱泰斗，一經點墨耀千秋」。當時還另作一幅，未曾書送，現補錄於文末，以對這位鄉賢成惕公之景仰無已。

少歲慕英名，後幸文壇承教澤；
妙詞題拙著，前推書卷感生輝。

註：前推書卷，即指「我仕長江頭」、「故園情」、「蘄園春暖」三書而言。

時間過得很快，今（八八）年六月二十三日是惕公逝世十周年忌辰，現有時賢集議，屆時爲惕公舉行紀念會，並出版紀念集。不才承被邀稿，乃就檢此《中婦周刊》八十五年發表舊文送作充數，並成詩一首於文末，故以誠摯心情追念這位老鄉賢。詩曰：

惕公大去十周年　憶念音容如在焉
私室敬聆言懇切　公車幸遇坐怡然
文章濟世融今古　道德立身配地天
少小離家勤國事　老年猶未故鄉還

曹之冠先生以「我住長江頭」
大著屬題
襄陽耆舊荊楚歲時一丘
一壑故土之思
成惕軒

成惕公為曹之冠著作題詞（一）

志貫先生屬題新著

海上枕戈豪士志
樓頭聞笛故園情

成惕軒

成惕公爲曹之冠著作題詞（二）

經師人師慕康廬夫子

吳志超

凡通曉經義，而立身可爲人師表之人爲經師人師。作爲現代人對此，也許並不重視。其視知識之傳授爲商業行爲。「尊師重道」一詞，認已爲當世所揚棄。然而稍讀詩書，涉獵古籍，向慕傳統文化者，對現代觀念，雅不以爲然，是以成門弟子其爲師大政大文學碩士博士，類皆當代一時俊彥，博學能文。

吾雖臺大法律人，於民國五十五年間邀目前舉世聞名之林雲大師，從惕師遊，於每週日下午七至九時相偕在楚望樓書室聆師授以經史論孟，如是者三年。其後因師之瑣務實繁，以無暇而難以爲繼，如今雲石學長已揚名國際，而超也仍遊旋於庸庸之中，每一念及，輒羞赧而愧對吾師也。

惕師每誨我以「與人爲善」，與人爲善，見於所著憐才好善篇；另一訓誨爲「不爲已甚」，凡事合中庸之道，過與不及均有所欠缺。然而「中庸」二字，拿捏何其困難，所謂「中庸」，多一分則腴，少一分則瘦之審美觀，「恰到好處」釋之較爲貼切。俗謂「適可而止」，若無亟具慧根，難以臻於允當。

師嘗語我以駢文之難，非徒記誦古文數百篇而已，其於取材，尤應加意審酌。以「意在筆先」作爲寫作之準備，至爲恰當。然意在筆先，非有較高聰慧，較深修爲，熟讀古文，通達時勢，且於當世事務，更能洞察入微，讀師著「國文閱卷經驗談」，即「稱引」一端，謂「凡引用古書或成語，以記憶爲尙，儻或記憶不清『千萬不可嚮壁虛造自作聰明』」。

師嘗邀我搬至其家，其時，我任職於行政院從事法規審查工作，下班後兼授某高中國文課程，每週又兼私立中國海事專科學校授「企業組織與管理」課程，更兼考試院閱卷襄試委員，歷時頗久，其時體力健壯不以爲勞累也。

師之於我，知之頗深，愛之更切，每爲另謀高就，並未事前告知，經其向人推薦幾近成功時，每因事之未成而歎曰：「吳志超之運蹇，一至如此也！」如今言念吾師遇我之厚，非禿筆所能致意於萬一，茲値吾師逝世十周年，能爲其籌備紀念會之順利召開，則爲前最重要之任務，聊以報稱師恩於萬一也。

三、論　文

明崇禎皇帝遺胤之遭遇史載之探究

王恒文

小記：文與成師相識甚早，淵源殊深，論關係亦忝屬門生之列。憶民國四十一年參加文官高等考試　先生爲國文科典試委員，其後任職考試院考試技術研究委員會簡任秘書兼組長，與先生時相過從，多所請益，榮寵有加。茲值先生逝世十周年，謹就所著「明崇禎皇帝遺胤之遭遇史載之探究」，以誌紀念云耳。

一、緒　言

按明史諸王傳記載，崇禎帝有三子①，周皇后生太子慈烺及幼子定王慈燦，田妃生次子永王慈炤。崇禎十七年（一六四四年）甲申之變，三月李自成攻進北京，崇禎帝決心殉國，在倉卒間，帝手刃公主未及死，周皇后自經死，命太子及永定二王投外祖周、田二家，及出宮慌忙中奔散。後不久，周奎獻二王，李自成允以待之杞宋之禮，即善待崇禎後裔，效法古人將封二王之意以優待之。

及自成以禮葬帝及周皇后，帝后梓宮出城，二王青衣拜送，唯太子不知所往②。及吳三桂引清兵入關，李自成兵敗，李自成挾二王及晉王東出（晉王爲李自成自山西挾來者，非生長在宮中。），始訛傳太子亦在自成軍中，此時晉王乘間逃入吳軍，則又訛傳太子入吳軍。自成再還京師，并不見二王，後自成軍逃出城，吳三桂軍入城，亦但有晉王，不見太子，此爲當時之事實。

帝及后自縊之凶聞，四月十二日傳至南京，南京諸大臣議立君以繼之。諸大臣如史可法、劉孔昭、高弘圖、張愼言、劉宗周等，議定福王朱由崧繼位南京，以討北亂，並定明年爲弘光元年（一六四五）。弘光既立，但北都則由清順治繼明即位，國號大清（崇禎十七年爲順治元年）。

唯此時乃傳出南北皆發現二太子之事，南都士民，不怕弘光帝即位，爭以太子非僞，應由太子即位，以正帝統，但諸大臣審辨之結果，謂王之明僞裝者；此時北都亦有一劉姓者亦稱太子，後乃處斬了事。

及康熙年間，又傳出朱三太子之事，傳遍天下，義軍四起，皆以朱三太子爲名而抗清。清廷大爲震怒，乃得之定王朱慈燦而誅之，事在康熙四十九年庚寅（一七一〇年）。

在康熙三十八年己卯（一六九九），康熙南巡，至明太祖陵奠祭，閱視陵寢，見其圮毀已甚，詔太學士曰：「古者夏殷之後，周封之杞宋，今應對明之後裔，酌授一官爵，俾司陵寢」。後以代王之後朱之璉，在雍正二年（一七二四）以正白旗漢軍，由正定知府特賜一等侯③，以表對明裔之尊重。既爲尊重明裔，而朱三太子何不封爵，竟誅殺之，獨以無關宗室之後裔而封爵，可知清廷以其僞裝之機心而仿古人之意焉。

二、南北二太子之史實

明史諸王傳載：

太子慈烺，莊烈帝第一子，崇禎二年二月生，九月立爲太子，十五年七月改慈慶宮爲端本宮，繼而以寇警暫停。京師陷，賊（指李自成）獲太子，僞封宋王。及賊敗西走，太子不知所往。南由崧（指弘光帝）時，有自北來稱太子者，驗之，以爲駙馬都尉王昺孫王之明僞爲之，繫獄中。南京士民，譁然不平，袁繼咸及劉良佐、黃得功輩皆上疏爭，左良玉起兵，亦以救太子爲名，一時眞僞莫能知也。由崧既奔太平（此時清兵南下），南京亂兵擁王之明立之，越五日，降於大清。（據傳王之明亦不知所終。）

此爲明史之記載，按當時北都亦有自稱爲太子者，但明史不見記載，蓋當時太子互見於南北兩都，雖曰眞僞難定而有其一事，南北均也。而史本傳載南而不載北，殊失爲史者之筆。今查清世祖實錄則有記載，其東華錄云：

順治元年十二月辛己（十五日），有劉姓者，自稱明崇禎太子，内監楊玉爲易服，送至故明周后父周奎家，時崇禎帝公主亦在奎所，相見掩面泣，奎跪獻酒食。既而疑其僞，具奏以聞。隨令内院傳明故妃袁氏，至東宮官屬、内監等辨識，皆不識，問以宮中舊事，亦不能對，袁氏等皆以爲僞，惟花園内監常進節、指揮李時蔭等執以爲眞。吏部侍郎沈惟炳、御史趙開心、給事中朱徽等各言事關重大，宜加詳愼。因下法司覆勘，得假冒狀。楊玉、李時蔭等十五人皆棄市。以開心奏中有「太子若存，明朝之幸」一語，亦論死，因係言官免責，罰俸三個月。仍令内院傳諭内外，有以眞太子來告者，太子必加恩養，其來告之人，亦給優償。

按以上記載清之處分故太子，謂之假冒，其假冒之證，則以得之故明貴妃袁氏，以袁貴妃親侍崇禎帝，自應得見太子之故。但即使眞出於袁妃，亦應參以他證，辨其有無威脅利誘之嫌，然後處之，只以假冒二字即遇害，似頗不當。

按明史周皇后傳：據傳所言，后自縊遂先帝崩，帝又命袁貴妃自縊，繫絕，久之蘇，帝拔劍斫其肩，又斫所御嬪妃數人，袁妃卒不殊。世祖章皇帝定鼎，謚后曰莊烈愍皇后，與帝同葬田貴妃寢園，名曰思陵。

又東華錄云：

順治元年五月己酉，以禮葬明崇禎帝及妃袁氏，兩公主並天啓后張氏，萬曆妃劉氏，仍造陵墓如制。

查此記載前後矛盾，故所稱袁貴妃指認爲假冒之事，而袁貴妃乃僞也。因既葬袁貴妃在順治元年五月之先，而同年十二月又有袁貴妃出而辨認太子之事，豈非笑話？蓋清廷所忌者爲崇禎帝之太子，故以稱其爲假冒之名而處之，此乃其眞心，以絕後患也。

兩太子南北皆見，時雖稍有先後，北太子較先見④，被殺於北，決不能復南來，兩者之中，若一爲眞，必有一僞。今查其蹤跡，則北太子不能不信爲眞，所投者爲外祖家，豈有不識太子，而貿然跪獻酒食者？長平公主又在周奎家，公主與太子同庚，均爲十六歲，非幼小無知，而相見哭泣，認識必確，此等情節又出自東華錄，非故明遺老之傳聞。後周奎出首，自緣求媚於新朝，忍負帝后，殊不可取？此事辨識之人執其爲眞者，皆予棄市，惟言官得色，觀此北太子之事，可知清帝之用心矣！

三、永定二王之見於記載者

按野史所記⑤，永王慈炤莊烈帝次子，定王慈燦莊烈帝第三子，崇禎十年封，未之國。甲申國變，李自成入城，獲二王於宮中，猶未易服，自成令行君臣禮，二王直立不肯，僅相對一揖，自成發僞將劉國能撫養。四月廿三日自成軍與吳三桂戰敗，踉滄西走，或見挾太子及二王俱去。又聞匿跡民間，未有的耗，弘光謚永王曰永悼王，定王曰定哀王。

先是，甲申年冬，有男子祝髮爲僧，法號大悲，自稱先帝子定王，詣南都水西門小民王二家趺坐，命王二疾報兵馬司肅駕來迎。事聞，詔都督蔡忠往勘，男子見忠，辭益倨傲曰，凡有官來，宜以禮見，忠爲曲膝，曲致詔意。男子坐馬入，有旨戎政趙子龍、錦衣衛掌堂官馮可宗，與蔡忠會訊中軍都督府。男子倣曰，皇帝難作，非我所欲，今欲中興，而庸庸多任，舉弘光忌諱數節昌言之，且曰，此何時？乃欲荒淫坐致太平乎？我聞潞王賢明，人心依向，諸大臣宜獎成讓德，不然，決不能長據此座。復牽引錢謙益、王鐸二大臣，責以此事，訊者以其所供上聞。弘光復命九卿科道官會訊都城隍廟，事不果眞。或曰，此乃有感時政，激失心而出此者，尋正法於市。

不久，復有所謂定王者，走浙地潛入進士俞文淵家，文淵藏之深處，而號召山澤殘兵校，起曰：此眞先帝遺脈，前此百萬，欲爲之死不可得，今豈可當面失之，因詫爲龍鳳之姿並誇神應諸狀，遠近頗欲就義擁護之。而爲其仇人告發，地方官四出搜捕，所謂定王者，是日在姚志卓營中獲免，文淵兄弟子姪共九人同日被害。

十一月辛卯，又有奸人出首定王於南直某寺爲僧，供是甲戌進士路邁所匿，定王出見清官吏，南面席地坐云：吾高皇帝獲元太孫買的里八剌，俱待以不死。今事已大定，我心灰死，但願出世爲僧，清廷豈有反不見容之理，語音慷慨。地方官遞送至京，併逮路邁，抄洗其家，傳聞十二月二十四日定王遇害。又言定王行至山東，路上有壯士十八騎，破檻車，扶定王上馬，奔逸而去，不知所之。⑥

以上爲野史之言，雖不足全信，但也傳之鑿鑿，頗爲惋惜不已。

四、朱三太子案之由來

關於朱三太子之事，頗爲史實不明。蓋南明之時，自弘光、隆武之間，明之遺胤足繫人心，至永曆、紹武，亦自有名號可循，士大夫眷念故君，有的可赴，不必秘密以行遯之王子，爲擁戴之資。逮永曆紀元與順治之年同（永曆十五年爲順治十八年，即西曆一六六一年），明年爲康熙元年，雖鄭成功及鄭經皆以永曆爲正朔紀年，但三藩之亂時而永曆帝已遇害。故在康熙年間乃藉之以朱三太子事聞於天下。⑦

所謂朱三太子，爲康熙年間民衆思明裔之一種公名，但其所指者非故太子慈烺，而究孰爲朱三太子？所指爲何人？頗爲不明。按崇禎帝所遺之皇子，僅爲三人，前已言之，太子爲長，定王爲次，永王爲三。若以兄弟之行次言，則崇禎第二子懷隱王早殤，定王爲第三子，永王爲第四子，其第五、第六、第七皆已夭殤，不在易代後人想望之數矣。

按舊聞錄載：清吏李方遠曾爲饒陽縣之官⑧據云其與崇禎三太子定王爲友，王變姓名，自稱張姓，案發，李以株連謫戍新城，著有張先生傳，記載朱三太子定王之事。李方遠是在康熙二十二年癸亥（一六八三）得識張先生，張號潛齊，浙中名士，學識淵博，寫作兼優，精音律，爲路氏西席。後李解任家居，而張先生自江左偕二子至，言及江左連年水荒，粟貴如金，不得已而就食於門人家，今乃投尊府，求荐一館以糊口。李知其難，乃以子孫數人聘西席以啓童蒙，因留居焉。

康熙四十七年戊子（一七〇八），忽於四月初三日有軍廳高公、邑令張公，率營兵官吏來，將張先生父子同李一併鎖拿，李茫然不知其故，及問話後，知張先生乃朱三太子定王也，故遭牽連矣。

張先生坦然自認爲定王慈燦，坎言曰：

崇禎十七年流賊入城，吾從宮中出，倉卒間散失。吳三桂同清兵入城，流賊逃散，吾乃隨一毛將軍者至河南地方，毛將軍棄馬買牛，種田年餘。清官吏搜查流賊甚急，毛遂拋吾而逃。時吾年十三歲，自往南行，至鳳陽遇一老鄉紳王姓者，曾爲先朝諫官，細詢根由，執手悲泣，留在伊家，遂改姓王，偕同伊子同學讀書，又數年王官病故。吾年十八九歲，及涉江而南，舉目無親，至一禪林，削髮爲僧，苟延歲月，後遊於浙，止一古刹中，有一胡姓者餘姚人，亦明時官屬，俱來寺中，與我談論經文，愕然曰，子有如此才學，何流入空門？乃延至其家，改換衣帽，勸吾蓄髮，以小園之房屋與吾住，後以其女妻吾，此即成浙人之家焉。

清官吏審之再三，言及江南有兩叛案，皆以扶朱三太子爲名，號召恢復明室起義，以討滿清。後其頭目皆爲清吏所執，問及朱三太子爲何人？是否認識此人？並與之對質，皆不認此人，即皆以朱三太子爲名，皆非朱三太子也。後於康熙四十九年庚寅（一七一〇）解京，李方遠亦以牽連本案謫戍新城，而張先生之以朱三太子案牽連者百餘人悉被正法，而此朱三太子父子解京亦被處決，時張先生已年七十五歲矣，逃避一生，仍不免一死，殊可悲也。

五、結　語

嗚呼！清之興也，乘明末之亂，善用機會，唯不善袪除種見之時敝也。順治建元，正崇禎之末，與爾袞誓師西向，呼倡征明，值李自成入京，烈皇殉社稷之時，其間復以一女子之故，致吳三桂壺漿簞食以迎之。清於是長驅入關，於是下江南，於是入浙閩，於是平粵桂。而南明之朝，奸黨禍國，馬阮用政，但仍在忠臣義士奔走之下，前仆後繼，呼號復明，其間志士，莫不視死如歸，使異族喪膽，亦爲民族間之仇敵也。

至烈皇遺胤，無一成其抗力，而清廷所得之明裔，是宜以禮處之，乃必拿戮其眞者，而後塗飾其僞者，示天下以恩禮前朝之至意，爲子孫前世計，果必於是之深且曲耶？唯清廷之用機心，刻深長久，爲振古所未有。論其何以致此？倘可以種族之隔閡，不自信其得天下比於夏造殷因，於正而不譎之中，有可以自處之道在乎？易代以來，尚無詳明之記載，唯禁書檔案，日出不窮，貫串成編，是爲史學家之難言者多矣。

【附　註】

① 烈皇七子，周皇后生慈烺、慈烜、慈燦（或作炯），因貴妃生慈炤，悼懷王等七子。四子均殤。當鼎革時，惟太子慈烺，定王慈燦（炯），永王慈炤存焉。

② 見鹿樵記聞兩太子篇。

③ 張相文南園叢稿有記朱候一篇。又見王氏東華錄：「康熙三十八年南巡，由杭回鑾，四月壬子上至明太祖陵奠爵，而諭大學士等。又見清史稿朱之璉之封候及其傳系之世系錄。」

④ 堯峯文抄題揞九疑年錄云：順治元年十一月，有稱明皇子者，至京師，入故嘉定伯周奎家，奎留之二日，遂以爲僞太子疏於朝。於是吏科朱徽、河南道趙繼鼎等連章劾奎口，故北太子之發見是在順治元年十一月。按實錄鈔：弘光實弘光元年（順治二年）三月丙申會審太子眞僞。（南太子正自至鴻爐寺少卿高夢箕家。據此

而知南太子在順治二年始發見。故北太子在先。

⑤ 錢澄之所知錄卷五所載南渡三疑案。

⑥ 顧炎武明季三朝野史卷二，南沙三餘氏南明野史卷上，佚名氏江南聞見錄。

⑦ 舊聞錄云：辛亥冬，友人傅君，在新城得一手抄本，顏色黯晦，題曰張先生傳，爲清初李方遠所著。所與明崇禎三子定王爲友，王變姓名，自稱張姓，案發，本以株連謫戍新城，乃有此著。本文略以記者張先生之事實，係自稱爲朱三太子定王也。

《晏子春秋》的文學特徵

王更生

小記：春秋代序，時光如流，於　惕老辭世十周年之際，同門好友籌畫出版紀念文集，爰作此篇，藉晏子之行誼，揚吾　師之清芬。嗚呼！哲人云遠，典型永懷，痛哉！

近人吳則虞在他著的〈晏子春秋集釋序言〉裡說：「《晏子春秋》是我國最早的一部短篇小說集，也可以說是一部最早的『外傳』『外史』。其實早在《四庫全書簡明目錄》裡就有類似的說法，觀《晏子春秋》的布局，大別由〈內篇〉、〈外篇〉組成，〈內篇〉分〈諫上〉〈諫下〉、〈問上〉〈問下〉、〈雜上〉〈雜下〉，〈外篇〉分〈重而異者〉和〈不合經術者〉。全書二百一十五章，大多記述晏子的遺文墜事，筆法以寫實爲主，間涉虛構，在敘事性的體裁中，而以問答方式表出。故論其文學特徵，至少以下四點。

首先，是敘事富於故事性、戲劇性，情節生動具體：作者善於擷取或提煉歷史素材中的某一片段，大而問政外交，小而飲食起居，或作縱向的敘述，或作橫向的擴充，其間充滿了矛盾、衝突，並揭示了前因、後果。內容複雜的，更是寫得縱橫交織，波瀾迭見，俯仰有致、開闔得法。如〈諫上〉第十七章，寫「景公登牛山，悲去國而死」，蓋有生而有死，人不能無死，這是自然的規律，不可避免之事，景公畏死而悲，以為「若何滂滂去此而死乎？」侍臣艾亂、梁丘據皆從而流涕。當衆人皆為去國悲泣不已之時，晏子卻獨笑於旁。行文至此，出現了轉折，也因而引起以下景公的責問：「寡人今日遊悲，子之獨笑，何也？」晏子便順勢就常情常理，進行回答，說：「使賢者守之，則太公、桓公將常守之矣；使勇者守之，則莊公、靈公將常守之矣。數君者將守之，則吾君要得此位而立焉？」以齊國之「賢相」，舉齊國之史實，來開導一位怕死的「齊君」，同時又從「賢者」「勇者」兩方面剖析，最後得出「不仁之君見一，諂諛之臣見二，此臣之所以獨竊笑也」的結論。這不僅點醒了齊景公的愚昧無知，對諂諛之二臣來說，因為他們為了取寵固位，不問是非黑白，一味看風使舵，投君所好，失去臣子的擔當，眞是不仁之甚，也給他們一記當頭棒喝。作者於此，以景公登牛山，悲去國而死為主線，君臣對話作穿插，先開後闔，有聲有淚，言近旨遠，有晨鐘暮鼓之力。又如〈內篇．諫下〉第二十四章〈二桃殺三士〉、〈內篇．諫下〉第二十一章〈嬖妾死，景公守之三日不斂〉、〈內篇．雜上〉第十二章〈景公夜從晏子飲，晏子不敢與〉等，無一不是糾葛突出，異采紛呈，令人百讀不厭。

其次，是個性鮮活，情景逼眞：《晏子春秋》中的晏子，既來自歷史，又出乎歷史，他成了一個文學典型。雖然他被作者塑造成仁人、智者、能士，但全書終始如一地表現他敢怒敢罵、敢喜敢笑、大智大勇、剛正不阿、生活儉樸、愛國愛民的個性，把他那高尚的情感和德操，毫不保留地都溶入了情節生動的文字中，又從不同的層面，不同的事件裡，再眞實地反映出來。如〈內篇・雜上〉第三章〈崔慶劫齊將軍大夫盟，晏子不與〉，故事的背景，是崔杼弒莊公，立景公之後，身相齊國，於是威逼齊國的將軍、大夫與他盟誓，順從他的權勢。當時的環境是「爲壇三仞，埳其下，以甲士環列其內外」，凡參與盟誓的「皆脫劍而入」，面對著這股殺氣騰騰的氛圍，晏子卻如一株支撐大廈的巨木，不肯脫劍，崔杼對衆宣在：「有敢不盟者，戰拘其頸，劍承其心」，前後已有七個人，因爲不服脅迫，而屍橫埳下，現在臨到晏子起誓了。晏子卻捧著杯中鮮血，「仰天嘆曰：『嗚呼！崔子爲無道而弒其君，不與公室而與崔，慶者，受此不祥！』，俛而飲血。」他既不懼死而失志，又不見利而忘義，所謂「臨大節不可奪」，威武不能屈，富貴不能淫。這種嶔崎磊落的形象，力斥凶頑的壯烈，透過人物的言行，情節疾速的展開並推向高潮，接著崔杼對晏子說：「子變子言，則齊國吾與子共之。」晏子立即回答說：「劫吾以刃，而失其志，非勇也，回吾以利，而倍其君，非義也，曲刃鉤之，直兵推之，嬰不革矣！」這種臨難不苟，視死如歸的忠直形象，寫來意氣揚揚，鬚眉皆動；而玩味他的慷慨陳詞，卻又叫人血脈僨張，義憤塡膺，其淋漓盡致的人物素描，只有在後來司馬遷於《史記》寫蒯通，班固於《漢書》寫蘇武，差可比擬。類似的文字，在《晏子春秋》裡很多，如寫一個喜怒無常的國君齊景公，和脅肩讒笑的奸佞梁丘據，事親至孝的逢于何，捨生取義的北郭騷，每一個人物，皆被勾畫成有血有肉，有鼻有眼，躍然紙上，觸手可摸的活人。

又其次，是敘事狀人，皆用白描手法，並獲致成功：通讀全書，除極少數篇章如〈外篇・不合經術者〉中的第十三章「佯問佯對」，與「極大極細」，略似《莊子》的卮言而汪洋恣肆，機趣橫生外，其他多屬樸實、簡潔、淡墨點染、毫無矯揉造作之態。但在敍事條暢，狀人傳神時，不僅不板滯枯澀，反而別有一番自然、明快的情趣，揮洒在字裡行間。例如〈內篇．雜下〉第九章〈晏子使楚，楚王欲辱晏子〉。蓋外交往來，禮儀爲重，楚王君臣以晏嬰身材矮小爲可欺，欲辱晏子，始則「爲小門於大門之側而延晏子」，繼而又當朝發問：「齊無人耶？」其淺薄、粗魯故作挑釁的行爲，顯然可見；如果是一般人，在楚國莊嚴的殿堂，和周圍強大的政治壓力下，恐怕很難從容不迫，處之泰然；而晏子卻臨事不亂，即以其人之道，還擊其人之身，說：「臨淄三百閭，張袂成蔭，揮汗成雨，比肩繼踵而在，何爲無人？」楚王又說，既然如此，「然則子何爲使乎？」晏子以舉重若輕，語帶諷刺而十分技巧地回答說：「齊命使各有所主，其賢者使使賢主，不肖者使使不肖主，嬰最不肖，故直使楚矣！」觀敏捷的反應，機智的揶揄，在脣搶、舌劍中，又顯得幽默輕鬆，充分體現了晏子不辱使命的外交才能。本篇內容，在楚王欲辱晏子，結果反被晏子所辱的故事裡，雙方的言語、行動，似乎都近乎開玩笑，但細加玩味，卻又話中有話，事後有事，其中巧妙的涵藏著耐人思索的玄機。至於對臨淄誇張性的描述，或對仗，或單行，精湛美妙、形象生動，已成爲家喻戶曉的成語，類似這種白描而又成效卓著的作品，在《晏子春秋》裡，如〈內篇．諫下〉第十三章「景公爲履而飾以金玉」，〈內篇．諫上〉第二十三章「景公從政十八日不返」、〈外篇．不合經術者〉第十六章「晏子死，景公馳往哭」等，都是用以少勝多的文字，對內心的情，複雜的事，作深入淺出的描繪，而力透紙背。

最後，是語言乾淨俐落，明白曉暢，有掀動人心的親和力。在《晏子春秋》的文學氛圍裡，各種各樣的矛盾衝突，多采多姿的人物性格，都駕著語言的輕車，輕鬆而有趣地走進讀者的心靈，這便是《晏子春秋》的語言魅力，它乾淨、曉暢、有掀動人心的親和力，即使是議論性文字，在作者藝術權杖的指揮下，也都編織在靈動的對話當中，託理於情，化繁爲簡，其間，又無可避免的運用巧譬善喻的手法，來突顯他背後的主題，把那些禍國的奸佞，酷愛玩樂的國君，以及忠臣、孝子、淑女、義士、良民寫來唯妙唯肖，生動多樣，平添了它的形象性和感染力。如〈內篇・雜上〉第四章「晏子再治阿而見信」，記載景公侯晏子第一次任東阿宰時，不循私情，秉公執政，打擊權貴，限制邪惡勢力，但卻遭到權貴和邪惡勢力的反對，而「毀聞於國」，遂被景公召回治罪。及至第二次再治東阿時，一反前次的作法，處處爲權貴及惡勢力大開方便之門，竟然「譽聞於國」，景公又將其召回加以重賞。這種當賞者受罰，當罰者厚賞，深刻暴露了當時社會上從上到下的腐敗現象。這不一定是晏子親身經歷，甚至不一定確有其事，但經過提煉加工後，便成了帶有寓言性質的作品。這則故事足以傳達社會上普遍存在的通病，啓發人們注意毀譽的由來，不可輕信流言，使黑白顚倒。這篇文章略於敍事，詳於記言，從兩治東阿，毀譽不同，「景公問其故」，晏子說明原因的對話中，得知其語言藝術的眞象。他說：「昔者嬰之治阿也，築蹊徑，急門閭之政，而淫民惡之，舉儉力孝弟，罰偷窳，而惰民惡之；決獄不避，貴權惡之；左右所求，法則予，非法則否，而左右惡之；事貴人體不過禮，而貴人惡之。是以三邪毀乎外，二讒毀於內，三年而毀聞乎君也。」詳細解析他首治東阿而毀聞乎君的情形。以下又說：「今臣謹更之，不築蹊徑，緩門閭之政，而淫民悅；不舉儉力孝弟，不罰偷窳，而惰民說；決獄阿貴強，而貴強說；左右所求言諾，而左右說；事貴人體禮，而貴人說。是以三邪舉乎外，二讒譽於內，三年而譽聞於君也。」這是他二治東阿而譽聞於君的情形。最後，作者吊轉筆頭，順勢就前後毀譽的不同加以歸納說：「昔者嬰之所以當誅者宜賞，今所以當賞者宜誅，是故不敢受。」三句話結束了上文，用「當誅宜賞，當賞宜誅」，對景公輕信毀譽，以致是非不明，做出公正而語帶警惕地裁判。並在敍述前後治阿時，內容圍繞著「三邪」「二讒」作對比，先言防姦、防盜，次言勤儉、力田，又次言決獄，再次言左右索求，以及事奉貴人，將施政成效，正反對陳，使一個毀譽交加的晏嬰，在作者筆觸下，全盤呈現在字裡行間，而又無一語不貼切，無一事不眞實，有自然動人的筆力。他如〈內篇・問上〉第九章「景公問治國何患，晏子對以杜鼠猛狗」，〈內篇・雜下〉第一章「景公禁婦人爲丈夫飾不止，晏子請先內勿服」，其修辭手法，也都能窮形盡相，各極其妙。

語言的精妙，無疑地增強了本書的藝術魅力，書中的雋言秀句，流傳至今，不僅成了生命力旺盛的成語典故，更豐厚了我們民族語言的內涵。上文的分析，只是全書二百一十五章中的極少部分，其實，它每章都寫了一個完整的故事，在故事情節裡，充滿了衝突和矛盾，在衝突矛盾的對話中，更突顯了晏子的性格特徵、心理活動，散放出他那逼人的機智和愛國愛民與潔身自愛的光環，足以照耀千古，傳貽來葉。

晏嬰是繼管仲之後，治國御民的賢相，幾千年來，管晏齊名，深入人心。《史記》本傳謂「事齊靈公、莊公、景公，以節儉力行重於齊。既相齊，食不重肉，妾不衣帛；其在朝，君語及之，即危言，語不及之，即危行；國有道，即順命，無道，即銜命，以此三世顯名於諸侯。」其熱愛齊國，忠於職守，崇尚節儉，直而守禮，忠而知節。其一生事迹爲人所贊譽。如孔子美其「善與人交，久而敬之。」史遷願意「爲之執鞭，所忻恭焉。」同念晏子生當王綱解紐，政入私門之時，毅然抱道自重，不僅學可爲後世法，行亦足爲天下則。是以晏子本身的言行語默，即爲後人修己治人的典範，具有崇高的價値。

《晏子春秋》以短篇故事的形式，記述晏子生平言行。其內容涉及齊國的內政、外交、社會風氣、民生疾苦；有對國君的諍諫，有對百姓的愛護，有對人生的剖析，有對世事的譏諷，更飽含著家庭生活的趣聞，可以說從多側面、多輻向地記載了晏嬰的一生，在一篇篇的故事裡，有史實、有傳說、也有演義，是戰國以來最膾炙人口的古代典籍之一，所以《晏子春秋》不僅是了解晏子生平思想的憑藉，就是對古代的政治、社會、風俗、文化，也提供了彌足珍貴的資料，同時，它本身的文學性很強。語言含蓄而富有哲理，描寫人物生動活潑，故事情節簡潔有趣，內容題材多種多樣，雖然它名爲《春秋》，如果我們揭開晏子思想言行的外衣，不可否認的，裡面確實烙印著歷史的影子，具有史料價値，但它又不拘泥於歷史。其中不乏民間傳說，和作者的虛構。所以《晏子春秋》的藝術魅力，給後世的傳記文學，志人小說以及寫作技巧，帶來某些影響，是可以斷言的。

成品與妙品

——蘇軾〈王維吳道子畫〉一詩之賞析

陳新雄

> 何處訪吳畫，普門與開元。開元有東塔，摩詰留手痕。吾觀畫品中，莫如二子尊。道子實雄放，浩如海波翻。當其下手風雨快，筆所未到氣已吞。亭亭雙林間，彩暈扶桑暾。中有至人談寂滅，悟者悲涕迷者手自捫。蠻君鬼伯千萬萬，相排競進頭如黿。摩詰本詩老，佩芷襲芳蓀。今觀此壁畫，亦若其詩清且敦。祇園弟子盡鶴骨，心如死灰不復溫。門前兩叢竹，雪節貫霜根。交柯亂葉動無數，一一皆可窮其源。吳生雖妙極，猶以畫工論。摩詰得之於象外，有如仙翮謝籠樊。吾觀二子皆神俊，又於維也斂衽無間言。

嘉祐五年三月，蘇氏兄弟，以選人至流內銓。這是吏部的擇人之法，舉辨身、言、書、判四項考試。身是以體貌豐偉爲合格，言是以言辭辨正爲合格，書須楷法遒美爲合格，判須文理優良爲合格。經過流內銓的考試，吏部銓派蘇軾授河南福昌縣主簿。

蘇轍授河南澠池縣主簿。

吏部的銓派，只能注擬州縣官的幕職，進士及第的人，例授九品，縣主簿都是從九品的官職，剛好入流。這種但憑年資的任用辦法，只能培養官僚，不足以拔濯青年才俊，奇才異能之士。蘇氏兄弟都辭不就。幸好這時仁宗詔求直言之士，禮部侍郎兼翰林侍讀學士歐陽修以識兼茂薦之。嘉祐六年（一〇六一）正月蘇氏兄既舉制策，乃移居於懷遠驛中，努力讀書，一切生活上的細節，也就顧不得那麼多了，甚至每日無菜佐食，日惟以白飯果腹，生活之艱困可知。仁宗皇帝詔起居舍人同知諫院司馬光，同知諫院楊畋，知制誥沈遘爲秘閣考官，舉制策的人，得參加秘閣考試六篇論文，時人稱爲「過閣」，意思是難如過關。六論每篇不得少於五百字，須在一天一夜之中完成，時間緊迫，一般考生向不起草，惟蘇軾爲文，行雲流水，意思充沛，故可從容起草，及時完篇，而文義粲然，當時大家都覺得是難得的天才。評覈結果，蘇軾考了個優等，當時的人叫做三等。皇帝親臨崇政殿試所舉賢良方正直言極諫策問，蘇軾對答制策，又得到三等的優異成績。所以仁宗得到了蘇氏兄弟，以爲替後世子孫得到兩位太平宰相，還津津樂道的在後宮對后妃大說特說呢！制策是很難考的，蘇軾的謝制科啓說：

臨軒策士，方搜絕異之材，隨問獻言，誤占久虛之等，忽從佐縣，握與評刑。內自顧於無堪，凜不知其所措。恭惟制治之要，惟有取人之難，用法者畏有司之不公，故舍其平生而用其一日；通變者恐人才之未盡，故詳於採聽而略於臨時，茲二者之相形，顧兩全而未有，一之於考試而掩之於倉卒，所以爲無私也。然而才行之跡無由而深知，委之於察舉而要之於久長，所以爲無失也。然而請屬之風，或因而滋長，隋唐進士之所以有弊，魏晉中正之所以多姦。惟是賢良茂異之科，兼用考試察舉之法，每中年輒下明詔，使兩制各舉所聞。特於萬人之中，求其百全之美，而又有不可測知之論，以觀其默識之能，無所不問之策，以效其博通之實。至於此而不去，則其人之可知。然猶使御史得以求其疵，諫官得以考其素，蓋其取人也如此之密，則夫不肖者，安得而容。軾才不逮人，少而自信，不謂諸公之過聽，使與群豪而並遊，論事迂闊而不能動人，讀書疏略，而無以應敵，取之甚愧，得而益慚。此蓋伏遇某官，德爲世之望人，位爲時之顯處，聲稱所被，四方莫不奔趨，議論一加，多士以爲進退，致茲庸末，亦與甄收，然而志卑處高，德薄寵厚，歷觀前輩，由此爲致君之資，敢以微軀，自今爲許國之始。過此以往。未知所裁。

嘉祐六年閏八月告下，蘇軾以將仕郎、大理寺評事、簽書鳳翔府節度判官廳公事。辛丑十一月赴鳳翔上任，子由送至鄭州西門外而還。十二月十四日到鳳翔府簽判任，十六日謁文宣王廟，遊開元寺，觀王維畫叢竹，吳道子畫佛滅度。寫了這首〈王維吳道子畫〉的五七言雜體古詩，這種體裁，非常適合蘇軾的不羈之才，可以讓他像行雲流水一樣，縱橫馳騁，隨意發揮。吳道子是畫聖，畫的是雙林樹下，朝暾暈彩。中有菩薩正在講解寂滅的道理，下面不但有很多一般的人和信徒，甚至於蠻君鬼伯也都衆生齊等的同來聽講。王維畫的是兩叢竹子，交柯亂葉，飛動若舞，但一枝一葉，都脈絡清楚。在性情上蘇軾很喜歡吳道子雄放得浩如波濤翻動的筆墨，稱他「當其下手風雨快，筆所未到氣已吞。」王維本是詩人，以寫詩的方法作畫，所謂詩中有畫，畫中有詩是也。蘇軾稱贊他的畫是「摩詰得之於象外，有如仙翮謝籠樊。」兩人的畫稱得上是妙品與神品，但是比較之下，蘇軾仍認爲吳道子的畫雖然妙絕，但仍不脫畫工的畫；王維就不同了，他對王維所寫的竹子，衷心傾倒。說道「吾觀二子皆神駿，又於維也斂衽無間言。」王文誥說：「道元雖畫聖，與文人氣息不通；摩詰非畫聖，與文人氣息不通；摩詰非畫聖，與文人氣息相通。」這大概就是蘇軾所以對王維特別傾倒的原因吧！

何處訪吳畫，普門與開元。

普門、開元二寺名。《名勝志》：「王右丞畫竹兩叢，交柯亂葉，飛動若舞，在開元寺東塔。」邵博《聞見後錄》卷二十八：「鳳翔府開元寺大殿九間，後壁吳道子畫，自佛始生修行、說法至滅度（即涅槃，佛教最高境界，實爲死亡。）、山林、宮室、人物、禽獸數千萬種，極古今天下之妙。如佛滅度，比丘衆辟踊哭泣，皆若不自勝者。雖飛鳥走獸號頓之狀。獨菩薩淡然在旁如平時，略無哀戚之容。豈以能盡死生之致者歟？曰『畫聖』宜矣。」本篇以下所寫即釋迦牟尼佛在天竺拘尸那城娑羅雙樹下說法入涅槃時情景。

開元有東塔，摩詰留手痕。

摩詰、王維字。手痕、手筆留痕，實指其畫也。詩發端四句，以錯落的句法，點切詩題，交代王吳二人畫跡所在，使人瞭解普門、開元二寺，俱有吳畫，而王維的畫，則在開元寺東塔之中。

紀昀曰：「奇氣縱橫，而句句渾成深穩。」

吾觀畫品中，莫如二子尊。

此二句乃對吳王二人繪畫之成就，作概括性評斷，肯定二人在畫苑中並列的崇高地位。品、品類；指繪畫人的品類，莫、無人；尊、尊崇。

道子實雄放，浩如海波翻。

雄放、雄奇豪放，指吳畫藝術風格特點。浩、水勢盛大貌。水勢盛大如海中波浪翻騰，用自然現象形容出雄放的氣勢，這叫做以實景而襯出抽象之意。

當其下手風雨快，筆所未到氣已吞。此二句就圖畫形象所感受到吳道子運筆時之藝術氣概，這種對吳道子創作過程的體會，也表達詩人本身的藝術思想。其〈篔簹谷偃竹記〉云：「故畫竹必先得成竹于胸中，執筆熟視乃見其所欲畫者，急起從之，振筆直遂，以追其所見，如兔起鶻落，少縱即逝矣。」若能意在筆先，成竹在胸，才能「下手風雨快，筆所未到氣已吞」，這是藝術創造的神妙境界，只有內具於己，才能領會他人獲得這種成就的匠心所在。氣已吞、是說氣勢早已藏於胸中了。

亭亭雙林間，彩暈扶桑暾。

亭亭、高聳貌。《魏文帝雜詩》：「西北有浮雲，亭亭如車蓋。」注：「亭亭，迥遠無依之貌。」雙林、兩株娑羅樹。彩暈、指佛之圓光，即釋迦頭上的光輪。扶桑、日始出處，暾、日光也，朝日始出日暾。佛書謂佛說法於雙林樹下。

趙克宜曰：「彩暈言佛之圓光。」

中有至人談寂滅，悟者悲涕迷者手自捫。

至人、《四分律行事鈔資持記》：「釋迦如來道成積劫，德超三聖，化於人道，示相同之，是以且就人中美爲尊極，故曰至人。」至人在道家本爲道德修養達最高境界之人，《莊子・天下》：「不離於眞，謂之至人。」佛家以至人爲釋迦牟尼佛的尊號。以下諸句描繪吳畫之形象，極精要的勾勒出畫的內容，生動地顯現釋迦牟尼佛臨終說法時，聽衆的複雜情態。寂滅、佛家語。即「涅槃」，意謂超脫世間入于不生不滅之境。《無量壽經》上：「誠諦以虛，超出世間，深樂寂滅。」能入寂滅之境，即能熄滅一切煩惱，從而圓滿一切清淨功德。《維摩詰所說經》卷中〈入不二法門品第九〉：「眼色爲二，若知眼性于色，不貪不恚不癡，是名寂滅，如是耳聲、鼻香、舌味、身觸、意法爲二。若知意性于法，不貪不恚不癡，是名寂滅。」悟解者悲傷流涕；迷惑者以手捫頭，急於思索之狀。

蠻君鬼伯千萬萬，相排競進頭如黿。

《釋迦譜》卷四〈釋迦雙樹涅槃記第二十七〉記釋迦涅槃時，「自一恒河沙菩薩摩訶薩」以至「一億恒河沙貪色鬼魅，百億恒河沙天諸婇女，千億恒河沙地諸鬼王，十萬億恒河沙諸天王及四天王等」，紛紛前來。此即所謂蠻君鬼伯者也。互相推擠爭著向前，伸長項頸有如黿鱉之頭。以上四句描寫聽衆之中，各色各樣的情態，或感悟悲涕，或捫頭自思，而那些相排競進頭如黿的狀貌，又表現出是多麼地情急。故紀昀曰：「宛如見畫。」趙克宜曰：「句粗獷。」

摩詰本詩老，佩芷襲芳蓀。

詩老、詩中老手。有經驗的作家。屈原〈離騷〉「扈江離與辟芷兮，紉秋蘭以爲佩。」芷、白芷，香草。多年生草本。襲、《說文》「左衽袍」。引申爲揜襲披加，蓀亦香草名。《楚辭・九章・抽思》「數惟蓀之多怒兮。」王注：「蓀、香草也。」王維是詩中老手。指名身分，也寓含王維畫品的精神特質，即所謂「畫中有詩」。佩芷句對王維人品和藝術的高度評價和贊賞。謂其內在的人品既如芷草之芳香，表現於外的圖畫亦如蓀草一樣秀麗絕塵。

今觀此壁畫，亦若其詩清且敦。

清謂清秀，敦謂意味深厚，此二句照應前面「詩老」，引用人所熟知王維在詩學上的成就，來襯托出其畫的造詣。「清且敦」是說王維的畫如其詩一樣清秀而意味深長。

祇園弟子盡鶴骨，心如死灰不復溫。

祇園、佛之所舍。祇園弟子，佛門弟子。鶴骨言瘦瘠清臞。齊己〈戊辰歲湘中寄鄭谷詩〉：「瘦應成鶴骨，閒想似禪心。」此二句寫王維畫中情態，謂所畫佛教弟子個個都像鶴骨般瘦瘠，參悟佛道，其心入定，如死灰之不復溫。雖表現不如吳畫之強烈，然意味頗爲蘊蓄。

門前兩叢竹，雪節貫霜根。

雪節謂竹節上有白粉如雪在節上，霜根亦是此意。

交柯亂葉動無數，一一皆可尋其源。

枝幹相交曰交柯，枝葉雖繁茂，搖動於清風中，然何枝何葉出自何叢，脈絡清析，一一可尋。紀昀說：「七字妙契微芒。凡古人文字皆如是觀。」

王文誥曰：「本集獨不傳畫法，以上四句即公之畫法也。」

吳生雖妙絕，猶以畫工論。

對吳畫評爲「妙絕」，是對吳畫中，聽衆情態畢現形象的品題，但妙絕僅在形象，只能算是畫工高度藝術技巧。

王文誥曰：「此句非薄道子也，吳王之學實自此分支，其後荊、關、董、巨皆宗王不宗吳也。曉嵐眼下苛深，乃輕易放過此句，殊屬疏忽。」

摩詰得之於象外，有如仙翮謝籠樊。

象外、指圖象之外的神韻，仙翮、仙鳥，謝、辭別。籠樊、圍困的鳥籠。東坡認爲王維的畫，得之於圖象以外的神韻，如仙鳥離開樊籠，超脫於形跡之外，精神自然悠遠，于是心中佩服，覺得無所不足。

紀昀曰：「雙收側注，寓整齊於變化之中。」

吾觀二子皆神俊，又於維也斂衽無間言。

神俊、神奇俊逸。斂衽、收攏衣襟，表示尊敬的動作。無間言、表示沒有漏洞瑕疵可說。此對吳王二人畫品的總評，於相並尊重之中，又從二人藝術造詣的境界，有所抑揚。這也表現東坡美學的一種境界。他的〈書鄢陵王主簿所畫折枝二首〉中說：「論畫以形似，見與兒童鄰。賦詩必此詩，定非知詩人。」又云：「瘦竹如幽人，幽花如處女。」認爲繪畫不能但求形似，正如賦詩不能只停在所賦事物的表面。而要在形跡之外，使人在精神上得到啓發，有所感受。瘦竹、幽花、與幽人、處女，物類的質性迥異，而從瘦竹感到幽人的韻致；從幽花如見處女的姿態。俱是攝取象外的精神，意味便覺無窮。這種脫略形跡，追求象外意境的美學思想，長期支配我國文人畫的創作，形成我國繪畫藝術獨具的風格。

紀昀曰：「奇氣縱橫，而句句渾成深穩，道子摩詰畫品未易低昂，作詩若不如此，則節節板對，不見變化之妙耳。」

王文誥曰：「道子雖畫聖，與文人氣息不通，摩詰非畫聖，與文人氣息通，此中極有區別。自宋元以來，爲士大夫畫者，瓣香摩詰則有之，而傳道子衣鉢者，則絕無其人也。公畫竹實始於摩詰，今讀此詩，知其不但詠之論之，并已摹之繪之矣。非久，與文同遇於岐下，自此畫日益進，而發源則此詩也。曉嵐未嘗於畫道中翻過觔斗，故其說隔膜，而失作者之意。此詩乃畫家一本清帳，使以文人之擅長繪事者，如米黻、吳鎭、黃公望、董其昌、王時敏之流讀之，即無不瞭然胸中矣。」

汪師韓《蘇詩選評箋釋》卷一：「以史遷合傳論贊之體作詩，開合離奇，音節疏古。道子下筆入神，篇中摹寫亦不遺餘。力將言吳不如，王乃先于道子極意形容，正是尊題法也。後稱王維，只云畫如其詩，而所以譽其畫筆者甚淡，顧其妙在筆墨之外者，自能使人于言下領悟，更不必如《畫斷》鑿鑿指爲神品、妙品矣。」

方東樹《昭昧詹言》卷十二：「古人得意語，皆是自道所得處，所以衝口即妙，千古不磨。今人但學人說話，所以不動人，此誠之不可掩也。而陶、杜、韓、蘇、黃尤妙。神品妙品，筆勢奇縱，神變氣變，渾脫瀏亮。一氣奔赴中，又頓挫沉鬱，所謂「海波翻」「氣已吞」「一一可尋源」「仙翮謝樊籠」等語，皆可狀此詩，眞無閒言。」

陳衍《宋詩精華錄》卷二評此詩：「大凡名大家古詩，每篇必有一二驚人名句，全篇方鎭壓得住。其鱗爪之間，亦不處處用全力也。」

胡國瑞〈蘇軾・王維吳道子畫〉云：「此詩章法嚴密，整首詩內容在發揮詩題，而起結分合，條理清析。詩開始四句，總提吳王，爲全詩綱領。『吾觀』二句，在分寫吳王畫前，先作總評。『道子實雄放』及『摩詰本詩老』兩層，依次分寫吳王畫面，爲全詩腹身。最後六句，以評論收束，前四句分評吳王，末二句，一致贊賞之餘，又稍有軒輊，重申總評精神。起與結兩節，詩句於整齊中有參差，雖始終將吳王二人並提，卻極靈活錯落之致。全詩章法誠如詩中所云：『交柯亂葉動無數，一一皆可尋其源。』」

考試院用箋

新雄仁仲雅鑒承
寄賜
大集經披誦一過其中七古學東坡處學得很好
甚是難得繼此不舍孰能限其所至哉特此復
謝並候
學佳
惕軒敬啟　八月廿三日

(專供公務使用)

72. 10. 20,000　　194×268公厘

考試院用箋

新雄教授青覽承

示二詩通體穩洽字秀而辭工真

君擘吟社中之健者也耑復並問

儷祉

惕軒手復 五、十五、

（專供公務使用）

72. 10. 20,000　　191×268公厘

蘇軾詩文書畫一致的創作理論

戴麗珠

一、前　言

蘇東坡是北宋一代大文豪，他在詩文書畫詞的創作，是千年來無人可及的，而最耐人尋味的是他在各體創作中，表現出一致的創作態度與理論，其中由於詞是純抒情的文體，議論較少，但是，我們也可以由少數幾篇詞作，看出蘇軾的人格與感情，所以本文附帶一筆，而全文的重心放在詩文書畫的創作理論上。

二、詩文書畫詞是寄託胸臆的表現

蘇東坡在「次前韻送劉景文」一詩中有：「豈知入骨愛詩酒……一篇向人寫肝肺。」這裡說明蘇軾酷愛喝酒吟詩，而作詩是抒寫自我感情的吐露。這種以詩遣懷的創作態度，在蘇東坡〈和陸詩〉中也有直接表現出來，他說：「作詩聊遣意。」這裡的意指的就是內心的感情；其次，他在〈再送張中〉詩中有：「胸中有佳處，海瘴不能腓……悠悠含山日，炯炯留清輝……夢中無與別，作詩記忘遺。」也是以詩遺懷的注解；此外，他在〈次韻答王定國詩〉有：「每得君詩如得書，宣心寫妙畫不如。眼前百種無不有，知君一以詩驅除……。」這首詩把詩文的地位，抬得很高，認爲要表達內心的感情或是要描寫客觀的物象（宣心寫妙）沒有比詩畫（文）更恰當不過的，最後更抬高詩的地位，寫王定國不論是要表達各種各樣的物象都是以詩遺懷。

這個見解在散文的創作上也是一樣的，他說爲文在抒寫肺腑，把自己的感情傾泄無遺。見「與王庠書」：「能道意所欲言。」就是說文章能表達內心的感情，所想表達的。此外，他在〈密州通判廳題名記〉中說：「余性不愼語言，與人無親疏，輒輸寫腑臟，有所不盡，如茹物不下，必吐出乃已。」很明白的說出爲文是在表達感情，抒寫性情。他在鄧椿《畫繼》卷四留下「能文而不求擧，善畫而不求售。文以達吾心，更以適吾意而已。」的文字，更明確地表明文與畫皆是爲了表達內心的感情，來求得心靈上的滿足。這種達心適意的觀點，與蘇東坡的詩論是一致的。

接著我們看他的畫論，在〈次韻子由書王晉卿畫山水〉說：「山人昔與雲俱出，俗駕今隨水不回。賴我胸中有佳處，一樽時對畫圖開。」表現繪畫是直抒胸臆的畫風，要把胸中的妙處，以圖畫的方式抒寫出來。這種胸有成竹的繪畫態度，也在〈篔簹谷偃竹記〉：「畫竹必先得成竹於胸中，執筆熟視，乃見其所欲畫者。」畫竹必須胸有成竹，說明外在的物象必須先在畫家的胸中醞釀成形，然後再以畫筆表現出畫家的情懷與思致。他在郭祥正家醉畫竹石說：「枯腸得酒芒角出，肝肺槎牙生竹石。」更直接了當地說出繪畫是內在肝肺所生，繪畫是畫家內在胸臆的表現。

那麼蘇東坡所要表達的胸臆、性情是什麼？我們以蘇軾定風波一詞來爲本段作結。「莫聽穿林打葉聲，何妨吟嘯且徐行。竹杖芒鞋輕勝馬，誰怕？一蓑煙雨任平生。料峭春風吹酒醒，微冷，山頭斜照卻相迎。回首向來蕭瑟處，歸去，也無風雨也無晴。」這首詞對很多人來說，都耳熟能詳，因爲詞中顯現蘇軾豁達不羈的率眞性格。他在這首詞的序也說出他不畏風雨的開闊胸襟，序說：「三月七日沙湖道中遇雨。雨具先去，同行皆狼狽，余獨不覺。已而遂晴。故作此。」詞本來就是抒寫性情的作品，由此詞此序明晰地表現出來。

三、詩文書畫的創作態度必須清明、虛靜

蘇東坡在〈送參寥師〉一詩中說：「新詩如玉雪，出語使新警。……欲令詩語妙，無厭空且靜。靜故了群動，空故納萬境。閱世走人間，觀身臥雲嶺。鹹酸雜衆好，中有至味永。詩法不相妨，此語更當請。」這詩說想要作詩作得好，必須保持心靈竹空闊和寧靜，能夠保持寧靜的心態，才能了解外在的動態；能夠保持心靈的空闊，才能涵納外在的千萬種境況，能如此，詩人的風襟應當保持清明、虛靜，才能涵納萬物，也才能做好詩。而在〈遊惠山〉詩中也表明了同樣見解，詩說：「虛明中有色，清淨自生香。還從世俗去，永與世俗忘。」唯有通達空明之胸襟，才能接納所有事態；也唯有清淨的胸懷，才能從中產生好詩。

近人在「文章如精金美玉——蘇軾注重散文的審美價値」一文中，亦引用〈送參寥師〉一詩，而

提出「指出如果要想創造出絕妙佳作，就應在構思時排除一切干擾，使自己的內心保持在虛空寂靜的境地，這樣就能『了群動』和『納萬境』。所謂『了群動』是指處在寂靜的境界中就可了解各種事物的動態，所謂『納萬境』是說體性虛空就可容納各種景象進來。」同時說明散文的創作態度亦在保持內心的清明、虛靜。

在畫論上，蘇東坡也提出相同的見解。他說：「精工的畫技，倘若缺乏雄放與曠達，也不容易將胸中墨，自然吐露。」因此，信手忘筆，嗒然忘身、人與竹化的氣度，是畫家必具的。此外，他在〈贈寫御容妙善師〉一詩中說：「……夢中神授心有得，覺來信手筆已忘……。」又在〈書晁補之所藏與可畫竹〉詩中說：「與可畫竹時，見竹不見人。豈獨不見人，嗒然遺其身。其身與竹畫，無窮出清新。莊周世無有，誰知此凝神。」這種信手忘筆、嗒然忘身、人與竹化的氣度，就說的是清明、虛靜的創作態度。

四、詩文書畫的創作態度必須咀嚼、淘鍊胸中的物象

我們看〈安州老人食蜜歌〉：「……蜜中有詩人不知，千花百草爭含姿。老人咀嚼時一吐，還引世間癡小兒。小兒得詩如得蜜。……。」以蜜蜂採蜜、釀蜜，比喻詩人採擷詩意、詩語以創作詩。蜜蜂採集千花百草菁華，經自身咀嚼釀化成蜜；就像蘇東坡採擷古今人物之學理、學說與事態眞義，經自我咀嚼淘鍊，吐出心中語，指引人世間癡心年輕詩家。咀嚼在求融會吸收，所以需要空明虛淨之心

胸來生活體驗，包容萬事萬物。淘鍊在求去蕪存精，這就需要學力、識見、與任眞率性的清眞資質。此外，蘇軾在〈崔文學中攜文見過〉一詩說：「清詩要淘鍊，乃得鉛中銀。」表明詩欲清，必須經過淘鍊的工夫。

咀嚼和淘鍊在散文中，就是作者構思中的思維活動，而這種思維活動，是指創作過程中統率各種材料和各種審美意象的思想。而這些材料和意象，必須通過作者的心靈思維，也就是理性的心理活動才能獲得，而這理性的心理活動，就是詩論中的咀嚼與淘鍊。

散文構思的思維活動，往往和作者深入的生活積累，長期的醞釀思索是分不開的，這種長期的醞釀思索，就是詩論中的咀嚼和淘鍊。有時必須經過很久的構思，文思才能表現出來，這在他的一篇文章〈日喻〉中，表明出來。他說：「南方多沒人，日與水居也。七歲而能涉，十歲而能浮，十五歲而能沒矣。夫沒者，豈苟然哉？必將有得于水之道者。」這說明想學好潛水，必須日積月累的學習，也就是淘鍊、咀嚼的工夫。

咀嚼和淘鍊的工夫，在畫論中，就是指要深入觀察表現對象。也就是說要注重寫實，比方他在〈韓幹十四馬〉中說：「韓生畫馬眞是馬，蘇子作詩如見畫。世無伯樂亦無韓，此詩此畫誰當看。」就說明韓幹據實寫生的作畫態度，值得肯定。

我們看另一首〈次韻子由書李伯時所藏韓幹馬〉更貼切地說出據實寫生、深入觀察表現物象的重要性。詩曰：「君不見韓生自言無所學，廄馬萬匹皆吾師。」韓幹據實寫生的創作態度，也就是詩論中咀嚼、淘鍊的工夫。唯有深入地觀察物象，經創作者細細咀嚼、不斷淘鍊而方能創作出美好的作品。而這和胸有成竹、成竹在胸，有異曲同工之妙。

畫家畫畫必須經過咀嚼淘鍊的工夫，蘇軾在〈書蒲永升畫后〉一文中有重要的敘述，他說：「始，知微欲于大慈寺壽寧院壁作湖灘水石四堵，營度經歲，終不肯下筆。」這營度經歲，終不肯下筆；就指的是咀嚼、淘鍊的工夫。

五、詩文書畫的創作態度必須有創新的表現

蘇軾由唐人的創作態度上體會出創作必須有自己的面目，亦即創新的表現。他在〈書吳道子畫後〉一文說：「知者創物，能者述焉，非一人而成也。君子之於學，百工之於技，自三代歷漢至唐而備矣。故詩至於杜子美，文至於韓愈，書至於顏魯公，書至於吳道子，而古今之變，天下之能事畢矣……。」這是說學技工夫到了唐代完全成熟兼備，詩到了杜甫一切的格律、平仄所能變化的體式，杜甫都完全表現出來了。散文的表現技巧與內容豐富到了韓愈完全統一，書法到了顏眞卿運用古人的筆法，寫出自己的面貌，繪畫到了吳道子也表現出無懈可擊的風格；而這四人都是承上啓下、融古創新的人物。這一點，我們由他的另一篇文章〈書黃子思詩集後〉更可明瞭。文曰：「予嘗論書，以謂鍾王之跡蕭散簡遠，妙在筆墨之外。至唐顏柳始集古今筆法而盡發之，極書之變，天下翕然以爲宗師，而鍾王之法益微。至於詩亦然，蘇李之天成，曹劉之自得，陶謝之超然，蓋亦至矣；而李太白、杜子美以英瑋絕

世之姿凌跨百代，古今詩人盡廢。然魏晉以來高風絕塵亦少衰矣。……。」顏柳改變傳統的書體而自創書法的面貌，李杜以個人的才華盡現詩風，使得古來高風絕塵的詩風完全改變；這些都是時代的潮流使然，而完備成熟的學技工夫至唐成熟以後，到了宋代，當然，各體創作家只有表現自己時代的風格，融合創作者的才情，各自創作出新的面目了。因此，蘇軾就以「新詩」來表明他所創作的詩，是一種嶄新的表現。我們舉二首詩句爲證，他的〈次韻參寥師〉：「新詩咳唾成。」又〈孔毅文以詩戒飲酒〉：「且將墨竹換新詩。」

對於散文，蘇軾也是力主創新的。他反對作文因襲模仿，他在〈與王庠書〉中批評：「今程試文字，千人一律。」另一方面，他竭力主張作文要有自家面目，這在〈與鮮于子駿〉一文中，他提到「自是一家」，也就是說創作要有自我個性，顯現自己一家的風貌，而獨具特色。他這種新意疊出、不拘成規的理論，完全表現在他的創作上。李贄《焚書》中言：「蘇長公片言隻字與金玉同聲，雖千古未見其比。則以其胸中絕無俗氣，下筆不作尋常語，不步人腳故耳。」李贄很明白的告訴我們，蘇軾的散文美如金玉，富有創新的精神與風貌。此外，焦竑〈刻蘇長公集序〉也說：「橫口所發，皆爲文章，肆筆而書，無非道妙。神奇出之淺易，纖穠寓於澹泊，讀者人人以爲己之所欲言而人人之所不能言也。」說明蘇軾的散文發人之所未發，但卻淺易澹泊，自出一格，別是一家，具有創新的面目。蘇軾的作品不只詩、散文具有創新的精神而且詞、書、畫也是自出新意，書畫的理論我們下段再討論而蘇軾詞是豪放派之祖，與南宋的辛棄疾號稱蘇辛，自開面目，這是衆所皆知的，這裡我們就不多費口舌。

在繪畫上，蘇軾也強調作品要有「新意」。也就是獨具自己面目的新風格，如〈又跋漢傑畫山〉：「……近歲惟范寬稍存古法，然微有俗氣，漢傑此山不古不今，稍出新意……。」說出漢傑的畫不古不今，具有獨創的新意。又〈書蒲永昇畫後〉：說「處士孫位始出新意。」在這裡新意也就是獨創的新方法、新面目。而且他對自己的書法也說過：「吾書雖不甚佳，然自出新意，不踐古人，是一快也。」說明能寫出自我面目的嶄新面貌，是很快樂的一件事。由此，我們明瞭課文書畫的創作態度必須具有創新的表現。這個思想在〈書吳道子畫後〉他提出了兩句名言：「出新意於法度之中，寄妙理于豪放之外。」那麼這種創新不是沒有法度的糊亂塗鴉而是追求法理之外的獨創新意，這是我們應該瞭解的。

六、結　語

蘇東坡是一代名家，他的創作，無論是作品或理論都引起海內外學者廣大的注意，只是對於他各體創作一致的理論，還沒有人提起，這是本文的創作動機，以引起學者們的思考方向的注意。他的作品就是他創作理念的表現，二者統一的極爲密切，這是不容置疑的。（本文取材自拙著詩與畫。）

第五部分　家屬悼念文

奶奶口述爺爺往事

成怡夏整理

爺爺的好處眞的說不完，他從年輕到老都是那麼好，對我是特別地愛護，處處替我設想。爺爺膽子小，做事牢靠，不隨便亂來。我一出去沒回來，爺爺就會跑到馬路邊上等我回來，那時你們還沒有上學，我常常帶你們兩個小孩出去，爺爺看到我回來，就趕快跑回家裡坐得好好的，看他的書，有時候，躺在床上假睡，以爲我沒有看到。爺爺就是這樣，做好人不給人知道，擔心人家也不給人家知道，看到你回來就放心睡覺、看書。

日本抗戰時，你爸爸又小，爺爺找一個最安全的地方，把我們送到安全的地方放起，那時跑警報，爺爺在重慶一個月回家一次，爺爺什麼事都把家庭安定地好好的。抗戰勝利在南京住兩年，後來共產黨起來又住到重慶好幾年，後來又安定下來。我由四川帶幾個小孩，爺爺帶著你爸爸先到台北，慢慢安定下來。爺爺打聽曹志鵬太太怎樣過來，我帶三個小孩到香港等爺爺的入境證就來到台灣了。

我本來不認識爺爺，我哥哥住在南京，爺爺常常去哥哥家，因是同鄉，我家有一個家教老師過去與爺爺在武漢教育局是同事，介紹爺爺認識我哥哥，兩個人談的上，研究文章。我哥哥也是喜歡文章的人，這樣一年後全家搬到南京，才與爺爺見面，一起吃飯。全家一起去南京的日月潭郊遊，爺爺每還是晚到我家和我哥哥聊天，這樣認識一年才結婚，爺爺沒有家長在南京，請一個姓楊的作家長，陽曆一月一日結婚。

過一輩子也沒有吵架，頂多是吼一聲，我就兩天不理他，爺爺說：糟了！糟了！這下不理我了。有一次我一個到台北去，到郵政總局打電話，走到這裡也喊不到計程車，走到那裡也喊不到計程車，原來那天交通管制，我急得問爺爺爲什麼不告訴我，你是看報的人，爺爺說他也沒看到這新聞，我是怕他擔心，那天直到晚上才回到家。我天天出去跑，爺爺說你一天不出去，市場就不開市，我不買東西就是喜歡逛，爺爺對我眞好，挺多發悶氣。

你們小時候都有存錢的，爺爺喜歡問誰有雙倍利息？都說我有我有，之前都說沒有的。爺爺最喜歡寫文章、看書。對面的張家洛是記者，把爺爺吟詠聲錄下來，還登在報上，說有一個鄰居愛唸書，大概都給他聽到了。

爺爺每個月薪水都交給家裡不過問，自己用的錢是寫稿子來的，我也不過問。家務事爺爺一點也不過問，一切由我安排。我都會爺爺怎麼做，爺爺怎麼說我怎麼作，沒有什麼爭執，也沒有隔閡。他也不怎麼出去，下班就坐在家裡，頂多一些應酬。

爺爺不只對家人好，對外人，無論是同鄉、學生都是一個樣，沒有一個二心。有人求他，只要做到的，有能力，盡量去爲；做不到，當時回人家不要使人家等，耽誤人家的時間，別人好另想辦法。爺爺的好處說不完數不清，沒有一點壞處。爺爺生病時在醫院時，我說你在醫院，我在這裡，家裡不要再請兩個人，爺爺說，不要啊，不要你做事，硬不讓我辭。

父親的精神氣質和父親對我的影響

——紀念父親逝世十周年

成中英

父親過世已經十年了，有時中夜醒來，父親的聲咳談笑、音容神貌恍惚就在眼前。我最難忘的景象是：在美好的夏天的清晨，作爲大學生時代的我如果還未起床，父親必定從院子裡走到我房間的窗前，叫我說該起床了。我起床之後，看到父親已在書房裡查看書籍，執筆書寫了。父親過世前數年，向他求字的人很多，他經常利用大早時光書寫各式各樣中幅和對聯以爲酬答。在星期天的早上，他一面書寫，一面讓兩個孫女爲他拉直那大幅的宣紙，我在一旁看著父親凝神專注的神情，覺得世界上沒有比這更爲美好的畫面了。

父親的書法是他到臺灣後逐漸知名的，他寫的是以歐陽詢爲底子的勁中帶秀的楷書。他退休後常常練字，他說他的字是比以前寫得好多了。但對我來說，父親早期的字是秀中透勁，晚期的字是勁中帶秀，都是佳品。民國七十四年（一九八五年）他爲〈國際中國管理與現代倫理基金會〉題的直幅就是他晚期書法的典例。我看到一篇他三十歲左右向外婆祝壽自著文章親筆的手抄稿，那字體的秀朗清澈絕對是一般罕見的。可惜我沒有好好收集父親的書法手迹，也不知多少人珍藏他的墨寶。但我知道父親的書法是非常值得珍藏的，因爲他的書法除了勁秀之外，還含蓄著一個中國傳統讀書人和士君子的挺拔獨立的清高人格，以及溯自古典儒者憂國憂民的仁愛情懷，這是不知父親爲人的人較難覺察的，但如果熟知父親爲人的風範，就會自然發出見字如見人的觀感。還有同等重要的一點是：父親所寫的書法手迹都是他自行撰寫的詩詞或對聯。他用辭之精、用典之切不愧他所負一代駢體文家的盛名。他對年青一輩殷切的期許更是洋溢于字裡行間。

說到父親的駢文，這是自父親青年時期就爲人所熟知和所稱道的了。民國三十四年中國抗日戰爭獲得最後勝利，當時的陪都重慶可說是群情昂奮、普天同歡，我那時只有十歲，只知道我們打倒了日本侵略鬼子了，可以還都回鄉了。可是父親卻是一個歷經抗日戰爭艱辛的中國知識分子，不但堅持了，也發揚了中國士人的民族氣節（在抗戰期間他寫了一本論民族氣節的書），在慶祝最後勝利之餘，他透過了中國歷史中志士仁人的愛國情操，並同時從一個史詩家的觀點撰寫了著名的〈還都頌〉駢文詩篇。這是一篇歷史的文獻，但它不止是一篇歷史的文獻，它凝聚了父親個人作爲中國人內心深處的歷史智慧與對民族正氣、國家興衰、匹夫有責的信仰，也表達了他對中國這個歷經患難的國家千秋萬世的祝願。讀之者，如能眞正的投入，誰能不感到由衷的鼓舞和激勵？父親的駢文是自成一家的，他是用來表彰與記載民族與人類重大的發展事件的。除〈還都頌〉之外，他寫的〈美槎探月記〉是爲了紀念美國太空人阿姆斯壯于一九六七年六月登陸月球的壯舉。他也用駢文來表達他個人的生活世界與感情（如他所寫的〈山房對月記〉），總之，駢文在父親的筆下，取得了新的內涵和方向，同時也洋溢著現代社會的生命。

其實父親自己最喜歡的文體是傳統的詩詞，但他所寫的詩的數量遠遠超過他所寫的詞。在這一點上，父親可說更是盛唐人物，而不是宋代的士人，但令人感到十分諷刺的是：它所處的時代卻似乎是南宋的衰世。父親是盛唐人物，因為他有盛唐人物的旺盛豪情（如他二十一歲時所寫的〈災黎賦〉所表達的「安得茅屋千餘間」的淑世情懷）與率直的觀感力。不但如此，他也有一種潛藏的對任何困苦處境樂觀的企盼。他能對時代與生活中大大小小的事都能產生詩情，因之時代與生活中大大小小的事都能入他的詩，而他的詩也就形成了一個當代史的系列。無論他的〈南溟集〉、〈康廬詩鈔〉、〈楚望樓詩集〉、〈藏山閣詩〉都是時代、社會、和生活的反映。反映這個時代、這個社會、和這個生活最密集與最生動的是民國三十四年抗戰勝利起還都南京到民國五十九年代臺灣發展的這段日子，這中間的各種時代的變遷與生活的起伏都自然的透露在他抒發冀望與感興記事的詩篇中，我尚不知道有哪一本詩集包含了這樣豐富的時代與生活的情景，父親寫詩，有如杜工部。父親經歷的時代卻是比杜甫經歷的更為大起大落，但他所寫的詩卻是比杜工部的詩多一份樂觀，少一分憂傷。我知道父親寫詩與同時代的詩人相比應是比較多產的，我覺得父親是把寫詩作為他的人生的一種寄托，也是表達他個人感情與思想的一種方式，詩是他的生活境界，詩是他的生活樂趣。

雖然父親在他八〇年代以前的詩中透露的是對國事與時代的期盼，八〇年代以後他卻深懷著對時事的憂慮。憂慮之深，也許是他在八〇年代中期以後較少寫詩的緣故。我於一九八五年年底曾應大陸北京大學與武漢大學之邀到北京與湖北黃岡開會與講學，並利用機會回到湖北陽新老家，見到不少我自己從未見面的家鄉的親人。我回臺向父親叙述此行，並傳告父親四十年未見的親人與朋友的問候，父親雖很高興，但我從父親的幾次談話中卻聽到父親對兩岸難解的結的憂慮。我才警覺到他既很渴望和關切故里（本來父親就已用「楚望」名其讀書樓），卻又似乎知道自己難以回到海峽的彼岸。這是當時的環境與氣氛所造成。一九八八年以後，父親的抑鬱之情更爲加深，我也無法用語言令他寬解些許，他的身體本來是很健康的，但漸漸衰弱下來，雖有庸醫傷他牙神經之變，他的精神上的抑鬱卻不能不說是一個重大原因。父親於民國七十八年六月二十三日因心臟衰竭過世，他的過世是與他承受了那個時代特殊的低氣壓有深刻關係的。

父親在抗戰期間又曾寫了〈尙書與中國古代政治〉一書，父親寫這本書的主旨是說明尙書中的王道敬德保民的思想是中國古代政治的精神骨幹，同時也可以成爲當前爲政者的立德立功立言的指南，此書無關於今古文尙書眞僞之爭，它是純就政治哲學立言的。父親對政治的關懷顯然是理想性的，也是儒家模式的，在現實生活中，他是以學者的心態從政的，他擔任考試委員以來，就完全投入到「爲國掄才、獎掖後進、教育學子」的典試與教學的生涯中。即使在他精神不濟的晚期，他仍念念於茲的不忘審核學生的論文和從事高考卷子的復閱。我有時想，如果父親早期不進入政壇，而完全投身在學術與教育事業之中，他會不會較少承擔憂慮，或是因此承受更多的時憂，我無法獲得確定的答案。但我知道，以父親儒者的懷抱，詩人的敏思，和愛才的性向，他是不可能避免時代無情的衝激和打擊的。値得慶幸的是，父親有詩作爲他的寄托，他也從他的學生對他的敬愛中得到一分安慰。但我們作爲子女的，對父親所緬懷的，所期盼的，所理想的，所關切的，能夠做到的是何等之少，能夠實際安慰父親精神的又是何等之微，想到這一方面，我心中只有愧疚的不安。

父親對我的期望的確是很高的。父親有一顆最廣闊的心，和一付最理性的頭腦。我在大學選了外國文學爲主科，他很鼓勵。大學畢業以後，我決定報考哲學研究所，而放棄那時我已考取的外交官行業，父親也很同意，只要我是眞心向學，我深深知道父親看重學問與學術遠超過現實的權勢與財富。我讀哲學是與追求現實價値相悖的。在當時的臺灣，我知道很少家庭同意或鼓勵子女去念哲學的。因爲他們認爲哲學沒有出路。但父親卻從不從出路著眼，他一再向我強調要把書念好才是眞正的成功，念哲學是作學問、思考問題，就是作根本的學問、思考根本的問題。唯一他要我注意的是：作爲一個中國人，不可不熟知中國古聖賢之道。另一點父親看中的是：必須要有清楚的頭腦，必須要有通達的文理。在後一點上，父親堅持「文章千古事，得失寸人心」的觀點。總的來說，父親一再表達的意思是：作一個人，不可不立志，不可不讀書，不可不用文字表達自己，不可不言之有物、思之成理。作一個人，不可不知自己的文化根源與古聖賢之言，不可不知天下學問的標準，是非眞假的價値所在，不可不知爲人之道，不可言而無信、行而無恥。作一個人，不可不講究爲人的誠懇，爲文的精練，不可不講求對社會的奉獻、對國家的貢獻，也不可不知古今中外人同此心、心同此理的道理。在這些基礎的要求上，無論那一方的學問和知識的追求都是有價值的，都是值得肯定的。

父親在這方面的要求顯然是十分理性的，他雖然作的是傳統中國的學問，他卻一點也不保守和固執於中國學問之上。但他卻常指出，如果一個中國人作的是西方的學問，對自己的文化與語言完全隔閡，他的學問又如何引起國人的重視呢，他的學問又如何作出對國人的貢獻呢。當然，父親講的不是科學，而是人文。人文是離不開人與文的，作爲一個現代的學問家還是要以文會友、以友輔仁的。雖然父親沒有明說，他對作學問是一套系統的想法的。他的想法無疑是古典儒家的，是講求合理合情的，同時也是講求切合人生與具體實踐的。在這一種理解下，令我特別感受深刻的是：父親從來不迷信，也從來不語怪力亂神。我記得在他最後的一年裡，我曾經問過他有關民間信仰的問題，他說一個人只要做人做事問心無愧，實不必撲掛問神亂投藥。這裡也可以看出他對易學研究的看法：他著重的是易理、易義與易的君子以自強不息之教，但他注重善意與包容。基於這一點，對於他曾授業的弟子中有偏離儒家中道的，他能包容，也能理解。同樣，他尊重不同的宗教信仰。母親篤信基督教，多年來每周家中都作家庭禮拜，父親不但包容，還常常幫助母親安排。顯然，父親對宗教之能寄托感情、安寧精神是十分肯定的。

父親過世後，我常常問我自己父親對我有什麼樣的影響。顯然，我沒有成爲一個書法家，我喜歡中國的書法，但我身在海外卻難得有一個勤練書法的生活環境，但我珍惜我幼年時代父親教我臨摹九成宮字帖的情景。我也沒有走上文學家的路向，更沒有從事中國古典文學的專業研究，但我卻愈來愈欣賞中國文學的豐富內涵與人生境界，尤其是古代的詩與漢唐以來中國詩的傳統。中國詩的傳統不但是一個抒情審美的體驗，而且是生活的一種方式、培育自我的一種方式，故詩是一種教、一種道。但這個詩教和詩道卻已逐漸散失了，散失的不只是詩的形式，更是詩的精神與生命，散失的是一種人文的理想與願景，散失的是一個時代，一個文化傳統。父親的詩讓我看到一個更有人性、更富人情時代的身影，也讓我重溫了一個充滿災難年代的父愛的慈輝和仁者的胸懷。我問：能有比這個更具有魔力的影響嗎？能有比這個更永恒的啓發嗎？在我思念父親的沉思中，我幾乎找不出比這個更崇高更深沉的價值了。中國傳統的詩在近代已經衰落，中國駢文的傳統，在父親過世之後更出現了一片寥寂。如果駢文只是一種文體的形式問題，難道恢復駢文只是一種文體的形式嗎？顯然不是的，駢文的「文心」已失，又如何能再「雕龍」呢？父親的駢文成就在揉合了新的形式與新的精神，擴大了駢文的視野與表達深度。他代表了一個新的文心，一個新的雕龍之術。我深信了解這一點，有志繼承的人也不是不可以把歷史上這一個傳統發揚光大的。

父親對我影響最深刻的是他的對中國文化的信念和他正大開闊的心胸。父親從來沒有說他是儒者，從來沒有對我說過教，但他在日常生活中的一些對人和事的言談和他所表現的處世的態度，以及他的一些對現代人人品與文章（也包含我的）的評價，都對我留下比長篇大論還深刻的印象和影響。正象我上面所表述的，它們包含了一些重要的價值標準，是他的深湛的文化與文學修養的結晶，也是他的精神的氣質和崇高道德的人格的自然反射。這是令我最爲受益的，也是我要永遠記取的。

父親過世已整整十年了，我對他的懷念卻愈來愈深，父親對我的影響在我對父親的更深一層的理解中同時發揮出言教與身教的力量和光輝。

中英寫於一九九九年三月十三日夏威夷客寓不息齋

爲孫輩取名爲後代排行誌

——兼示光夏兒、婉玲媳

成中英

一九九九年歲在己卯

我成氏源自周代文王第五子成叔武之後，叔武助周公旦平霍叔之亂有功，封於成（今山東成縣）。後代遷於河南用成姓，并子北周武帝公元九九九年間有族一支順漢水南下定居今湖北省、陽新縣、龍港、黃橋、成家祠一帶，迄今已有整整一千年，是爲湖北成姓之始，現該地共有成姓宗族近三千戶。江西省、湖南省、廣東省、廣西省、福建省、臺灣省成姓基本上均源出於我龍港故居，現在新加坡設有永久的世界成氏宗親會組織。

我的父親亦即你的爺爺生於陽新縣龍港故居，你的爺爺之父亦即我的祖父炳南公務農致富，生有三子，你的爺爺爲第三子，取名惕軒（又號滌仙）。炳南公在家鄉龍港山區建藏山閣讀書樓，請地方名師教導幼年的爺爺，可說是我成氏宗族與家族中興的始創者。

我的父親即你爺爺自幼有文才，詩文並茂，且懷濟世恤民之心腸。後在中央政府考試院主持典試與在大學研究所教學上多所發揮，始終以爲國掄才、教育後進爲己任。他一生清廉，幾無貯蓄。我出國求學，你祖父傾其稿費以爲支持。你奶奶自與你祖父結婚以來，正值抗日國難，環境養難，她含辛茹苦，把我們兄弟姐妹扶養成人，從無怨言。我來美求學，與你母結婚不洽，你們兄妹三人又經你們祖母親手照顧長大，可說是兩世慈恩。你祖父也同時付出了管教你們孫輩的心血，此一恩情，又豈能忘記。總之，你們這一代起要特別敬重爺爺和奶奶，要時時心存感念，將來更當寫文特別表彰你奶奶。對於爸爸，你們當然也要特別敬重，因爲爸爸也爲你們作出了深刻的奉獻，永遠關懷著與支持著你們這一代的成長與成就。願「成」的精神（成於善，成於德，成於言，成於功，成於業）永遠繼承下去！

自你爺爺惕軒公算起經我這一輩到你已有三代，我爲長子，生於南京。你爺爺取我名以中字爲準，命名你的叔叔中豪、中傑與姑姑中平等。你爲我之長子，你爺爺因你生於夏威夷，且生於仲夏之季，更盼你爲華夏爭光，故以夏爲準，取名光夏。自你之後，我立下家規將首以德爲準，命名下一代，今更立下二十字祝福激勵之短句，以爲成氏後代排行，自中夏以後共計十八代，至第十八代時當再續之，再二十代，承先啓後，代代相續，適時立句命名，永世不絕，此二十字短句祝言列寫如下：

中夏德昌，安和悅建，君子之堂，盛世永復，宏揚茂興。

依此，我特爲你的長子我的長孫命名爲德沛，次子次孫爲德明，如爲女，則名德芯，第二女則名爲德蕾，三子爲德強，三女爲德詩，余類推。現列下列諸名：

德沛（取孟子德之「沛然莫能禦」之意）

德明（取大學「明明德」之意）　德芯（取朱子仁者「心之德」之意）

德強　德蕾　（其他同此）

德時　德詩

德簡　德緹

德元　德嫄或德媛德易　德依

德存　德純

以後啓夏之子女可以把以上未用完之名繼續用下去，光夏兒應以長兄如父之身分加以關注，如光言侄願採用以名其子女，亦可行。至少盼用德之一字以明同德同心同一輩成氏後代也。

子女英文名，不必強有，如從俗，男以普通響亮爲主，女以柔和特出爲主。

是爲誌。

父親　成中英手志

一九九九年一月十五日于夏威夷、檀香山寓所、不息齋

※此誌共三份由光夏兒妥爲保存，一份嗣啓夏兒成家後交啓夏身，另一份用以喻同宗成氏後人

我的祖父

成光夏

自從爺爺過世後，不知不覺十年就過去了。隨著時間的轉變，我脫離了做學生的生涯，步入了社會，也從過單身的日子，邁入了家庭的生活。就在不到一星期前（一九九九年三月二十七日），德沛的誕生更使我成爲人父。在迎接這成家新生代的喜悅同時，想到這十年未變的是——我對祖父的懷念。

和爺爺十幾年的相處是我人生最大的幸運，雖然很多事情年輕時不能體會，隨著人生的經驗和成長的過程，愈亦對祖父的涵養，待人之道，及學問感到崇敬。爺爺對我的影響是無法用言語來描述和形容的，當我想到他時，他帶給我一顆平靜的心，就像爺爺送我去念的第一所中文學校一樣——「靜心」。我從小脾氣不好，進了社會後也因脾氣的關係吃了一些虧。慢慢地我了解良好的修養實在是成功的要素，只希望我能時時以爺爺的榜樣來作爲教導下一代的標準。

雖然爺爺沒有機會認識孫媳婦婉玲，但我知道爺爺一定會喜歡婉玲的。婉玲像爺爺一樣好讀書，修了經濟學的博士學位；她又同奶奶一般，是一個勤儉持家的好妻子，也是一個充滿愛心的好母親，就是因爲這些特性，和婉玲生活在一起的感覺如何從小和爺爺奶奶在一起生活一樣——非常踏實、安全，充滿「家」的幸福。我也從爺爺學習到如何在婚姻上以禮相待，和妻子相敬如賓。

爺爺除了教導了我以上「修身」、「齊家」的人生道理外，我想最令我敬佩也希望能看齊的就是他老人家「治國」「平天下」的胸懷。我最大的驕傲是爺爺替我取的名字——「光夏」，要眞眞正正和祖父一般無私；的胸襟是非常困難的，但這一精神卻是深植我心——不要問別人能替我做什麼；要時間自己能替別人做些什麼？

我感謝上天賜予我這永恒的回憶，我相信在我未來的人生路途上，爺爺的精神、教誨和他的保佑會給我智慧和力量，讓我成爲一個好父親、好丈夫，並對社會、民族做出最大的貢獻。

（成中英先生長子，成惕軒先生長孫淡江大學工學院畢業，美國賓州州立大學機械工程碩士，密西根大學企管碩士，現任美國福特汽車公司總公司設計工程師）

成光夏爲我摯愛的爺爺寫於美國密州安娜堡居一九九九年四月一日

沒有爺爺的十年

成美夏

時間過的很快，爺爺不在已經十年了。這十年中家裏發生了許多的事，有喜、有憂、有歡笑、有悲傷。歡喜快樂的時候我常想，爺爺要是還在那可該有多好；而在憂愁悲傷的時候，我就會安慰自己說，至少爺爺現在不需要再擔憂了。

從小到大的印象中爺爺是個蠻嚴肅的人，但也因爲如此，爺爺難得的清朗的笑聲及笑容總是在我的腦海中難以忘懷。晚年的爺爺心中總是充滿了憂慮，憂心著家國的前途，憂心著家小的平安，憂心著……爺爺的心中似乎總有一個難解的憂慮，極少露出笑容。過去的十年中，不僅我和妹妹都已從大學畢業，這兩三年來家中的喜事更是不少：哥哥三年前結婚了，今年三月即將有第一個孩子；我今年八月也要結婚，擁有一個自己的家；妹妹怡夏不僅已由清華大學研究所畢業，今年也已申請到美國密西根大學的獎學金預備繼續深造。面對這麼多一連串的喜事，我是多麼希望爺爺還在，可以與奶奶和我們一起分享；我也多麼希望藉著這些喜事，可以稍解爺爺憂慮之懷，帶給爺爺一絲安慰，讓爺爺能再展笑顏。可是爺爺不在了。

我要結婚了。十年的時間足以使一個小女孩長成大人，遇見她心愛的人，並成立自己的家。惠善是一個正直的人，擁有許多很好的品格。我是多麼多麼的希望爺爺可以認識惠善，並且參加我們的婚禮。我和惠善可以一起承歡爺爺的膝前，聆聽爺爺的教誨。相信爺爺一定會很爲我高興的。小時候爺爺總是說：「希望我可以看到你們小孩子一個個成家、立業」。如今，那照片中爺爺抱著的小女孩也已經長大，可是，爺爺不在了！

我常想，究竟一個人能擁有什麼，可以令別人在他離世後眞正懷念而一輩子不忘？是他的學問嗎？是他的權威嗎？還是他的名聲？也許這一切的確都會使人記得這一個人。但是我想，眞正令人感懷的，卻是他一生的風行及品格。我相信身教是勝於言教的，而爺爺一生所自然流露出的教誨正是在此。爺爺從不隨便而輕易的責罰我們，在我們犯錯的時候也從沒有對著我們大吼大叫。但是，爺爺正直、誠實的性格，嚴謹、認眞的處事態度，親切、熱誠待人的心卻比所有口頭上的教訓更直接而深刻的影響我們。從前，每當我聽奶奶說我長的最像爺爺，我心裏總是暗暗的高興。之後，每當我告訴朋友爺爺的性格與事跡，而朋友說我的性格也像爺爺的時候，我心裏更是感到驕傲。我感到驕傲不是因爲我覺得自己已經和爺爺一樣。我深深知道，比起爺爺，自己仍然有太多不足的地方。我感到驕傲，是因爲我得以親炙爺爺的教誨，親臨爺爺的風行，並得以承繼爺爺的品格。爺爺雖然不在，在這驕傲的一刻，我的心卻像是與爺爺那樣的親近了起來。

當然，爺爺的學問也是無庸置疑的。爺爺的駢文，筆墨及文章，在當代都是獨樹一幟。但是，除了在學問上爺爺造就了許許多多的新的一輩，並爲社會留下了一些珍貴的文化遺產之外，在生活及工作上，爺爺也盡己之力去幫助那些請他幫忙的人，絕不會因爲他們的地位、學識的不同而有所差別。小時候，每逢過年過節，家裏總是有許多的客人，他們絕大多數都是爺爺的學生或曾經受過爺爺幫助的人。一直到爺爺過世許多年後，仍然有許多人因著感念爺爺，在特殊的日子來家裏看看奶奶，並在爺爺的遺像前鞠躬表達追念。

十年了。十年中每當想到親愛的爺爺，我心裏總是盼望時間能夠倒流，使我能再聽見爺爺的聲音，能再看到爺爺的身影。我永遠不能忘記爺爺離世的前一天，我陪爺爺在醫院裏檢查的時候，爺爺拉著我的手但卻不要別人拉。當時，我的心是多麼的受到震動。從小到大，爺爺拉著我的手成長，若不是爺爺，怎麼能有今天平安健康長大的我？當我長大得以有一些些可以聊以安慰爺爺的地方時，爺爺卻已經不在了。每想到此，我就不能不心痛、不懊悔與遺憾。我曾爲爺爺做的，竟是那麼的少！

但是我相信，爺爺不要我做一個一直向後看的人。記取爺爺曾有的教誨，傳承爺爺正直、誠實的品格，做一個堂堂正正的人，愛國家、愛社會、愛家、愛人，並將這一切身體力行的教育給我的下一代，相信這樣或可以安慰爺爺在天之靈。爺爺是不在了，但在往後的數十年中，爺爺的教誨將一直記取在我的心中，不敢忘記，就像爺爺在我身邊一樣。

（成中英先生長女成惕軒先生長孫女，國立臺灣大學經濟學畢業，美國密西根州立大學經濟學碩士，現爲夏威夷大學經濟學博士生，通過博士資格考試，撰寫論文中，現任科技經濟系助教）

紀念爺爺逝世十周年

成啓夏

我爺爺過世的那一天是一九八九年六月二十三日的清晨。我那時不記得我是什麼樣子，可是我知道大家都很難過的。我可能那時候還小，所以我可能不懂。我爸爸說我爺爺是因爲太擔心國家而生病了。最後就過世在仁愛醫院裡了。我現在想寫我以前跟爺爺在一起是什麼樣子。我爸爸是幫了我回憶一點。因爲我已經有很多事情都記不得了。

我只有記得一件事情是我回去我在臺灣的老家，住了三天。那時候我也只有三歲而已。我記得我跟我爺爺住在一起。我好像是坐在他的膝上。我那時候是很乖的。我什麼話都聽。我爺爺很喜歡撫摸我的頭，所以我就會很高興。他撫摸我的頭是有一個意思的，那就是代表爺爺很喜歡我。

後來我跟爺爺去花園走路和玩。我跟我爺爺走了很久。那可能是我最高興的一天。最後爺爺教了我怎樣去澆花。我就去拿了水在花的前面澆水。我那時候覺得很好玩。他也好像跟我玩了一下。還有一次我和我爺爺在下棋。我每一次都一定會輸的。我好氣哦！我現在是很難過的，因爲我再也不能跟爺爺玩了。

我爸爸說我有一次我爺爺跟我說了很多很好聽的故事。到現在我都還記得。他也說得很好聽。到現在我都還想聽他說的故事。我好像記得我爺爺說的故事都是歷史的故事。

後來我四歲的時候我爺爺就過世了。爺爺那時候已經有八十歲了。我覺得八十歲是太早過世。我奶奶已經活了九十歲多了。所以我覺得爺爺過世的太早了。我最遺憾的事情是我爺爺過世的時候，我沒有去見他，也沒去參加爺爺的葬禮。可是我有在錄影帶上看了。我沒有回去是因爲我太小了，也住在美國。只有我一個人沒有去。

我現在很想念爺爺，我更想見到他，可是他已經去世了。我想到再也看不到爺爺就心痛。我知道爺爺是很受人崇敬和稱讚的。他在大學教書，教了四十年了。他的學生都已經上千了。我知道了很感到驕傲和崇敬。我希望我長大的時候能唸我爺爺的書，而且要效法爺爺。

我爺爺是一定對我有很多和很大的希望的。他一定希望我可以去做到一個天文學家。所以我一定要好好的用功讀書和做好我的功課。如果我要成功的話，我一定要改我的不好的地方，也要發展我的好地方。這樣我就可以讓爺爺高興。可以讓他在天之靈看到地上一個很成功的孫子！

成啓夏，成中英先生幼子，成惕軒先生最幼之孫兒，一九八五年十月二十六日在美國出生，現年十三歲，一直在美國受教育，爲夏威夷檀香山市中太平洋學院初中二年級學生，其中文全係家教學來。

成啓夏寫於一九九九年三月五日星期五晚上。

最思念的爺爺

成岩仙

今年是爺爺的十週年了，大家都忙著準備；寫文章，好像不再是那麼的難過了。不過感覺得到大家對爺爺的思念卻更深切，其實我也一樣好想，好想爺爺和爸爸。

啊！十年了，整整十年了，爺爺您在天國過得好嗎？我想您一定也很想念奶奶，光夏、美夏、怡夏，還有我們大家吧！想想，十年了！是多麼漫長的日子呀！家中也變化了不少，光夏哥從一個大男孩變成——如今已是一個寶寶的爹地大人了；美夏也馬上爲人妻；怡夏將在六月份出國深造啦！而我呢從一個不懂事的小女孩已長大成一個大女孩了不再像小時候那麼任性，在今年六月也將大專畢業，多麼希望爺爺您能與我們分享我們的歡樂。

每天回家一打開門總會看到爺爺的遺像，告訴您我平安的回家了。不知曾幾何時，偶然跑到爺爺遺像前凝視著您，發現您的眼神充滿了憂慮。以前不知道爺爺爲甚麼總是那麼的憂傷。直至現今的我，經過了人生的起伏和衝擊，才漸漸了解到爺爺和奶奶對一個家庭的擔憂與盼望，盼望子孫個個都平安、能有成就，但這不是每個人都所能做到的，也不是每個子女都能知道天下父母的苦心造詣。

只是，身爲孫女的我尚未能完全體認老一輩的思考模式。有時，常爲一件小件事與奶奶想法不同辯論上好幾小時，辯到最後奶奶總會裝著生氣的樣子說：「算了，我懶得跟你辯了，反正不聽老人言，吃虧的還是你自己。」祖孫倆常常這樣結束彼此的辯論。每當我看到奶奶那份執著於家庭，繫念子孫的心，既感動又慚愧不矣！我想，不能辜負您們的期盼，對我無悔的付出。

人生於世，飄蕩起伏的命運雖不是早已註定，但還是一種冥冥之中的安排，爺爺、奶奶、父母、兄弟姊妹之間的那份情份，我珍惜那份得來不易的緣份。畢竟血濃於水的親情是化不開的。

給親愛的爺爺

成怡夏

時間過得飛快，十年一下子就過去了，這十年歷經了多少事，有多少變化，憂的是不再有爺爺的參與，喜的是爺爺無需爲這些事情操心憂愁了。每年爺爺生日及忌日上山，留在台灣的我，總會把家人的近況一一告訴爺爺，希望爺爺保守奶奶，保守他的子子孫孫平安幸福。

每次想起爺爺的辭世，心裡都有很多很多的遺憾，當時的自己過著昏天暗地的高三生活，對於爺爺的願望與煩惱，老年的寂寞與心境，一無所知，只是看著爺爺一日一日消沈下去，而愛莫能助。生老病死是人生必經之路，而正處在生命的黃金時代的我們，對於老人的世界卻如此陌生與無知，任憑爺爺獨自去面對家國之憂，面對無常的世界。

爺爺是一個典型中國傳統書生，儒雅謙退，唯願人負我、不願虧負於人的心情，使他處事虔敬盡心，爲人重情重義，忠厚傳家，無論是誰，他無分貴賤，盡其所能地提供幫助；對於我們這些小孩，爺爺的付出則是默默的，記得小時候生病發高燒在床，爺爺一個晚上進進出出好幾次，不時摸摸我的額頭，確認燒退了沒有，舒服一點了沒，等到好了，爺爺心裡卻得到了安慰，表面上卻不表示什麼。

爺爺最大的希望就是家裡每個人都平平安安，守本分過生活，爺爺從來不會對我們的成績好壞表示意見，不給我們壓力，我們小孩也不需爺爺催逼，看到爺爺規律地過生活，看書是無上的享受時，自然自動自發地唸書。爺爺總是身教勝於言教。

爺爺的心腸很軟，花園裡的一草一木都視爲可貴，以眞情體貼。有時天氣炎熱，爺爺擔心花草樹木沒有水喝，會叫我和他一同拿個水桶，幫忙灌溉，把樹木餵飽了，爺爺臉上也浮現滿足的神情。有時奶奶在花園修剪樹木，爺爺都會感到不忍出來制止，後來，奶奶總是趁爺爺上班時把庭院收拾乾淨，爺爺回來也就不會說什麼了。

爺爺在病床上，曾經叫我好好照顧奶奶，奶奶和我至今提起來都很稀奇，爺爺怎麼有預感我留在奶奶身邊的時日，在爺爺過世後的十年中最久最長？每當想起爺爺的託付，總覺得自己做得不夠好，唯一感謝的是，自己是何等幸福，可以一直待在奶奶身邊作個承歡膝下的孫女。

十年過去了，自己認眞生活才知道受惠於人太多，特別是爺爺奶奶在我們年幼時的養育與付出，總成爲我走人生道路時支持的力量，因爲曾經被保護過、疼惜過，我才學習到要疼惜、寶貴自己的生命過生活。

成惕軒先生逝世十周年紀念集 / 成惕軒先生逝世十週年紀念集編輯委員會編. --初版. --臺北市：文史哲, 民88
面： 公分.
ISBN 957-549-217-x(平裝)

1. 成惕軒 - 傳記 2. 中國文學 3.中國文學 - 論文,講詞等

820.7

成惕軒先生逝世十週年紀念集

編輯者：成惕軒先生逝世十週年紀念集編輯委員會
出版者：文史哲出版社
登記證字號：行政院新聞局版臺業字五三三七號
發行人：彭正雄
發行所：文史哲出版社
印刷者：文史哲出版社
臺北市羅斯福路一段七十二巷四號
郵政劃撥帳號：一六一八〇一七五
電話 886-2-23511028・傳眞 886-2-23965656

400,-

中華民國八十八年六月初版

ISBN 957-549-217-x